動機づけ面接

〈第3版〉

上

著
ウイリアム・R・ミラー
ステファン・ロルニック

監訳
原井宏明

訳
原井宏明，岡嶋美代，山田英治，黒澤麻美

星和書店

Motivational Interviewing

Helping People Change

Third Edition

by

William R. Miller, Ph.D.
Stephen Rollnick, Ph.D.

Translated from English
by
Hiroaki Harai
Miyo Okajima
Eiji Yamada
Asami Kurosawa

English Edition Copyright ©2013 by The Guilford Press
   A Division of Guilford Publications, Inc.

Japanese Edition Copyright © 2019 by Seiwa Shoten Publishers, Tokyo

Japanese translation rights arranged with The Guilford Press,
   A Division of Guilford Publications, Inc. through UNI Agency, Inc., Tokyo

あまりに早くこの世を去ってしまった，友であり同僚でもあるギー・アゾレイ博士に捧げる

——WRM

ジェイコブとステファン，マヤ，ネイザン，ニーナに感謝と愛をこめて

——SR

訳者まえがき——上巻に寄せて

　この本は英語版で言えば第3版になるが，日本語版で言えば第2版と言える。松島・後藤訳『動機づけ面接法　基礎・実践編』[1]『動機づけ面接法　応用編』[2]の改訂版が本書である。読者がすぐに気づく変化は，タイトルが『動機づけ面接法』から『動機づけ面接』に変わったことだろう。「正したい反応」が「間違い指摘反射」へ，「振り返り」が「聞き返し」へのような大きな用語の変化がある。「チェインジ・トーク」が「チェンジトーク」のような単なる表記上の変化もある。これは前版から訳者が変わったことが原因である。松島・後藤訳で動機づけ面接（Motivational Interviewing，以下MI）を勉強していた読者にとっては用語上の混乱を感じることだろう。用語の変化は行動療法家からスタートしてMIトレーナーになり，原著者と親交を結び，さらに一般書の翻訳家としての顔も持つようになった訳者としてのこだわりを反映している。前版の読者には混乱をお詫びするとともに，本書での訳語選択には十分な理由があることも理解していただきたい。

　原著者自身による前版からの変化も大である。そしてそれは根本的なものである。4つの一般原理がなくなり，「抵抗」は維持トークと不協和に分解された。したがって，この本は単なる改訳版・改訂版ではなく，まったく新しい本である。さらに版を重ねる本にはよくあることだが，この本も太った。前版は上下（基礎・実践編，応用編）合わせて624ページだった。今回は700ページを超える。しかも，前版にはあったMillerとRollnick以外の共著者による各論は省かれている。

　ある程度MIを知っている人なら，こんな大著を改めて読んで勉強する必要があるのだろうか？と思うかもしれない。答えはイエスである。MI

を2003年から実践している訳者が保証する。前版とは重複する部分はほとんどなく，新しい学びを発見できるはずだ。

　まったく新しい内容をいくつか取り上げよう。4つのプロセス「関わる」「フォーカスする」「引き出す」「計画する」が最も大きい。その結果，第Ⅲ部「フォーカスする――戦略的方向性」において，前版でも扱われていた内容に対して独立して明確なフォーカスが当てられた。断酒や禁煙のように目標行動が入り口の時点で固定されている状況以外で働いている人にとっては第8章の「フォーカスの3つのシナリオ」の考え方は救いになるだろう。第11章では情報のやりとりのなかで治療者の個人的経験を開示することも扱っている。型にはまったMIになっている人にとっては自由度が増した感じを受けるだろう。第17章「中立性を保ったカウンセリング」はMIが扱う変化の範囲を広げている。読者はチェンジトークの意味自体を改めて見直すだろう。

　構成も変わった。その例を挙げよう。第6章から第12章の中でジュリアのケースがMIの実践事例として取り上げられている。ジュリアの主診断はうつ病であり，途中で認知行動療法か抗うつ薬という選択肢が提示され，患者は認知行動療法を選ぶ。本の中ではうつ病にMIをどう使うかという議論はないが――うつ病に対する心理療法としてのエビデンスをMIが持っているわけではないから――うつ病を扱うようになったことは前版までの嗜癖に対する心理療法から変化したことを象徴している。

　訳者として一番思い入れがあるのは，第27章「動機づけ面接の実証的エビデンスとその進化」（本書下巻参照）である。効果サイズなどのEBM用語だけでなく，ABABデザインなどの行動療法に独特な研究方法まで出てくるのだが，原著は元になった研究論文をそのまま引用するだけで解説がなかった。英語の話者も消化不良を起こしているはずだ。他言語の話者は言うまでもない。私のMINT仲間のなかで本書をスウェーデン語などに翻訳出版している人がいるが，彼らがまさにそうだった。私は翻訳者という立場を逆手にとり，論文の引用部分を翻訳文ではなく解説文に変え

た。研究方法論や生物統計学に対してアレルギーがある人に対しても研究者が新しい発見をするときのワクワク感を伝えたい。それが実現しているならば国立病院の臨床研究部長，行動療法の学会誌編集委員長であった訳者にとって最高の幸せである。

　第2版から第3版で大きく変わった反面，MIそのものは変わってはいない。訳者自身は英語版第2版を元にしてMIを学び，2004年には最初の日本語版MIトレーニングビデオを作成した[3]。いま見直すと，14年前の自分の風貌に驚くが（若い！），同時にMIができていることについても驚く。MIができていること自体は今も変わらないが，昔のほうがより基本に忠実であり，デモンストレーションとして見るならば14年前のほうが最近のものよりもわかりやすい。昔の私なら，どうして改訂が必要なのか？と疑問に思うだろう。当初想定されていたよりもMIが幅広い領域に応用されるようになり，それに合わせて本書も改訂を重ねた。幅広い領域に当てはまるようにMIを記述しようとした結果である。逆に言えば狭い領域に対して具体的にMIをどう使うか，という観点からすれば前版の価値は今も失われていないと言えるだろう。

　最後に訳者自身のことに触れたい。この10年間，翻訳者としての私もずいぶん変化した。読点の数を数えれば一目瞭然である。2008年刊行の『認知行動療法による子どもの強迫性障害治療プログラム』[4]には句点が3,946個，読点が8,121個ある。2013年刊行の『医師は最善を尽くしているか』[5]では句点が5,000個，読点が5,979個であり，2016年刊行の『死すべき定め』[6]では句点が5,824個，読点が6,019個である。読点／句点比は2.1，1.2，1.0と確実に下がっており，私は読点過剰症候群を克服しつつある！　もちろん翻訳者としての変化はそれだけではない。例えば第1章Box 1.2の動詞リストは原著の翻訳ではない。「原著者が日本語で書くとしたらこう書くだろう，と思える訳文にし，原文の表面ではなく，原文の意図に忠実であろうとすること」[7]が実際にできるようになり，そして，そうすることが実はMIの複雑な聞き返しと同じだと気づくようになった。原

著者に対して「正確な共感」としての書き返し——MI の正式用語ではないが，私は個人的に書き言葉において「聞き返し」に対応する用語として「書き返し」をよく使う——が翻訳なのである。

訳者としては自分自身の過去の訳書はもちろん，前版よりも読みやすくなっていることには自信を持っている。どの章からスタートしてもよい。どこか開いてチェックしていただきたい。

原井宏明

文献

1. ウイリアム・R・ミラー，ステファン・ロルニック著，松島義博，後藤恵訳．動機づけ面接法 基礎・実践編．星和書店，2007．
2. ウイリアム・R・ミラー，ステファン・ロルニック著，松島義博，後藤恵，猪野亜朗訳．動機づけ面接法 応用編．星和書店，2012．
3. 原井宏明．動機づけ面接 トレーニングビデオ日本版 導入編．2004．
4. J・S・マーチ，K・ミュール著，原井宏明，岡嶋美代訳．認知行動療法による子どもの強迫性障害治療プログラム．岩崎学術出版，2008．
5. アトゥール・ガワンデ著，原井宏明訳．医師は最善を尽くしているか—医療現場の常識を変えた 11 のエピソード．みすず書房，2013．
6. アトゥール・ガワンデ著，原井宏明訳．死すべき定め—死にゆく人に何ができるか．みすず書房，2016．
7. 山岡洋一．翻訳とは何か：職業としての翻訳．日外アソシエーツ，2001，p. 281．

著者から日本語版（『動機づけ面接〈第3版〉』）に寄せて

　1983年に最初の動機づけ面接（Motivational Interviewing, 以下MI）の論文を発表したとき，ここまで来るとは思わなかった。なんといっても論文に書いたことはノルウェーの心理士たちとの話し合いから生まれてきた単なるアイデアにすぎなかった。実際，雑誌編集者が原稿を出版したいと言ってきたときには驚いた。論文のアイデアの証拠になるような科学的データはなかったからだ。

　それから35年が経ち，なんらかの形でMIに関わる統制研究（対照群との比較研究）が900以上公刊されている。今はMIがなぜ，どのようにして効くのか，そしてどうすればMIを身につけられるようになるかもわかってきた。MINT（Motivational Interviewing Network of Trainers, 動機づけ面接トレーナーネットワーク）の中で使われている言語は50以上であり，トレーナーは3,000人以上である。私としてはこうした発展に驚きと好奇心を感じ，それがずっと続いている。何が起こっているかと言えば，臨床家がこの方法を認識できることであり，惹きつけられることである。もしかして皆は昔からこの方法を知っていたのだろうか？　どうやってMIが文化の壁を越えてアジアやアフリカ，中東，南米にまで広がっていったのだろうか？

　私はこうなった理由のひとつは，人が支配や自分の見方を他人に押しつけることの限界に気づくようになってきたからだと信じている。しばしば援助する側は言葉にはしないまでも，こんなことをほのめかす。「あなたが必要なものを私は持っています。そしてそれをこれからあなたに差し上げます」。これは欠損モデルである。まるでこれから援助しようとしている相手が何かとても大切なものを欠いているかのようにみなして，こちら

側の仕事は欠いているものを入れ込むことである。これはエキスパートモデルでもある。「私はあなたのどこが悪いのかを知っており，そしてそれをどうやって治すのかを教えてあげる」。これは急性期医療においては適切なモデルであり，例えば感染症や骨折を治すような場合には向いているだろう。しかし，本当に必要なことが人の行動やライフスタイルを変えることである場合には，このモデルが役に立つことはほとんどない。何をすべきなのか，何が悪いことなのか，どのように人生を生きるべきなのか，そしてそのために何をすべきなのかを他人から指示されて喜ぶような人はほとんどいない。このようなやり方は防衛性を引き出し，指示に従うことを嫌にさせる。変化はわずかしか起こらないか，援助する側が本当に意図していたことの反対の方向に変化してしまうことまである。これはカウンセラーにとっては欲求不満の種であり（治療者や教師，コーチ，親にとっても），結果的に言われた通りにきちんとやらないから，うまくいかないのだと相手を責める傾向も出てくる。

　MIのような人を中心にしたアプローチでは感じ方が違う。人は自分自身の行動を自由に選択できると気づいている。臨床家は専門性を提供できるが，相手を変えることは仕事ではない。ここにあるメッセージは「あなたにとって必要なものはあなたがすでに持っています。それを一緒に探しましょう」である。MIは臨床家の肩の重荷を下ろすようだ。説得しようと試みるのではなく，相手の変化の動機づけ自体にフォーカスを当てながら，選択と可能性について話し合うようにする。これはレスリングとは違い，お互いが独立したパートナーとして一緒にダンスをするようなものである。臨床がもっと楽しく，業務ではないように感じる。

　さらにもっと良いことには，このやり方は人の変化を援助するうえで役に立つとする優れた根拠を持っている。MIは他の治療の代わりに行うようなものではない。むしろ，実際の臨床では何か他の治療をしながら，同時にMIも行うのである。もしあなたが行動療法家なら，MIは行動療法をするときのやり方である。もし糖尿病療養指導者であるなら，MIは指

導業務をするときのやり方である。

　今，ニューメキシコ州アルバカーキで原井医師の訪問を歓迎しながら，この緒言を書いている。彼はこの本の翻訳者であり，他のMI本も翻訳している。彼はMIを日本において知らしめ，使えるようにするために多くの仕事をしてきた。翻訳者の仕事は単なる技術的なことではない。芸術的なものである。これは単に言葉を訳すだけでなく，他の言語や文脈の中であるアイデアをどのようにして表現するのがベストなのかを探すことである。優れた翻訳者は粘り強く頑固なところもあるが，原著者の曖昧さや一貫性のなさ，直訳では意味をなさない特定の文化に依存した慣用句に寛容である。今，これを読んでいるあなたは原井医師の翻訳技能からだけではなく，彼が臨床家として，またトレーナーとしてもMIを内側から理解しているという事実から得るものがあるだろう。

　MIの臨床実践を楽しんでほしい。それは生きている間，ずっと続く学習のプロセスであり，言葉の微妙な綾を操る技を磨いていくプロセスでもある。私の最大の望みは本書の中で示す視点が対人援助の仕事をもっと人間的なものに変わるのを促すことである。

2018年2月

アルバカーキ，ニューメキシコ州　アメリカ合衆国
William R. Miller, Ph.D.
（原井宏明　訳）

第3版への序文

　この世に動機づけ面接（MI）が初めて姿を現したのは30年前である。1982年のノルウェーでの会話の中からMIのアイデアが生まれ，それが1983年，最初のMIに関する研究論文につながった。1991年に出版された本書の初版は主として嗜癖に焦点を当てていた。2002年に出版された第2版はかなり異なった本になり，広い範囲の問題や領域にまたがり変化の方向に人を準備させることを扱った。さらに10年後のこの第3版は，第2版が初版と違っていたのと同様に第2版とも異なっている。MIを引用する論文は25,000本以上，MIのランダム化比較試験は200以上が出版され，それらの大半は第2版以降に発表されたものである。こうした研究の結果，MIのプロセスとアウトカム，変化の心理言語学，臨床家がMIを学ぶ方法に関して，重要な新知識が追加され続けている。

　このような大きな発展を鑑みれば，新しい版を著すべき時が来たことは明らかである。MIを概念化する方法と教える方法は大幅に進化した。第2版と同様に，この版は広い範囲のテーマと状況における変化の促進を扱っている。同じシリーズの他の本（Arkowitz, Westra, Miller, & Rollnick, 2008; Hohman, 2012; Naar-King & Suarez, 2011; Rollnick, Miller, & Butler, 2008; Westra, 2012）が特定の場面におけるMIの専門的な応用を扱っているのに対して，本書は幅広い領域で当てはまるようなMIの説明を，現在得られるなかでは最も完全な形で提供している。

　この版は旧版とは相当な違いがある。90％以上は新たに書き下ろされている。この版では，フェーズ1，2や4つの原則ではなく，MIを4つのプロセス——関わる，フォーカスする，引き出す，計画する——から構成されるものとした。そして，この4つのプロセスに基づいて章立てを行っ

た。筆者としてはこの4つのプロセス・モデルがMIの実践において役立つだろうと考えている。行動だけでなく，変化が起こる経過全体の中で4つのプロセスがどう関わっているのかを本の中で明らかにしていきたい。基礎的な心理的過程とMIのトレーニングについての重要かつ新しい知識がまとめられている。以前，使っていた"抵抗"の概念に頼ることをやめ，チェンジトークの反対としての維持トークを取り上げるようにした。そして，維持トークをカウンセリング関係における不協和のサインと区別するようにした。また，MIが主に使われているような状況とは異なるが，MIの概念的枠組みと方法が役立つと思われる2つの特殊なカウンセリング状況についても取り上げた。中立性を保ったカウンセリング（第17章）と（まだ）両価的になっていないクライエントに対して矛盾を拡げること（第18章）である。新しい症例やMI用語集，最新の参考文献一覧も載せている。追加の資料はwww.guilford.com/p/miller2で入手可能である。私たちはMIの実践におけるコアになるものと応用を意図的に取り上げるようにし，そして歴史と理論，エビデンスを取り上げ，最後にMIの忠実性（フィデリティー）評価について論じた。

　10年前と比べてMIの方法論について実に多くのことが明らかになっている一方で，変わっていない，そして変わってはならないものがある。MIの基盤であるスピリットがそれである。MIを実践するときに持つべき心構えや態度のことである。MIについての説明は時とともに進化を続けているが，ちょうど楽曲の主題と変奏のように，初版から第3版を通して流れている一貫したモチーフが存在している。クライエントとの協働的なパートナーシップ（連携），敬意を持ってクライエント自身の動機と知恵を引き出すこと，徹底的な受容がMIに含まれていることは強調し続けなければならない。徹底的な受容とは，変化が起こるかどうかは究極のところその人自身が自由に選ぶことであり，こちら側がどれだけその自由を取り上げたいと考えたとしても取り上げることはできない，そのような自律性があることを認識することである。今回，私たちはMIを実践すると

きに忘れないでほしいと願う，根本的な態度の4つ目の要素として思いやり（慈愛）を強調することにした。Erich Fromm は他者の幸福と成長を求める無私の無条件の愛のかたちを描いた。これは医療倫理では善行，仏教ではメッタ（慈経），ユダヤ教ではヘセド（憐み，思慮分別ある人の性質），イスラム教ではラーマー，そして紀元1世紀のキリスト教ではアガペー（無償の愛）と呼ばれている (Lewis, 1960; Miller, 2000; Richardson, 2012)。名前が何であろうとも，サービスを提供する相手との関係において，相手を操作の対象とみなして，私－それとして扱うのではなく，Buber (1971) が述べるように私－汝として相手との関係を価値づけることである。MIの中で述べている相手に影響を与えるためのプロセスの中には，日常の会話の中でも発生しているものがある（無意識のうちに起こっていることが多い）。セールスやマーケティング，政治のような文脈で意図的に使われていることもある。このような場合，慈愛が中核にあるわけではない（可能ではあるが）。時代や文化の違いを超えて，慈愛は人が変わるためにお互いとやりとりするときに必要なものだとされている。このような千年を超える歴史を持つ人間の知恵とMIはスピリットの点において重なっている。おそらくこのために，MI に出会った臨床家の中には，まるで旧知の知人か何かに会ったかのように，そうそうわかるわかるというような感覚を持つ人がいる。ある意味そのとおりである。MI でやろうとしていることは，その感覚を特定できるように，学習できるように，観察できるように，そして有用なものとなるようにすることである。

言語について

今日，MI は多様な場面で幅広く適用されている。MI の受け手は文脈次第でさまざまな呼ばれ方をする——クライエントや患者，学生，スーパーバイジー，顧客，犯罪者，住民などである。同様に，MI の提供者もカウンセラーや教育者，治療者，セラピスト，コーチ，医療従事者，臨床

家，看護師などであろう。本書の中では特定の文脈に合わせた用語を用いることはあるが，MIについての考察のほとんどは一般論であり，さまざまな状況を横断して適用できるものである。著述するうえでの便宜上の理由から，提供者全般に言及するときには，**カウンセラー**や**臨床家**という用語を使用し，MIのサービスを受ける側に対しては**クライエント**あるいは単に「**その人**」という用語を使用した。本書のあちこちで提示している臨床場面での対話例では，一貫性を維持するために，状況とは無関係に，臨床家とクライエントの間のやりとりとして記すようにした。

動機づけ面接という用語は本書の最初から最後までに1,000回以上出てくるので，1回ごとに正式名を綴り出すのではなく，単純な略語として「MI」を使うことにした。この略語には他の意味があることも理解しているが，MIの文脈の中では日常会話内で使われるさまざまな単語に特別な意味が付与されていることが普通である。読者のほとんどが本書の説明と文脈からそれらの用語の意味を容易に理解できるであろう。もし，疑わしい場合には付録AのMI用語集を参照していただきたい。

謝　辞

本書の執筆にあたって，MIのトレーナーの世界組織であるMINT（Motivational Interviewing Network of Trainers，動機づけ面接トレーナーネットワーク）の仲間たちから言葉に尽くせないような恩恵を受けた。*Motivational Interviewing*（『動機づけ面接』）の第2版と第3版を準備している長年の間，刺激的な議論を通じて私たちにさまざまなことを教えてくれた。Jeff Allisonはあふれる泉のようにMIに関するインスピレーションと創造的思考，隠喩と概念の明確化，そしてMIを伝達する方法についての多くの素晴らしいアイデアを提供してくれた。心理言語学者のPaul AmrheinはMIの基盤にある言語プロセスに関して，鍵となる洞察をし，現在の私たちのチェンジトークの理解に大いに影響を与えた。Theresa

Moyers教授はMIプロセスと訓練の研究の前線に立ち，その限界をはっきりと認識しつつも科学的方法を応用することによってMIがどのように機能するかについての理解を前進させてくれている。

　本書は私たちがThe Guilford Pressで個人的に著述または編集をした9冊目の書籍である。私たちはMIに関する他のGuilfordの書籍でシリーズ編者も務めてきた。他の多くの出版社とも仕事をした経験があるが，Guilfordの面倒見の良さとクオリティの高い編集，委細への配慮は感銘を与えるほど傑出している。Guilfordと共同作業するなかで感じる一貫した経験であり，彼らには感謝してもしきれない。Jim NageotteとKitty Mooreのような編集者と共に仕事をすることは——書き直しを繰り返す真っ最中には必ずしもそうではないが，最終的にできあがった作品の質から考えれば常に——長年にわたっての喜びであった。前と同じように，本書についても原稿整理を担当してくれたJennifer DePrimaは言葉をまさにぴったり・しっくりにする点でとても力になってくれた。最後に，原稿を注意深く見直し，その流れと明確性を向上するための提案をしてくれたTheresa Moyersに再度感謝を表したい。

『動機づけ面接〈第3版〉上』

上巻 目次

訳者まえがき──上巻に寄せて　v
著者から日本語版に寄せて　ix
第3版への序文　xii

第Ⅰ部　動機づけ面接とは何か？　1

第1章　変化についての会話　3
第2章　動機づけ面接のスピリット　19
第3章　動機づけ面接の方法　36

第Ⅱ部　関わり──関係性の基本　55

第4章　関わることと関わらないこと　57
第5章　聞くこと──相手のジレンマを理解する　71
第6章　面接の中核的技能──OARS　93
第7章　価値観とゴールを探る　111

第Ⅲ部　フォーカスする──戦略的方向性　131

第8章　なぜフォーカスするのか？　133
第9章　地平線を見つける　147
第10章　ゴールが違っている場合には　176
第11章　情報をやりとりする　192

第Ⅳ部　引き出す──変化への準備　229

第12章　両価性──チェンジトークと維持トーク　231
第13章　本人自身の動機づけを引き出す　246
第14章　チェンジトークに反応する　271
第15章　維持トークと不協和に反応する　291
第16章　希望と自信を引き出す　317
第17章　中立性を保ったカウンセリング　347
第18章　矛盾を拡げる　365

付録A　動機づけ面接用語集　385
索引　395

『動機づけ面接〈第3版〉下』
下巻 目次

第Ⅴ部 計画する──変化への橋渡し

第19章　引き出すプロセスから計画するプロセスへ
第20章　変化の計画を立てる
第21章　コミットメントを強化する
第22章　変化を支援する

第Ⅵ部 毎日の臨床実践における動機づけ面接

第23章　動機づけ面接を経験する
第24章　動機づけ面接を学ぶ
第25章　動機づけ面接を適用する
第26章　動機づけ面接を組み込む

第Ⅶ部 動機づけ面接を評価する

第27章　動機づけ面接の実証的エビデンスとその進化
第28章　動機づけ会話を評価する

付録A　動機づけ面接用語集
付録B　動機づけ面接の参考文献一覧
文献

〈注〉

本書に関する資料で次のものが翻訳されている。
以下のページにあり自由にダウンロードできる。

用語集

http://harai.main.jp/koudou/refer3/glossary_MI.pdf

ジュリアのケース

http://harai.main.jp/koudou/refer3/the_case_of_julia_JP.pdf

個人的価値観並べ替え

http://harai.main.jp/koudou/refer3/value_card_sort_japanese2.pdf

元の英語のものは以下のページにある。

https://www.guilford.com/companion-site/Motivational-Interviewing-Third-Edition/9781609182274

第 I 部

動機づけ面接とは何か？

　まず，動機づけ面接（Motivational Interviewing, 以下MI）についてできる限り幅広く定義し，範囲を決め，その臨床的方法について説明する。第I部の第1～3章において，MIの定義を1つではなく，3つ示す。3つの定義は段階的により複雑になる。第1章では，「何のため？」という疑問に答えられるように一般人向け定義を示す。第2章では，優れた臨床実践には必須と考えられるMIの態度，すなわちスピリットについて述べる。ここでは「なぜMIを学ぶのか，そしてどのように使うのか？」という疑問に関する臨床家向け実践的定義を示す。そして第3章では，臨床的方法自体のあらましを示し，MIを理解するための新しい枠組みについて触れ，最後にどのように効果を及ぼすかに関する技術的定義を示す。

第1章

変化についての会話

世間はちっとも変わりはしない。変わるのはわれわれのほうだ
　　　　　　——ヘンリー・デイヴィッド・ソロー, *Walden*（飯田実訳）＊1

愚か者は英知を喜ばず／自分の心をさらけ出すことを喜ぶ
　　　　　　　　　　　　——箴言18:2（新共同訳）＊2

　日常で自然に起こっていることは変化についての会話である。人は相手に用事を頼むとき，会話の中で相手が見せるためらいや，やる気，コミットメントに注意を払い，わずかなサインでも捉えようとする。事実，言語の主要な機能は情報伝達以外に，動機づけること，つまり，お互いの行動に影響を与えることがある。それは誰かに塩を取ってくれと頼むような単純なこともあるし，多国間外交交渉のような複雑なことかもしれない。
　何かを変えたいと願う人が助けを求めて専門家に相談するような場においても変化についての特有な会話が生じる。カウンセラーやソーシャルワーカー，聖職者，心理学者，コーチ，保護観察官，教師は皆，日頃からそのような会話を仕事にしている。医療が対象にしているものの相当部分は慢性疾患の管理であり，患者個人の行動とライフスタイルが先々の健康や生活の質，長寿に大きく影響する。つまり，医師や歯科医師，看護師，栄養士，健康管理指導者は行動とライフスタイルを変えるための会話を日々の仕事の中でしている（Rollnick, Miller, & Butler, 2008）。

＊1（訳注1）『森の生活　ウォールデン』ヘンリー・D・ソロー著，飯田実訳，岩波文庫，1995.
＊2（訳注2）聖書，新共同訳，日本聖書協会，1988.

専門家が変化に焦点を当てて行う会話の中には，行動を直接の対象にはしないものがある（ただし，ここでは，「行動」をあらゆる人間の経験を含むものとして幅広くとらえるのではなく，狭い意味に限定している）。例えば「許し」は健康に幅広く影響を与えるとされている心理的状態である（Worthington, 2003, 2005）。許しの対象はすでに亡くなった人であることもある。そして，その場合に許しが与える影響は表に出てくる行動ではなく，精神的・情動的健康に対して現れるだろう。自己概念や決断，自らが選んだ態度，悲嘆，受容はすべて臨床上でよく扱われている概念であり行動にもインパクトを与えるものであるが，それら自体はどちらかと言えば内的な決断の問題である。第3版では，このような変化もMIのフォーカスになりうると考え，意図的に対象に含めるようにした（Wagner & Ingersoll, 2009）。

　MIは自然に生じている変化に関する言語に注意を向ける。特に片方が相方に対して対人援助の専門家として振る舞うような状況の中では，どのような会話が効果的なのだろうか？　良かれと思って話したことが，結果的にはちぐはぐな会話になってしまうことを私たちはよく経験する。援助者が他人を変化の方向へ動機づけようとするときにしばしば生じるこのような課題を乗り越える建設的な方法を見つけるためにMIが生まれた。さらに言えば，人々が自ら発した言葉によって自身の価値や関心に沿った方向に自分を変化させるように会話をアレンジすることがMIである。態度は言葉に影響を与えるが，それだけではない。言葉のほうが態度を形成することもあるのだ。

連続体のスタイル

　援助場面での会話を連続体における一点としてとらえることができる（Box 1.1参照）。連続体の一端にあるのは指示スタイルで，援助者は情報や指導，助言を与える。指示を与える人とは映画や野球の監督のように部

> **BOX 1.1. コミュニケーション様式の連続体**
>
> 指示 ←──→ ガイド ←──→ 追従

下に対して何をするか,どう進むかを指図する人である。指示スタイルが持つ隠された意味は「君たちが何をすべきかは私が知っている,だから,これこれこのようにせよ」である。指示スタイルでは,指図を受ける側に,服従する,遵守する,応諾するのような相補的な役割が生じる。よくある指示スタイルの例として,医師が患者に薬の適切な服用方法を説明する場面や,保護観察官が受刑者に対して裁判所で科せられた遵守事項や罰則について説明する場面がある。

　この連続体の反対側の一端にあるのは追従スタイルである。良い聞き手は相手が言わんとしていることに関心を持ち,理解に努め,自身の言葉を差し挟むことを(少なくとも一時的には)差し控える。追従スタイルが持つ隠された意味は「私はあなた自身の知恵を信じているので,あなたがあなた自身のやり方で物事を解決させるまでそばにいる」である。追従スタイルに伴って援助者がとる役割にはリードすることや一歩先を進むこと,探索することがある。どんな臨床場面であっても,追従することが適切な場合があるだろう。ただ,そばにいるだけの同伴者として耳を傾けることである。例えば,あらゆる手を尽くしたが治らなかった終末期の患者や,感情が高ぶったまま面接に臨もうとするクライエントを相手にするときである。

　中間がガイド(案内)スタイルである。外国旅行でガイドを雇うことを想像してほしい。いつ到着すればよいか,どこへ行けばよいか,何を見たりしたりすればよいかと一方的に指図するのはガイドの仕事ではない。逆にあなたが彷徨い歩く先々にただ従順についていくのもガイドではない。腕のいいガイドは聞き上手であり,必要なところでは専門知識を提供す

> **BOX 1.2. それぞれのコミュニケーションスタイルに関連する動詞**
>
> | 指示スタイル | ガイドスタイル | 追従スタイル |
> |---|---|---|
> | 管理する | 導く | 受け入れる |
> | 管轄する | 手を引く | 任せる |
> | 命じる | 手を添える | 合わせる |
> | 指揮する | 手引きする | 右にならう |
> | 指図する | 道案内する | 言いなりになる |
> | 指示する | 誘導する | 従う |
> | 判断する | 道を照らす | 自由にさせる |
> | 決定する | 方向を示す | 引きずられる |
> | 支配する | 道をつける | 巻き込まれる |
> | 操る | コーチする | |
> | 制御する | ガイドする | |
> | 処方する | 先導する | |
> | 判決を言い渡す | | |
> | 言いつける | | |
> | 躾ける | | |

る。MIが存在するのは,この指示のスタイルと追従のスタイルの中間地点にあり,それぞれの側面をいくらか取り入れている。子どもが新しい課題を学ぶときには「導く」ものだが,それは手伝い過ぎてもだめであるし,手助けが少な過ぎてもだめなのである。Box 1.2ではこれら3つのコミュニケーションスタイルのそれぞれに伴うような動詞を列挙している。

間違い指摘反射

　対人援助の仕事を選んだ人は感謝や尊敬に値するだろう。Henri Nouwen (2005) は「他人の痛みを自ら進んで経験しようとすることは,誰がそれをしたとしても,まさに瞠目すべきことである」と述べている。筆者も同感である (p. 16)。人のために生きるという生き方は天からの贈り物である。多様な利他心がもとになって人は対人援助職に就く。受けた恩を

返したい，苦しみを防いで癒やしたい，神の愛を証明したい，あるいは他人の人生と世の中にポジティブな変化を起こしたい，そんな願いがもとになるのだろう。

　皮肉なことだが，このような思い入れがあるがゆえに人の変化を助けようとすることが「指示のスタイルの使い過ぎ」を招いてしまう。これは人を変える点では効果がないか，かえって害になることもある。援助者はクライエントを助けたいし，物事を正しく行いたいし，衛生的で健康的な方向に導きたい。相手が間違った道を進んでいると，その人の前に飛び出して行って「止まれ！　戻れ！　わからないのか？　向こうにもっといい道があるんだ」と言いたい気持ちが自然にわくものであるし，そしてそれは誠心誠意，最高の善意をもって行われることである。筆者はこれを「間違い指摘反射」と呼ぶ。これは相手のおかしいところと思われる部分を修正し，直ちに良い方向へ向けたいという願望であり，指示スタイルに頼りがちなものである。一体全体，これ自体のどこが悪いというのだろうか？

両価性（アンビバレンス）

　次に考えるべきことは何らかの理由で変わる必要がある人々の大半は変わることについて両価的であることである。変わるべき理由も今のままでいるべき理由も両方見えているのだ。変わりたくもあると同時に，今のままでいたいというのがよくあるのだ。これは人間としての当たり前の体験だといえる。実際，人が変化する過程に含まれていることが普通のものであり，変化の途上におけるひとつの段階である（DiClemente, 2003; Engle & Arkowitz, 2005）。両価的になっていることは，変わることに一歩近づいているといえる。

　他人からみれば変わる必要があるのに，自分自身では変わる理由がわからないと言ったり，あるいは全くないと言う人が存在する。おそらく，そのままの状態が好きなのか，過去に変わろうと試みて失敗し諦めてしまっ

たのであろう。このような人にとっては両価性を育てることだけでも一歩前進といえるだろう！（この点は第18章で扱う）

　しかし，変化への道で立ち往生してしまうことが一番多いのは，圧倒的にこの両価的な状態である。喫煙者や大量飲酒者，運動不足の人は，自分の行動のマイナス面もよくわかっている。心臓発作を起こした人の大半が禁煙や定期的な運動，健康的な食事の必要性を十分に理解している。糖尿病患者の大半が血糖値の管理に

> 変化への道が膠着状態になる最もよくある理由は両価性である。

失敗した場合に起こる可能性がある最悪の結末を暗記している。このようなマイナス面だけではない。ほとんどの人が貯蓄や運動，リサイクル，果物や野菜をたくさんとること，他人に親切にすることなどによって生じるプラス面を語ることができる。このように正しいことが何であるのかわかっているときでも，人は他の誘惑に負けてしまう。両価性とは，あることを望む状態と望まない状態が同時に存在すること，または2つの両立不可能なものを望むことである。これは人類が誕生したときからの人間の宿命である。

　このため，クライエントが両価的になっているときには2種類の話が混ざり合って聞こえることがよくある。1つは変化へ向かおうとする人がそのことを宣言する言葉で，チェンジトークと呼ぶ。初版（Miller & Rollnick, 1991）では，これを「自己動機づけ発言（self-motivational statements）」と呼んでいた。その反対は現状維持をよしとする主張で維持トークと呼ぶ。両価的な人の言っていることをそのまま聞いていると，チェンジトークと維持トークが1つの文の中で自然に混ざり合って聞こえることがしばしばある。「自分の体重を何とかしないといけない［チェンジトーク］けれど，どれを試しても長続きしないんだ［維持トーク］。何が言いたいかというと，健康のためにダイエットする必要がある［チェンジトーク］ことはわかっているんだけれど，どうにも食べることが大好き［維持トーク］なんだよね」のようになる。そして，「やりたい，だけど……」とい

う発言は両価性を表す決まり文句である。

　不愉快な状態であったとしても，一度はまると抜け出せなくなるような特性が両価性にはある。2つの選択肢や2つの道，あるいは2つの関係の間を右往左往し両価的状態を保ったまま長い間，暗礁に乗り上げてしまうのである。方向を決めてそちらに一歩踏み出すと，反対のほうがより良く見え始める。ある選択肢に近づけば近づくほど，その不利な点が明白になり，もうひとつの選択肢に対する愛着のようなものが増してくる。ありがちなパターンのひとつに，まず変わる理由を考え次に変わらないでいる理由を考え最後には変わること自体について考えるのにうんざりして考えるのもやめてしまうというのがある。両価性を脱するためには，ひとつの方向を選んで動きだし，そして選んだ方向に向けてそのまま歩みを進める以外にはない。

　では，両価的な状態にある人が間違い指摘反射をする援助者に出会った場合を考えてみよう。両価的な状態の心の中では変化を支持する意見と反対する意見が最初から議論沸騰している。援助者側はごく自然な反応として「良い」側の意見に肩入れしようとする。変化がなぜ必要かを説明し，どうやれば変われるかをアドバイスしようとする。アルコールに依存している人に対して援助者は「あなたの飲酒は深刻な問題です。断酒しなければなりません」と言うことだろう。援助者が期待する夢のような反応は「ああ，なるほど。私には今まで問題の深刻さがわかっていませんでした。わかりました，これから断酒します！」である。しかし，実際に起こる可能性が高い反応は「いいえ，酒をやめる気はありません」である。同じように，妊娠中にもかかわらず飲酒している女性のカウンセリングをする際，援助者が自然に示す間違い指摘反射は，胎児に対するアルコールの危険性について教育するというものである。

> 両価的な人の中には変化への賛成論も反対論も最初から住みついている。

　しかし，その女性はそのような「良い」意見を他人からばかりではな

く，自分の内なる声からもすでに聞いている可能性があるのだ。両価性とは，適切な行動方針について意見が異なる委員を抱えた委員会を心の中に収めているようなものだ。間違い指摘反射のままに，変化すべきだという意見に肩入れする援助者は，相手の心の中の内部委員会の片方に味方をしている。

そうするとどんなことが起こるだろうか？　あることについて2通りの考えを持っている人が片側を強調した意見を聞かされたときに示す反応はだいたい決まっている。「そうですね，でも……」あるいは「そうですね」なしの「でも……」だけである（これは意見がなかなかまとまらない会議中によく起こっていることである）。一方の側に賛成する意見を出せば，両価的な人は反対側について防衛に回る可能性が高くなる。こうした反応には時として「否認」や「抵抗」または「反抗的な患者」というレッテルを貼られるが，もともと病的なものではない。両価性と議論することによって起こる正常な反応なのである。

このような議論のプロセスは一見治療的に見えるかもしれない。患者の持つ両価性についてのサイコドラマを演じているのだとすれば，変化を支持する側を援助者が演じているわけである。しかし，治療的と言えるのは人間が本質的に持つある特性がなかった場合だけである。その特性とは，ほとんどの場合，人間は自分自身だけを信じるという傾向である。他人の意見よりも自分自身の意見に重きを置こうとする。意見が分かれる問題について，ある人を一方の側の立場だけで言語化するようにさせると，その人の意見のバランスはその方向に移動しがちである。言い換えれば，人が他人の話を聞くことで相手について知るのと同じように，自分自身が話すのを聞くことで自分自身の態度や信念について学ぶのだ（Bem, 1967, 1972）。この観点からすると，援助者としての臨床家が変化すべきだという議論をする一方で，クライエントはそれに反論しているのであれば，臨床家のやっ

> 臨床家が変化すべきと論じ，クライエントはそれに反論しているのであれば，臨床家のやっていることは狙いと逆行している。

BOX 1.3. 筆者自身が思い返すことなど： 動機づけ面接の起源について

　MIが嗜癖治療という文脈の中で出現したのは偶然ではない。筆者には，この分野の専門家や臨床家の著書や意見がいずれも物質使用障害の患者を蔑む内容になっていることが不思議でならなかった。専門家によれば患者の特徴は恐ろしいほど未熟なパーソナリティを持つ病的な嘘つきと，現実からの乖離と否認である。これは筆者自身が同様な患者と接してきたときに感じたこととは違っていたし，彼らが常人と異なる異常性格や防衛機制を持っていることを証明する科学的根拠はほとんどなかった。ならば，なぜ，この患者たちはクリニックのドアを開ける前は一般人と同じように多様な性格や背景を持っていたのに，一度，中に入れば専門家や臨床家から容赦なく困難な患者だと一様にみなされるのだろうか？　行動の類似性が元からある性格から説明できないとしたら，その場の文脈，すなわち環境から説明することが妥当である。嗜癖の病理における均一性の理由は患者の扱われ方にあるのではないだろうか？

　1980年代まで過去を遡ってみるまでもなく，アメリカでの嗜癖治療におけるカウンセリングのスタイルはほとんどが強圧的で指示的なものであった。極めて権威主義的，対決的であり，クライエントに屈辱を味わわせるようなものであった。筆者の場合，幸運なことに，アルコール問題を抱える人々の治療を初めて経験した場所はこのような対決的治療とは正反対の病棟だった。筆者にはアルコール依存症についての事前知識がほとんどなかったから，アルコールのことを知るためには患者から話を聞く以外にはなかった。アルコール依存症に伴うジレンマを患者サイドから学び，理解することになったのだ。患者たちは素直で面白く，思慮に富み，飲酒が引き起こしたカオスのことも十分に自覚していた。この経験があったので嗜癖に関する専門家の著書を読み始めたときに「ここに描かれている人たちは，自分が会っている人たちと同じ人とは，とても思えない！」と疑問に思った。

　クライエントが素直になるか防衛的になるか，チェンジトークが出るかあるいは維持トークになるかは治療者・患者関係によって決まることはすぐにわかった。「抵抗」と動機づけは対人的文脈の中で発生するのだ。このことは今では研究により十分に実証されているが，通常の臨床の中でも見いだすことは可能である。カウンセリングのやり方によって，クライエントのやる気（あるいは逡巡）をスピーカーのボリュームスイッチのように増加させたり，減少させたりできる。嗜癖治療における「否認」はクライエントの問題というよりもカウンセラーの技能の問題であることのほうが多いのだ。防衛や反論を引き起こすようなカウンセリングをすれば，人が変わる可能性は低くなってしまう。そして，それがまた，この人たちは扱いが難しく，抵抗は強く，治らないという臨床家の思い込みをさらに証明することにもなる。これは自己充足的予言なのだ。

　そこで人を防衛的にするのではなく，その人自身から変わりたいという動機を誘

（つづく）

> **BOX 1.3. 筆者自身が思い返すことなど：
> 動機づけ面接の起源について**（つづき）
>
> 発するようなカウンセリングの方法を考えることにした。筆者同士で話し合うなかで，まず最初に出てきたことは，変化すべき理由をカウンセラーではなくクライエントに述べさせるべきだという単純な原理だった。指示のスタイルへの過度な依存という現象は嗜癖治療だけに限ったことではないと後にわかってきてからは，一般の医療や矯正・更生保護，ソーシャルワークのような他の分野へのMIの応用が始まったのである。
>
> ——WRM
>
> 　Millerが書いたMIについての最初の論文を読む前に，のちにMIへの関心につながるような経験をしていた。当時私はアルコール問題を抱える人たちを対象にした治療センターで看護助手として働いていた。そのセンターの治療哲学は強引なものであり，当時23歳だった若輩の私の目には威嚇しているように見えた。その哲学とは，問題の深刻さを否認していることに対してクライエントを正面から向き合わせる必要があるというものだった。そうしなければクライエントは自己破壊的な習慣について，自身と他人を欺き続けるだろうから，と考えていた。症例検討会やスタッフの休憩室で，どの患者が特別に「抵抗する」クライエントなのかについて話をし始めると，意見がまとまるまでにはさほど時間がかからなかった。そうした患者のうちの1人は私が担当していた若年者のグループに入っていた。ある晩，グループミーティングをほとんど無言でやり過ごした後，彼はセンターを出て自宅に向かい，そこで，2人の幼い子どもの前で妻を射殺し，自身にも弾を放ったのだった。
> 　それから数年後，Millerの論文 (Miller, 1983) を読んだ。この論文は，「否認」は治療関係が機能不全に陥り，ラポールが壊れていることの結果であることを示唆していた。そして，クライエントともっと協働的なスタイルで関わるようにすれば，「否認」をポジティブな方向に変容できるかもしれないとしていた。私はショックを受けた。そして「抵抗的」「やる気がない」として他人を非難し，判断し，レッテルを貼るという個人的かつ職業的な傾向は嗜癖領域だけに限られたことではないことにも気づいた。私が知るかぎり，対人援助のほぼすべての場面で起こっていることなのだ。MIは変化についての会話にアプローチする別のやり方を教えてくれた。
>
> ——SR

ていることは狙いと逆行している。理想的にはクライエントのほうが変化すべき理由を口に出しているべきである。成功しているセールスマンなら誰でもこのことを知っている。両価的になっている話題があるとき，それについて他人からどのように言われるかについて人間は敏感になる。そうなる理由のひとつは，本人自身の中で変化についての議論をすでに戦わせてきたせいである。間違い指摘反射とそれに結びついた指示のスタイルによって，対抗的な会話パターンができあがってしまう。これがどのくらい建設的だといえるのだろうか？　そして，どのような結末になるのだろうか？

変化の会話のダイナミクス

　間違い指摘反射には，人に正しいことをさせるためには説得して納得させなければならないという信念が伴っている。相手にわからせて変化させるためには，とにかく鋭い質問をし，正論をぶつけ，決定的な情報を与え，そして決断につながるような感情を引き出すか，正しい論理で説き伏せる必要があるとするわけである。20世紀後半のほとんどの間，嗜癖治療の分野で一般に広まっていた前提は次のようなものだった：嗜癖問題をもつ人は自分自身で現実を認識する能力が欠けているから，病的な防衛を打ち壊してやらないと，変化できるようにはならない。この前提に立つと，援助者が大量の間違い指摘反射をすることが必要になる。患者を現実に直面化させ解決策を提供し，抵抗するならばさらにボリュームを上げるのである（White & Miller, 2007）。こういう場合のクライエントの反応は予想がつく。そしてその結果，嗜癖をもつ人は皆，人格的に未熟で頑固一徹までに防衛的，「否認」状態にあるという，本来とは違う結論が得られてしまうことになる（Carr, 2011）。このような現象は嗜癖治療だけに限られたものではない。一般身体医療や社会福祉，刑事司法といったさまざまな場面においても動機づけの不足についての先入観やラベル貼りのパターンが

次のような思考実験を試していただきたい。知り合いと一緒に試すとなおよいだろう。まず，変えようと考え始めているか，変えるべき，あるいは変えたいと思うこと，変える必要があることなのにいまだに変えていないことを何か選んでほしい。言い換えれば，読者が両価的になっている変化について考えるわけである。誰でもそんなことを抱えているはずだ。ここで援助者を登場させよう（あるいは援助者がいると想像しよう）。その援助者は読者にどれほどこの変化が必要なのかを話し，変化すべき理由をリストにして与えてくれる。そして変化の重要性を強調し，変わる方法を教え，読者にはそれができると保証し，やりなさいと熱心に説く。読者自身の反応としてはどんなものが生じる可能性が高いだろうか？　筆者はこの思考実験のエクササイズを世界中で使ってきたが，参加者の反応は驚くほどどこでも一貫していた。このような援助が助けになると思う者は少数でだいたい20人に1人ほどであった（援助者がこのタイプの援助を行い続けるのにギリギリ十分な程度）。「援助された側」の人の感想の大半は次のうちのどれかであった。

- 怒り（煽られた，悩まされた，いらいらさせられた，聞いてもらえていない，理解されていない）
- 防衛（必要性を感じなくなった，被告になった気分，自己正当化，反抗的な気持ち，変わる気がしない）
- 不快（恥ずかしい，押しまくられた，早く終わりたい）
- 無力感（受け身的，勝ち目がない，心が折れた，他のことを考えていた）

　実際にこれをやってみると，"助けられる側"の人は，自分は本当は変化を望んでいないのだという結論に達する！　もちろんこれは通常，援助者の側が意図するところではない。これは間違い指摘反射，つまり何をす

べきで，なぜすべきか，どのようにすべきかを言われたことに対して人が示す正常な反応にすぎない。間違い指摘反射への反応として人は気分を害しがちであり，気分を害する原因をつくるようなことは，その人が変わることに役立たないのだ。

　では再び試してみよう。ただし今度は援助者の振る舞い方が違う。もう一度，変えたいと思っていることや変えるべきと思っていること，変える必要があること，変えようと考えてきていることなのにいまだに変えていない何かについて語ってほしい。今回は援助者はあなたに全く助言を与えず，その代わりにいくつかの質問をし，あなたの話を敬意をもって聞く。いくつかの質問とは筆者が 2006 年に MI のプロセスの感覚を初心者に伝えるために作成した 5 問である。

1. 「あなたはなぜ，この変化を望むのですか？」
2. 「成功するためには，どのように進めたらよいでしょうか？」
3. 「それをやりたい理由のうちベスト 3 はどのようなものですか？」
4. 「この変化はあなたにとってどれくらい重要ですか？　そして，なぜ？」

　援助者は忍耐強く聞き，それからあなたが言ったことを短く要約したものをあなたに返す。つまり，なぜあなたが変わりたいのか，なぜそれが重要なのか，ベストの理由は何なのか，成功のためにどのように実行したらよいのかである。その後，援助者がもうひとつ質問し再びあなたが答えるのをただ聞く。

5. 「では，あなたは自分がこれから何をするだろうと考えますか？」

　これだけだ。この変化についての会話の中で何が起こっているのかはまだ説明していない。何らかの理論やガイドラインも示していない。質問そ

れ自体はMIというわけではないが，MIが持つパーソン・センターのスピリットとスタイルの感触は伝わるはずだ。このエクササイズも今まで世界中で使ってきたが，この場合も援助者のそれ以前の教育や経験には関わりなく，聞き役に対する反応は似たような傾向があった。次のように感じたというのが通例である。

- 関わりができた（関心を持ってもらえた，協力的だった，好みのカウンセラーだった，もっと話し続けたかった）
- やる気が出た（変われると感じた，望みができた，楽観的になった）
- オープンな感じ（受け入れられた，快適だった，安全な感じ，尊重してもらえた）
- 理解してもらえた（つながりができた，聞いてもらえた，耳を傾けてくれた）

どちらの場合も会話の主題は同じ——両価性という特徴を持つ変化の可能性——であるが，結果にはかなりの違いがあった。そこで読者ならどちらの人と一緒に仕事を進めたいと思うだろう？ (1)あなたのことを好きではなく，怒っていて防衛的で不快に感じていて，受け身的な人。(2)あなたと関わりができていて，やる気がありオープンな態度で，あなたに理解してもらっていると思っていて，一緒に過ごすことをどちらかと言えば好いている人。この二者はもともとは同じ人である。違いは会話のダイナミクスにあるのだ。

はじめの定義

では動機づけ面接（MI）とは正確には何なのであろうか？ 変化を促進するための単純な5段階の質問のチェーンではもちろんない。巧みなMIには質問以外のさまざまなものが含まれる。高品質の聞く作業が必要

である。初版（Miller & Rollnick, 1991）では定義には全く触れなかった。その後，筆者はそれらしい定義をさまざまな形で示してきた（Miller & Rollnick, 2002, 2009; Rollnick & Miller, 1995）。こうなった理由のひとつはMI自体の複雑性にある。この第3版では最初の三章で各1つずつ，異なる3つのレベルの定義を提供することにした。1つ目は，目的に焦点を合わせた一般人向けの定義である。

> 動機づけ面接は，協働的なスタイルの会話によって，その人自身が変わるための動機づけとコミットメントを強める方法である。

MIは第一にそして何よりも変化についての会話である。もし他の呼び方をするのであれば「動機づけ会話法」であろう。短い場合も長くなる場合もあり，個人あるいはグループを対象にする場合など，さまざまな文脈で生じうるが，決して説教や独白ではなく常に協働的な会話なのである。指示することよりもガイド（案内）することがMIの本質である。また名前が示唆するように，その主目的は変化への動機――本人自身の動機――を強化することである。動機づけられることはコミットメントなくしては不完全であり，この版ではMIが変化の計画と実行につながっていく様子を述べることにより多くのページを割いた（第V部）。第3章ではMIの方法を概説する。しかし，最初は優れた臨床の道しるべとなるスピリットに注目することにしよう。

――――― キーポイント ―――――

- 動機づけ面接は協働的なスタイルの会話によって，その人自身が変わるための動機づけとコミットメントを強める方法である。
- 全体を通じてMIの様式はガイド（案内）であり，これは指示スタイルと追従スタイルの中間にあり両者の要素を取り込んでいる。

- 両価性は変化への準備の一部として正常なことであり，かなりの間，この膠着状態に人が陥ることがある。
- 両価的な人を相手に援助者が指示スタイルを用いて変化に肩入れするような議論をすれば，当然，相手の反論を引き出してしまう。
- 人は自ら述べることを自分で聞くほうが説得されやすい。

第 2 章

動機づけ面接のスピリット

　ある人をあるがままのその人として扱えば，その人はそのままでいるだろうが，その人がそうなるべき／なれるはずの理想の人物になっているかのように扱えば，その人はそのような人物になるだろう。

　　　　　　　　　　　──ヨハン・ヴォルフガング・ゲーテ

　思いやりとは，他人が苦しみから解放されるのを見たいと願うことである。

　　　　　　　　　　　──ダライ・ラマ

　1980年代MIを教え始めたころ，技法自体，すなわちどう行うかに焦点を当てがちであった。しかし，時が経つにつれて大切な何かを見逃していることに気づいた。研修生がMIを実践するのを見ていると，歌詞は教えたのに曲は教えていないかのようだったのだ。何かがうまく伝わらずにいる。それは何だろう？　このときからMIの根底にあるスピリット，態度と心構えについて述べるようになった（Rollnick & Miller, 1995）。

　これが意味するのはMIを実践する際に基盤となる視点である。この基盤となる態度が欠けていれば，MIは人を操作しその人がやりたくないことをさせる方法，いわば皮相なトリックになってしまう。不運なクライエントを正しい選択へと見事に誘導するプロのマジシャンというわけだ。つまり，間違い指摘反射の別バージョンにすぎないものになってしまう。知恵で敵に勝つことをゴールとする知的ゲームと言ってもいい。この本の初版にはこのような言語ゲームをしている面があった[*1]。

　ではこの根底にあるスピリットとは，MIの実践に入るとき持つべき心

構えとはどのようなものなのだろうか？　これが本章の主たる焦点である。MIのスピリットの4つの中心要素「パートナーシップ」，「受容」，「思いやり」，「引き出す」から始めよう。これらは相互に関係している。これら4要素の一つひとつに経験的構成要素に並んで行動的構成要素がある。例えば人は他者への受容や思いやりを経験できるが，行動による表現がなければ他者の役には立たない。

　誤解を招かないように付け加えたいことがある。このスピリットはMIを実践するために必須となる前提条件ではない。MIを実践できるようになる前に，深く受容的で思いやりを持つ人にならねばならないのだとしたら，一生かかってもMIの実践はできないだろう。私たちの経験から言えば，MIを実践すること自体がこれら4つを骨の髄まで染まった習慣にしてくれる。

パートナーシップ

　MIのスピリットの4つの最重要側面のうちの第一はパートナーシップである。教師が生徒に，師匠が弟子に対して行うような，専門家がまな板の上の鯉のような受け身の相手に対して行うことはMIではない。MIは誰かに「向けて」あるいは「対して」行われるものでは決してない。MI

> MIは人の「ために」，人と「共に」行われる。

はある人の「ために」ある人と「共に」行われる。専門家同士の間で行われる能動的な協働なのである。人はその人自身の専門家であ

---

*1（原注1）某書（Pantalon, 2011）〔訳注：邦訳書『思い通りに相手を変える6つのステップ』マイケル・パンタロン著，真喜志順子訳，ソフトバンククリエイティブ，2013〕がもつ態度は，MIのスピリットとは全く反対のものである。本の帯は，第1章を読めば開かれた質問で7分以内に「誰にでも何でもさせる」ことができると約束している。このようにMIを単純なトリックとみなす見方は，お昼のランチを食べつつMIをスタッフに教えてほしいというようなお気楽な依頼にも潜んでいる。このようなことが生じるようになったのは，初めの頃に使ったMIの説明の仕方にも理由がある。われわれ筆者にも責任の一端があることを認めざるを得ない。

ることには疑問の余地がない。本人以上に長くその人と共に存在した人も，その人自身が知っていること以上にその人を知っている人もいない。MIにおいて援助者とは同伴者のことであり，話す量が相手よりも少ないことが普通である。忠告よりも探求，説得や議論よりも興味と支援がMIの方法である。面接者はポジティブな対人的雰囲気を作り上げて変化を援助しようとするが，強要することはない。

　MIが何であるかを説明するとき，場合によっては隠喩や直喩が効果的であった。本書でも至る所で比喩を用いている。そのよい例のひとつが「MIはレスリングではなく，社交ダンスのようなものである」だ[*2]。その人に抗って動くのではなく，その人と共に動くのである。敵を力で負かしてフォール勝ちをするプロセスではない。優秀なMIの会話は舞踏室でのワルツのようになめらかに見える。それでもダンスでは誰かがリードを取っている。転んだり爪先を踏んだりせず，巧みに導くことはMIに卓越した人が見せる技量のひとつとして必須である。そして，パートナーシップなしにはダンスは存在しない。

　なぜこれが重要なのか？　相手が変わることがゴールであるならば，カウンセラー1人だけでゴールに到達できるはずがない。だから，これが理由のひとつであることは簡単にわかるだろう。カウンセラーの能力を補ってくれるのはクライエント自身の能力である。クライエントの能力を活性化させることが，変化が起こるために欠かせない必要条件である（Hibbard, Mahoney, Stock, & Tusler, 2007; Hibbard, Stockard, Mahoney, & Tusler, 2004）。MIはトリックを使って人々を変化させる方法ではない。その人自身の持つ変化への動機とリソース（資源）を活性化させる方法である。このとき避けなければいけない落とし穴がある。専門家の罠である。すなわち，カウンセラー自身の専門的知識に基づいて，カウンセラーが相手のジレンマに対する答えを持っていると伝えてしまうことだ。この罠を避けるためには，カ

[*2]（原注2）この隠喩はJeff Allisonが最初に提案した。

ウンセラーは正しい答えをすべて知っていて，それを**提供することが仕事**だという想定を捨てることが必要である。個人の変化がテーマになっているとき，カウンセラーの持つ答えがすべて正しいとは限らない。これは否定しようがない。間違い指摘反射は専門家の罠という土台があって生じるものである。専門家の多くは，大学で教育を受けている間，正しい答えを考えついてそれを即座に提供することが仕事なのだと教えられ，実際にそうさせられる。この専門的能力を提供したいという反射を意志力で抑え込むことが協働的なMIのスピリットの中では欠かせない要素である。

　MIがパートナーシップの性質を持つということは，クライエントの願望と一緒にカウンセラー自身の願望も考慮し，2つの調和をはかることも意味している。MIの対人プロセスは願望と願望が出合う場であり，すべてのパートナーシップでそうであるように2つの願望の間には違いがあるだろう。自分自身の意見や手間暇を意識していないことは全体像の半分しか見ていないことを意味する。MIではこうした自身の願望について正直であることが必須である。時には，サービスを提供する側の志望や狙いが状況から判断できることもある。「禁煙クリニック」や「アルコール・薬物依存治療センター」と書かれたドアを人が開けて入っていくとき，次に起こる話のテーマや変化の方向性が藪(やぶ)の中ということはないだろう。自殺防止のホットライン電話で待機している人たちは自殺予防を目指しており，保護観察官は不法行為を防ぐのが役割である。通常はクライエント側が変化のアジェンダを設定し，具体的な問題と懸念を提供する場合のほうが多い。しかし，そのような場合でも，治療を提供する側が重要視する変化とクライエント側のそれとが異なることが生じうる。このような場合の対応は第10章で詳細に考察しよう。ここでは，変化について話し合うとき，カウンセラーが自分自身の価値観とアジェンダについて意識し，正直であることの大切さを強調したい。

> MIはトリックを使って人を変化させる方法ではない。その人自身の持つ変化への動機とリソースを活性化させる方法である。

MIのスピリットにおけるパートナーシップは相手に対する深い尊敬を意味している。ある意味，MIを行う臨床家は相手の変化に立ち会えるという特権を与えられている。MIにおける会話は，相手の誕生から今までを撮った写真アルバムをソファーで隣に座って一緒に見ることと似たところがある。カウンセラーは時々質問をするものの，物語は相手自身のことだから，大半の時間はただ話を聞いているだけである。カウンセラーの目的は目の前の人の人生を理解することである。カウンセラー自身の世界観を壇上から披露するのではなく，相手の目線から世界を見ることである。

受　容

　このパートナーシップの態度と関係しているのが，クライエントが提示するものを心底まで受容する態度である。ここでいう「人を受容する」とは必ずしもその人の行為を承認する，あるいは現状を黙認するという意味はない。カウンセラーが相手を個人的に承認（あるいは不承認）するかどうかはこの場合，無関係である。MIは人が変わるように仕向けるトリックではない。クライエント自身の変化への動機やリソースを活性化するのである。「受容」が意味することはCarl Rogersの仕事に源流があり，それには少なくとも4つの側面がある（Box 2.1 参照）。

絶対的価値

　第一に受容はあらゆる人間に備わる価値と潜在的可能性に対する尊重を意味している。Rogers（1980b）はこの態度を非支配的に世話をすること，あるいは無条件の肯定的関心として捉えた。つまり「己とは別個の人間として特定の他者を受容すること，生得的な権利としての価値を持つものとして他者に敬意を示すことであり，これは素朴な信頼感――この他者は明確な根拠はなくても根本的なところで信頼するに値するという信念――で

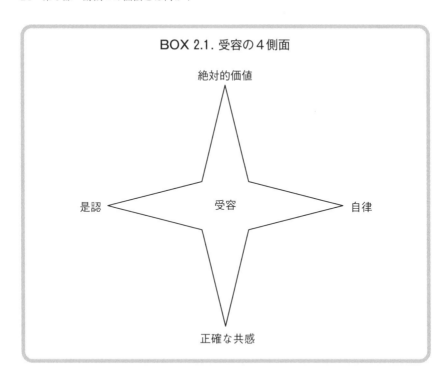

BOX 2.1. 受容の4側面

もある」(p. 271)。これが変化が起こるための治療の必要十分条件のひとつにあたると彼は考えた。Fromm (1956, p. 23) は次のように表現する。「ある人をありのままの姿で見る能力，その人の独自の個人性を意識できる能力である。敬意はその他者をその人として成長させてやりたいという配慮を意味する。よって敬意は搾取しないことを含んでいる」

　この態度の反対は判断の態度であり，価値づけに条件をつけるものである。「誰が敬意に値し，誰が値しないかは私が決める」という態度である。この態度が生み出す面白い逆説がある。もし，自分自身を敬意に値しない，受容もできないと自分が決めてしまったとしたら，その人は動けなくなってしまう。この点で筆者の意見はRogersと一致する。判断の態度のもとでは人が変わる能力は削がれたり，ブロックされたりする。その一方，ありのままで受容されるようであれば人の自由な変化が可能になる。

このような性質をドイツ語でいうメンシェンビルド（Menschenbild，人のあり方）と呼ぶことにしよう。Rogers (1959) はメンシェンビルドについての考え方をさらに一歩進めた。最適な治療的条件があれば人はポジティブな方向へ自然に変わるだろうと仮定したのである。この「自己実現」傾向 (Maslow, 1943, 1970) は適切な土壌，水，日光が与えられたとき，植物が光のほうへ向かって成長するのと同じく自然なことなのである。まるで，一人ひとりの人間は最適な条件が与えられるとそこに向かって成長していく，成熟した最終状態あるいは目的（ギリシア語でいうテロス〔telos〕と呼ぶことにしよう）が自然に備わっているかのようだ。どんぐりのテロスはブナの木である。人もまた生まれつき自己実現的で，ポジティブなテロスに向かって成長する自然な傾向性があるのではないか？　選んだものが本当に正しいかどうかはわからなくても，人は自分自身のメンシェンビルド[*3]を選ぶことができる。すなわち，私たちは他者，人間の本質をどう見るかを選べるのである。そして，こう見ることは自己成就予言になりやすい (Leake & King, 1977; Miller, 1985a)。

正確な共感

受容の2つ目の鍵となる側面（そしてRogersがいうもうひとつの変化の必要条件）は正確な共感である。これは相手の目を通して世界を見ようとする，相手の内的視点への積極的な関心と理解の努力である。ここでいう共感が意味するところは同情，すなわち相手への憐みの感情や仲間意識ではない。同一化，すなわち「私も同じことを経験したことがあるので，あなたが経験していることがわかります。私にも話をさせてください」という意味でもない。同一化が含まれるかどうかとは関係なく，共感は相手の視点を理解する能力であり，またそうすること自体が必要だという確信

＊3（原注3）この有用な用語と概念を提案してくれたJoachim Koerkelに感謝する。

である。正確な共感という治療技能をRogersとその教え子たちが巧みな文章に表現している（Rogers, 1965; Truax & Carkhuff, 1967）。「プライベートで個人的な意味からできあがったクライエントの内的世界を，あたかもカウンセラー自身のものであるかのように感じながら，しかし，『あたかも』という性質を決して失わずに感じること」（Rogers, 1989, pp. 92-93）である。共感の反対は自分自身の視点の押しつけであり，相手の見解は無関係あるいは見当違いとみなすものである。

自律性のサポート

　第三に，受容は人がそれぞれ自律性を持っていることを大切にし，尊重する。つまり，人には自身の方向を決める能力と権利があり，それは誰にも犯せないとする（Deci & Ryan, 1985; Markland, Ryan, Tobin, & Rollnick, 2005）。Viktor Frankl（2006）は次のような経験を語っている。

　　強制収容所にいたことのある者なら，点呼場や居住棟のあいだで通りすがりに思いやりのある言葉をかけ，なけなしのパンを譲っていた人々について，いくらでも語れるのではないだろうか。そんな人はたとえほんのひと握りだったにせよ，人は強制収容所に人間をぶちこんですべてを奪うことができるが，たったひとつ，与えられた環境でいかに振る舞うかという人間としての最後の自由だけは奪えない，実際にそのような例はあったということを証明するには十分だ。(pp. 65-66)

　Rogers（1962）は彼のクライエント中心アプローチにおいて，人々に「存在と選択の完全な自由」を提供しようとした（p. 93）。このようなやり方に彼が自信を持つ根拠として人間の性質は本質的に「ポジティブ，前進的，建設的，現実的，信頼に値する」（p. 91）ものであるとする彼の見解があることは疑いの余地がない。必須の治療条件を与えられれば，人々は自

然とポジティブな方向に成長するとRogersは信じていたのだ。彼の視点は，人は根本的に自己中心的な快楽追求者であり自分の人生を形作る暗い欲動にはほとんど無意識のままでいるとするフロイトの見解とは，ある意味で対照的である。

　自律性のサポートの反対は人々に物事をさせようという試み，強制してコントロールしようとする試みである。「きみはこの地域からは出られない」と言う保護観察官も，アルコールに依存している人に「あなたは飲むことができません」と言うカウンセラーも，その言葉通りの真実を述べているのではない。こうした言葉が意味しているのは，そこで指摘している行動を相手が行えば負の結果が伴う可能性が高いが，そうするかどうかの選択肢は常に相手個人にあるということだ。ここにも逆説がある。「できない」と誰かに言うこと，そしてもっと一般的に，誰かの選択を束縛しようとすることは典型的に心理的な反動（Dillard & Shen, 2005; Karno & Longabaugh, 2005a, 2005b）や自分の自由を主張しようとする願望を誘うのだ。その一方で，誰かの選択の自由を直接的に認めれば，一般的には防衛性を減らし変化を促進できる。これには相手を変えねばならない（あるいは変えられる）という考えと負担を手放すことが含まれている。それは本質的には，そもそも最初から持っていなかった力を持とうとすることを諦めるようなものだ。

是　認

　最後になるが，ここでいう受容には是認，つまり相手の強みと努力を探し出して承認することが含まれている。価値や自律性，共感と同様に，これは単に個人的に相手に感心したというようなことではなく，意図的なコミュニケーションの仕方である（Rogers, 1980b）。その反対は相手のどこが悪いのかを探し（これがアセスメントの焦点であることが非常に多い），悪い点を見いだしたら，その治し方を教えることである。

これら4つのパーソン・センターの条件を合わせれば，ここで「受容」の意味することが伝わる。各個人の人間としての絶対的価値と潜在的可能性を大切にし，その人が自分で自分の道を選択するという他人には覆せない自律性を認識・サポートする，そして，正確な共感を通じて相手の視点を理解しようとし，その人の強みと努力を是認するのである。

思いやり

この第3版ではMIの基盤となる態度を説明するにあたって，思いやり（compassion，慈愛）という要素を加えることにした。ここでもまた，個人的な感情や同情，同一化のような感情的体験について言っているのではない。これらは思いやりを実践するにあたって必要でも十分でもないからだ。思いやりを持って振る舞うためには，文字通り「共に苦しむ」必要はないし，役には立たない同情を感じる必要もない。思いやりとは相手の福祉を積極的に増進することであり，相手のニーズを満たすことを優先することである。つまるところ，私たちのサービスはクライエントに益するためにあり，自分たち自身に益することは二の次である。世界のほとんどすべての主要な宗教がこの美徳を磨き，実践することを求めている。他者が健やかで幸せであることを慈愛の中で重んじ，追い求めよというわけである。思いやりは他者に福祉と最善の利益をもたらそうとする意図的なコミットメントにほかならない。このような他人の幸せを願うことは，言うまでもなく人が対人援助職に就こうとする動機づけのひとつである。

> 思いやりとは相手の福祉を積極的に増進しようとすることであり，相手のニーズを満たすことを優先することである。

MIの既存の3要素に思いやりを付け加えたのはどうしてだろうか？その答えは，他の3つは自分の利益を得る目的で実践することが可能だからである。有能な販売員であれば見込み客との間で商売上の関係を確立し，客自身の目的や価値観を引き出すようにする。そして，買うかどうか

の判断は究極的には客が決めることだとよくわかっている。商売という仕事は客と売り手双方の利益になるようにもできるのだから，それ自体をけなす意図はない。しかし，これから触れることも含め，心理学的知識と技術は私的な利益や不適切な信頼や服従を得るなど，クライエントを搾り取ることにも使えると言いたいのである（Cialdini, 2007）。思いやりをもって仕事をするということは，治療者が育む信頼が適切なものになるよう，正しい心構えで仕事をするということである。

引き出す

　変化に関する専門家の議論はその大半が欠陥モデルに基づいている。クライエントには何かが欠けていて，それを補わなければいけないという考え方である。この考えの裏側の意味は「あなたの必要とするものは私が持っているから，それをあなたに与えよう」である。与えられるものは知識や洞察，診断，知恵，現実，理性，対処技能などになるだろう。アセスメントもほとんどたいていの場合，経験豊かな専門家によって矯正されるべき欠陥を探り出すことにフォーカスされている。ひとたび足りない要素，クライエントに欠けるものを発見したならば何を補うべきかがわかるわけである。自動車の修理や感染症の治療ならばこのアプローチは合理的であるが，個人の変化が会話の焦点であるときにはうまくいかないのが普通である。

　MIのスピリットは強みにフォーカスを当てるという，全く異なった前提に立っている。必要なもののほとんどはその人の内側にあり，治療者の仕事はそれを誘い出し引き出すことだと考える。裏側の意味は「必要なものはあなたが持っています，一緒にそれを発見しましょう」である。この前提に立てば，欠陥を探り出すのではなく，その人の強さとリソースにフォーカスを当て理解することが特に重要になる。言い換えれば人は自分自身についての真の知恵者であり，その人が今までやってきたことの背景に

はそうするだけの十分な理由があるとみなすわけである。自分の引き出しの中に人は動機づけとリソースを持っているのだ。MIに関する初期の研究によって見いだされた想定外の結果のひとつに，自分自身の両価性をいったん解消できれば人は先に進める，しかも専門家の援助や許可をもらわなくても自力だけでも前進する，ということがある。

　教育のアプローチを2つに分けることができる。1つ目は講義であり，要するに知識を押し込むものだ。脳を切り開いてその中に事実を詰め込み，縫合する。これに相当するラテン語の動詞はdocere（ドケレ）である。これはdoctrine（教義，学説），docent（講師），indoctrinate（教え込む），docile（従順な），doctor（医師）などの語源になっている。このアプローチはまさしく欠陥モデルからスタートしている。すなわち何か必要なものが相手に欠けているとするのである。この種の教育がふさわしい時と場合はあるが，人の変化を援助するためには決して効果的な方法ではない。対照的なもうひとつのアプローチは井戸から水を汲み上げるように引き出す（ラテン語では文字通りにe ducere[*4]〔エ・ドゥーケレ〕）ことである。MIは，相手の内部には知恵と経験の深い井戸があり，カウンセラーの役割はそこから汲み出すことだという立場をとる。入り用なものの大半はすでに相手の中にあり，そこから汲み出して引き出すことこそが必要なのである。したがって，MIの臨床家はクライエントの視点と知恵を理解することに対して熱心な関心を寄せる。

　この引き出すという態度は第1章で示した両価性の概念とも合致している。変化に対して両価的なとき，人は両サイドの議論——変化を良しとする議論と現状を支持する議論——をすでに内側に隠し持っている。これは，大半のクライエントの心の中の内部委員会の中では変化に賛成の意見がすでに出ていることを意味している。つまり，変化に対して本人自身の前向きな動機づけがあるわけだ。本人の動機は治療者が提供できるどのよ

[*4]（訳注1）英語のeducate（教育する）の語源。

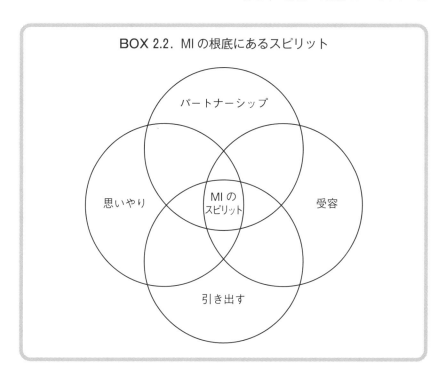

うな議論よりも説得力を持っている可能性が高い。治療者の仕事は最初から存在しているこうした変化の動機づけを誘い出し、強化することなのである。

　MIのスピリットはこれら4つの構成要素（Box 2.2 参照）が交わるところに体現される。これがMIの第2の実践的な定義の背景である。「なぜ、MIを学びたいのか、そしてどのように使うのか？」という問いに答える、臨床家のための定義である。

　　　動機づけ面接はパーソン・センタード・カウンセリング・スタイルであり、変化に関する両価性から生じる一般的な問題を扱うものである。

パーソン・センタード・ケアのいくつかの原則

　ここで述べる MI のスピリットはパーソン・センタード・ケア（人間中心ケア）の長きにわたる伝統の中にしっかりと納まっている。これはクライエント中心カウンセリング（Rogers, 1965），患者中心医療（Laine & Davidoff, 1996），関係中心ケア（Beach, Inui, & the Relationship-Centered Care Research Network, 2006）などと呼ばれているが，その本質は受け手の視点をサービスの中心に置くというものだ。この件に関して最後になるが，より幅広いケアへの人間中心アプローチ内での一般原則のいくつかを提案する。

1. 臨床家が提供するサービスは受益者のために存在する（そして，その逆ではない）。クライエント（参加者，患者，消費者，客など）のニーズが優先される。
2. 根本的なところで変化とは自己変化である。サービス（治療，セラピー，介入，カウンセリングなど）は変化の自然なプロセスを促進するためにある（Prochaska & DiClemente, 1984）。
3. クライエントは自分自身に関する専門家である。本人以上にその人を知る人はいない。
4. 変化を起こす責任は臨床家にあるのではない。臨床家だけでは何もできないというのが真実だ。
5. 優れたアイデアのすべてを臨床家が思いつく必要はない。臨床家が思いつくアイデアはベストではない可能性が高い。
6. クライエントには自身の強みと動機づけ，リソースがある。そして，変化のために決定的に重要なことは，クライエント自身の持つものを活性化させることだ。
7. したがって変化にはパートナーシップと専門家との協働が必要である。

8. クライエントが置かれた状況と何が必要なのか，それをどうやって達成するかについて，クライエント自身がどう見ているのかを理解することが重要である。
9. 変化は権力闘争ではない。変化が起これば「我々の勝ち」というようなものであってはならない。変化についての会話はレスリングではなく，ダンスのように感じられるべきだ。
10. 変化への動機づけは外から植えつけるようなものではなく，中から引き出されるものだ。最初から中に存在していて外に引き出されることを待っているのである。
11. クライエント自身の行動に関する選択を臨床家側で取り消すことはできない。自分がすること／しないことについての決断はその人自身がするものである。そして，その人自身が自ら選び取ったものでなければ，変化のゴールにはならない。

成長のプロセス

　この章ではMIのプロセスの中に入っていくときに必要な心構えについて述べてきた。先に触れたように，この心構えを心底から完全に体得していることはMIを実践するための必須条件ではない。もしそうだとしたら，MIの実践を始められる人は誰もいなくなってしまう。現実には，MIの実践を長く続けることで，このような心構えが身についてくるのだ。思いやりを育むことについて，ダライ・ラマは次のように書いている。

　　他者への思いやりを育む，成長のプロセスがある……最初のステップは知識である……そして，この知識をいつも振り返り，内面化する必要がある……確信になるまで。それがあなたの心構えと一体になる。……そこまで到達すれば，思いやりはあなたの自発的なものになっている（The Dalai Lama & Ekman, 2008, pp. 156–157）

> **BOX 2.3. 筆者自身が思い返すことなど：MI の祈り**
>
> アメリカ南西部に住んでいるので，ネイティブアメリカン（アメリカ・インディアン）の治療者と動機づけ面接について話すチャンスがよくある。相手に対する敬意を保ちながら人と関わるところが部族内における会話の規範ともよく一致していると話してくれた人がいた。ただし，部族長（酋長）は，インディアンに MI を教えるためには祈禱と歌，ダンスも必要だと教えてくれた。ダンスと歌は才能のある人たちにお任せしたいが，祈りについては Raymond Daw の助けを借りて，私も書いてみた。この祈りはしばし瞑想してからカウンセリングに備えるような状況を想定している（訳注：著者 Miller はクリスチャンなので，祈りにも「主」が使われている。信者ではない場合は，「み仏」など他にかえて使ってほしい）。
>
> 　　　　　願わくは，患者の同伴者となり，
> 　　　空のような広い心で話を聞けるようにお導きください。
> 　　　　　　患者の瞳に映るものが見える目と
> 　　　　　語りを熱心に聴ける耳をお与えください。
> 　　　　共に歩める安全で開けた平地をお作りください。
> 　患者自身の姿がくっきりと映し出されるような鏡池に私を変えてください。
> 　　　　患者の中に主の美と叡智を見出せるようにお導きください。
> 　　　　　主が患者も調和の中にあるように望まれるように，
> 　　　　　　　健やかで，慈しみ深く，強くあるようにと
> 　患者が自分自身の道を選ぶことを讃え，敬うことができるようにしてください。
> 　　　　そして患者が選んだ道を歩むことを祝福できますように。
> 　　　　　　　　いま一度，患者と私は異なっていても，
> 　　　　　それでも一つになれる平和な場所があることを教えてください。
>
> 　　　　　　　　　　　　　　　　　　　　　　　　　　　　——WRM

　これが MI を学ぶという経験である。もはや各セッションの前に己の心構えがどうあるべきかをリハーサルしたりしない（それはそれで役に立つのだが）。自動的になっている。他者といるときにこのスタイルを実践していることによって，このスタイルが引き出されてくるのだ。もし，あなたの「スピリット」がまだ身についていないと思ったとしても，焦ったりしないように。実践することがあなたに教え，気づかせてくれる。

キーポイント

- MIはパーソン・センタード・カウンセリング・スタイルであり、変化についての両価性によって起こる普遍的な問題を扱う。
- MIは誰かに向けてあるいは誰かに対してではなく、誰かのために、あるいは誰かと共に行われる。
- MIの根底にあるスピリットがもつ4つの特質はパートナーシップ、受容、思いやり、引き出すである。
- 受容には絶対的価値、正確な共感、自律性のサポート、是認という、4つの側面がある。
- MIはもともと存在しているものを引き出すことであり、欠けているものを後から植えつけるようなことではない。

第3章

動機づけ面接の方法

　人はふつう，自分自身で見つけた理由によるほうが，他人の精神のなかで生まれた理由によるよりも，いっそうよく納得するものである。
　　　　　　　——ブレーズ・パスカル（前田陽一，由木康訳）*1

　あなたは人の誕生を助ける助産師である。威張ったり，騒いだりせず，最善を尽くしなさい。今，起こりつつあることを促し，こうなるべきだとあなたが思っていることは無視しなさい。指図せねばならないのであれば，母親の助けになるように，そして母親が自由と責任を持つようにしなさい。うまくいったときには，赤ん坊が生まれたときの母親の言葉は「私たち，自分たちの力でやり遂げました！」である。
　　　　　　　——『老子道徳経』より

動機づけ面接の4つのプロセス

　初版と第2版ではMIの2つのフェーズを取り上げた。動機の構築（フェーズ1）とコミットメントの強化（フェーズ2）である。これには単純でわかりやすいガイドラインとしてのメリットがいくつかあった。例えば「フェーズ2に関連するような変化の仕方に絞って話し合うのには気をつけたほうがよい。そうする前に変化の理由について話し合うことが必要であり，それがフェーズ1の作業である」というものがある。しかし，意思決定プロセスは直線的にまっすぐ進むよりも螺旋状に揺らぐことが多く，

＊1（訳注1）『パンセ』第1章10，パスカル著，前田陽一，由木康訳，中公文庫，1973.

単純な2分類は実践にそぐわなかった。また分類すること自体も不適当であるように思われた。例えば，ある臨床家はこのとおりにするとクライエントとの間に距離ができてMIをやりにくい場合があるという。また別の臨床家はクライエントにとって選択可能な行動変化の幅が広すぎて話題をうまくフォーカスすることができないという。

　それゆえ，MIを構成するプロセスがもっとクリアになるように考え直すことにした。「フェーズ」のような直線的なプロセスではなく，4つの重なり合うプロセスとして実践にできるだけ即したものになるようにした。プロセスの呼び名として動名詞形の"engaging（関わる）","focusing（フォーカスする）","evoking（引き出す）","planning（計画する）"を選んだ。本書はこれらの4プロセスを軸にして編成されている。

　本章ではMIの流れを形成するこれらの中心的なプロセスのあらましを概説する。4つのプロセスは今述べたとおりの順番で使うものだと言っても間違いではない。もし，クライエントと関わらなければ先にはおそらく進めないだろう。本書で解説している「引き出す」は治療者の脳裏に明確なフォーカスがあるときに初めて可能になる。変わるかどうかの決断はどのように変わるかを計画するための必須前提条件である。それでもやはり，これらには反復して生じる性質がある。次が始まればその前のものはもう出てこないというわけではない。お互いが合わさり，重複し，繰り返し起こるのである。これら4つのプロセスが合流して一緒に流れることがMIだというのが表現としては最も正確だろう。

　これらの4プロセスが連続的であり，かつ再帰的でもあることを示すために階段の形で表すことにした（Box 3.1参照）。後に続くプロセスは，その前のプロセスの土台の上に構築されていく。次にいっても前のプロセスは基礎として残っている。会話や治療の経過の中でこの階段をクライエントと一緒に上ったり下りたりすることになる。また一度，必要が生じれば前の段に戻ることもあるのだ。

関わる

　どのような対人関係も最初は関わりの時期から始まる。コンサルテーションやサービスを求めて来るとき，人は治療提供者がどんな人なのか，どのように治療するのか知りたいと思い，その場面を想像することがよくある。第一印象は後から変えられないわけではないが，その影響力は強い(Gladwell, 2007)。初診時，患者が思うことはいろいろあるが，特に必ずみられることは提供者についてどのくらい気に入ったか，信頼できるか，また再来するかどうかである。来院回数の最頻値が1になっている治療施設も時として存在するのだ！

　関わるとはふたりの間に助け合う絆と作業同盟が確立するプロセスである。数秒間の間にできてしまう場合もある。逆に何週間もの間，絆が結ばれないことを感じる場合もある。関わりを強めるために会話中にできることはたくさんある。会話そのものとは直接関係のない外的要因，例えばクライエントと臨床家が従わなければならない医療保険制度や臨床家のそのときの気分，クライエントを取り囲む状況，入室したそのときの精神状態などが，関わりを促したり妨げたりする。

　治療的な関わりができてから初めて次の治療に入ることができる。もちろん，これはMIだけに限らない。作業同盟を育むことは大半の対人援助の場において大切である。クライエント側による治療者との

> 治療的な関わりができてから初めて次の治療に入ることができる。

対人関係の質の評価が治療の継続と転帰を予測する。逆に治療者側による評価は予測しない（治療者側が良いと思ってもクライエント側はそうは思わないなら，結果は良くない）(Crits-Christoph et al., 2011)。関与とはクライエントに対してフレンドリーかつ親切に振る舞うだけのことではない。本書の第Ⅱ部ではこの関わりに関する課題を扱う。

フォーカスする

　関わりのプロセスの次は話題を特定し，フォーカスすることである。クライエントが話そうとしている話題である。提供者側にも伝えたいことがあるだろう。提供者側の話題はクライエント側のそれと重なっているときもあるし，違うときもある。例えば，上気道感染の症状と息切れを訴え，一時的にでも症状がおさまることを望んで医療を受けに来た人がいたとしよう。その人が喫煙者であることに気づき，医療者側は行動変化を示唆するかどうかを考えるだろう。ふたりはどんなことを話すだろうか？　現在の主訴を扱うことは間違いないが，医療者側は喫煙のことを話題に取り上げるかもしれない。フォーカスとは変化についての会話が特定の方向に向かって進み続けるようにするプロセスである。

　通常の治療関係の中では，変化のゴールを目指して向かっていく方向が1つまたは複数出現する。こうした方向は治療計画のようなフォーマルなものであることもある。しかし，筆者としてはもっと変化のプランを幅広くとらえるようにしたい。なぜなら，治療とは変化に向かう道がたくさんある中の1つにすぎないからである。

　このゴールの中には行動変容が入るかもしれないし，入らないかもしれない。入るほうが多いとはいえるだろう。慢性疾患の管理の大半は健康行動の変容に注がれる (Rollnick, Miller, et al., 2008)。行動療法的なアプローチが使われる場面は幅広く，一例をとりあげると，摂食障害や運動・体重管理，不安障害，うつ病，発達障害（chronic disorganization），社交不安，

物質使用障害，慢性疼痛など限りない。第1章で論じたように変化のゴールは他にもある。ある人を許すかどうか，留まるか立ち去るか，あるいは自身の態度と考え方（例：もっと思いやりが深くなること）をどうするかなどの選択と決断，さらにもっと外には表れない心のあり方も含まれる。複雑性悲嘆を乗り越える，決断後の葛藤を手放す，曖昧さや孤独，不安に対する耐性を高めるなどである。受容を選ぶ場合，いままでと違うことは何もしないことにもなりうるだろう。

　MIでは，フォーカスするプロセスによって人が向かっていこうと意図しているずっと先のほうまで明確にできる。このような焦点が絞られたカウンセリングから，次にどのような変化が生じると期待できるだろうか？

引き出す

　変化のゴールに対してフォーカスがあるとき，MIの中で起こるプロセスの3つ目は引き出すことである。クライエント自身から変化への動機づけを引き出すことが引き出すであり，これはMIが始まったときから常にその中核であり続けている。引き出すが起こるのは，変化の方向が決まり，フォーカスがそこに当たっているときである。なぜ・どうやってそうするかについてのクライエント自身の考えや感情を臨床家が活用しているときである。

　このスタイルは専門家がアセスメントを行い，問題行動を特定し，クライエントに対してどう修正すればよいかを指示するような専門家による心理教育モデルとは正反対である。教育モデルでは専門家が診断と解決策の両方を与える。これは感染症や骨折のような急性疾患に対する診断と治療では全く正当なやり方だろう。「ここに問題を発見しました。この治療をやってみましょう」というわけだ。しかし，専門家による指示に頼るやり方はいずれ立ちゆかなくなる。その人自身が変化のプロセスに積極的に参加しなければ，人が変わることはない。抗生物質の投与は7日間で終わる

かもしれないし，ギプスをつけるのも7週間で終わるかもしれないが，人が変わるプロセスはもっと長期的なものだ。

　ごく簡単に言えば，引き出すとは変化を支持する意見をその人自身の口から言わせることである。間違い指摘反射ゆえに変化の意見をこちら側から言ってしまいたくなるが，そうすると治療的にならないことがある。人は自分から自分自身に対して変わるように言って聞かせるのであり，自分と周りの考えに対立があるようなとき，どうこうしろと周りから言われることを嫌がるのが普通だ。

　もちろん，例外はある。相談を受けにきたときには変化の用意が十分にできた段階にあり，これからどう進んだらよいのかについて最良の助言が欲しいという人もいる[*2]。そのような人が相手のときは，すぐに計画に移ろう。

　大変残念なことだが，多くの対人支援場面では，このように「さあ進むぞ」というようなやる気のある人はごく少数である。だから，やる気のない人を見ると普通はこんなふうに考えるだろう。

- 心臓発作でも起こせば，禁煙し運動するようになり食事も健康的なものを選ぶ気になるだろう。
- 刑期の長短にかかわらず，一度，刑務所に入り不自由な思いをすれば，二度と刑務所には戻りたくないと心に決めるだろう。
- 腎不全や失明，四肢切断で体が蝕まれていることを実感すれば，糖

[*2]（原注1）このような例で思い浮かべられるのは，アルコールや薬物の世界にどっぷりと漬かってしまい，治療を拒むような人たちの配偶者や親のような家族たちである。筆者が今まで出会ったことがある人たちの中で，家族は最も動機づけが高い人たちといえるだろう。多くの場合，愛する家族を救うために，また悩みと苦しみから逃れるために，どのような犠牲も厭わない気持ちでいる。このような家族の思い詰めた気持ちにつけいるような例も見かける。保険が使えない，高額な治療費を請求され，それを支払うために自宅を売り払ったような家族がいる。実際には，このような家族を援助し，本人を回復の道につなぐためにできることは他にたくさんある（Meyers & Wolfe, 2004; Smith & Meyers, 2004）。こうした家族は変わるための準備はできていて，動機づけを増すために引き出すプロセスを使う必要はあまりない。

> ## BOX 3.2. MIの定義：3種類
>
> **一般人向けの定義**
> 　動機づけ面接は協働的なスタイルの会話によって，本人自身の動機づけと変化へのコミットメントを強める方法
>
> **臨床家向けの定義**
> 　動機づけ面接はパーソン・センタード・カウンセリングのスタイルのひとつであり，変化に対する両価性に関わる一般的な問題を扱う。
>
> **技術的な定義**
> 　動機づけ面接は，協働的かつ目的志向的なコミュニケーションのスタイルであり，変化に関する言語に対して特に注目するものである。
> 　受容と深い共感をもたらす環境の中で，本人自身がもつ変わる理由を引き出し，探ることによって，本人の動機づけと特定された目標に向かうコミットメントを強めるようにデザインされている。

尿病の患者も血糖値管理を自分で続ける気になるだろう。
- 飲酒関連の外傷やブラックアウト（一時的な記憶喪失），逮捕，人間関係への影響があれば，酒について何かしなくてはという気になるだろう。

　しかし，たいていの場合これだけでは不十分である。さらに説教したり，腕組みして睨みつけたりしても相手が変わる可能性はたいして上がらない。何か他のものが必要である。すなわち，相手自身の中にあるプラスの方向への変化の動機づけを醸成するような協働的プロセスが必要なのだ。この引き出すプロセスが本書で述べるMIの3つ目の定義につながる。「MIはどのように機能するのか？」という問いに答える，最も技術的な定義である。

　　動機づけ面接は，協働的かつ目的志向的なコミュニケーションのスタイルであり，変化に関する言語に対して特に注目するものである。

受容と深い共感をもたらす環境の中で，個人が持つ変わる理由を引き出し探ることによって，その人の動機づけと特定された目標に向かうコミットメントを強めるようにデザインされている。

計画する

　動機づけが高まり，それがある閾値に達するとシーソーのバランスが変わり，変わるか否かやなぜ変わるのかよりも，いつ・どのように変わるかについて考え始め言葉にもするようになる。どこでスイッチが入れ変わり明かりがともったか，時間やきっかけを特定できる人はいるかもしれないが，普通はここで起こったとはっきりと区別できる瞬間というのは存在しない。たいていの場合，変わるとしたらどう変わるのだろうかと考え始め，変化したとしたらいったいどんな感じになるのだろうと先のことを想像するようになる。このとき，専門家や友人，書籍，インターネットなどから先への進み方について情報や助言を求めることがある。変化への決断に達したとき，計画についての援助を欲しいとも必要ともしない人もいる。

　計画することには変化へのコミットメントを固めることと具体的な行動計画を立てることが含まれている。それは具体的な行為を取り上げて会話することであり，話題の範囲はさまざまなものに広がる。クライエント自身から出てくる解決策を一言も聞き逃さない鋭敏さによって話が進み，意思決定に際してクライエントが自律性を発揮するように向けていく。計画が形になっていく間，チェンジトークを引き出し強化することを続ける。

　計画し始めたり，選択肢を探り始めたりするタイミングに気づくことも大切だろう。計画することは，チェンジトークのエンジンからの動力を車輪に伝えるためにクラッチへつなぐようなものである。本書の後半では，変化の計画について話し合うべき時期になったのかどうかを知るために見逃してはならない手がかりと，本当にそうかどうか探りを入れる方法を説

> 計画することは，チェンジトークのエンジンからの動力を車輪に伝えるためにクラッチへつなぐようなものである。

明する（第20章）。クライエントが受け入れられるような具体的な変化の計画（あるいは，少なくとも次のステップ）に向かって進みだしている間でも，今までに述べたプロセスと技能は継続して必要である。

　他の3つのプロセスと同じく，計画することも変化が進むにつれて見直すことが随時，必要になる。予想外の難題や新たな障壁が発生し，計画やコミットメントを考え直す必要が生じてくる。優先的に扱うべきものが生じてきて，そちらに注意をとられることもあるだろう。初期の計画は別の良い計画に取って代わられる。計画は一回立案すれば，それで終わるようなものではない。関わる，フォーカスする，引き出すと同じように，見直しを必要とする継続的なプロセスなのである（第22章参照）。

　本書では統合的な変化のモデルやすべてを包含するような治療システムを示すつもりはない。筆者はMIを特定の目的のために使われる臨床上のツールのひとつとみなしている。クライエントが両価性を乗り越え，変化に向かうのを助けることがその目的である。筆者がMIを見いだしたばかりのころ（このころはその度に驚かされていた），MIによる引き出す・計画するプロセスを経ることによって，しばしばクライエント自身が変わっていくことに喜びを感じるようになり，実際に変わっていくことを経験した。このころのクライエントにとっての難関は変化するぞという**本気の決心**をすることであり，これさえできれば他の援助を付け足す必要はないことが多かった。初期に行われた2つの研究では，MIがアルコール問題に対する治療を求めるきっかけになるだろうと予想して，地元の治療機関などの連絡先をクライエントに渡した。実際に治療に行った人はほとんど誰もいなかったが，大半の人が飲酒量を大幅かつ永久的に減らしたのだった (Miller, Benefield, & Tonigan, 1993; Miller, Sovereign, & Krege, 1988)。第Ⅵ部で論じるように，MIの方法は他の多様な治療アプローチと併用することができ，それらの治療の継続と行動変容を促進させる (Hettema, Steele, & Miller,

2005）。

動機づけ面接の流れ

　事前に作業同盟が確立している場合を例外として，関わることがMIのオープニングプロセスとなるのは必然的である。関わりなしではコンサルテーションは先に進まない。治療関係が安定していて目指す行動変容が特定されているときにMIを使う場合でも，関わりを持つ時間は特に上限を設けずに最初にとるようにする。その中でフォーカスを明確にすることから始めることが普通である。

　話の流れは関わりからフォーカスのプロセスへと入っていく。少なくとも最初のうちは，そのカウンセリングが向かう方向とゴールを決めることに絞られる。関わりの臨床的スキルの重要性は，フォーカスする，引き出す，計画するというプロセスの間じゅうずっと変わらない。この意味では，関わることはフォーカスのプロセスが始まれば終わりというものではない。途中，何か折あるごとに関わりを再確認する必要があり，同様にいま取り上げている問題以外にフォーカスを広げたり変えたりすることもよくある。

　引き出すことは変化のゴールが明確になったときに初めて可能になる。この意味で，論理的にはフォーカスは引き出すための必要条件ということになる。もっとも，方向が最初から決まっている場合やすぐに明確化できる場合には，MIを始めて2，3分の間に引き出すプロセスに入る場合が多い。引き出すことが行われている間は特徴的な臨床家の戦略やクライエントの会話パターンがみられる。さまざまなカウンセリングの大半には関わりの期間がある——これがなければ先には進めないはずだ——そして，そのカウンセリングに共通する治療ゴールをはっきりさせるためのフォーカスのプロセスがある。戦略的な引き出すプロセスがあれば，そのカウンセリングのMIらしさがはっきりする。臨床家はクライエント中心アプロー

チのMIのスタイルとスピリットを保ちながら，クライアントの発話の中にみられる特定の言語パターンに対して独特なやり方で注目し，引き出し，反応する。現在，引き出すことによって変化が生じるメカニズムについて実証的なエビデンスがある。MIのトレーニングによって臨床家のMI実践行動が増える（Madson, Loignon, & Lane, 2009; Miller, Yahne, Moyers, Martinez, & Pirritano, 2004）。特徴的なMI行動がクライアントに影響を与えた結果，特定の発言が増え（Glynn & Moyers, 2010; Moyers & Martin, 2006; Moyers, Miller, & Hendrickson, 2005; Vader, Walters, Prabhu, Houck, & Field, 2010），そしてその発言のレベルと強さがクライアントの行動変化という結果を予測する（Amrhein, Miller, Yahne, Palmer, & Fulcher, 2003; Moyers et al., 2007）。

　計画することは引き出すプロセスからそのまま自然な流れで生じ，それまで同様に協働的な引き出すスタイルで続けられる。変化のゴールと計画についての話し合い，情報のやりとり，普通は次に行うべき課題を決めることになる。次の課題は治療継続を含むときもあるし含まないときもある。計画するプロセスの間で動機と自信を固めるために引き出すことをくり返すこともよくある。治療が続けば動機づけも変化することが普通であり，計画の練り直しや，引き出す，フォーカスのやり直し，あるいは関わりからもう一度やり直すことも珍しくない。

　途中で，関わる，フォーカスする，引き出す，計画するという4プロセスを出たり入ったりしていることに気づくことがあるだろう。さらには複数のプロセスを同時にカバーするような会話になっているかもしれない。だが，4つのプロセスには性質の違いがある。Box 3.3に各プロセスを認識するために役立つ質問を挙げた。実際のクライアントとの会話中にプロセスを意識するために役立つだろう。治療プロセスについて臨床家自身が自分に問いかけるようすればよい。クライアントに対して投げかける質問としても使えるものも含まれている。

BOX 3.3. 各プロセスに関する質問

1. 関わる
   - 私と話すときにクライエントが感じる快適さはどの程度か？
   - 私はどのくらい助けになり，役に立っているのか？
   - 私はクライエントのものの見方と心配をわかっているか？
   - この会話で私が感じる快適さはどのくらいか？
   - この会話で協働的なパートナーシップが感じられるか？
2. フォーカスする
   - クライエントの本当の変化のゴールは何か？
   - クライエントをこう変えたいというような別の欲求が私にはあるだろうか？
   - クライエントと私は共通の目的をもって協働作業をしているだろうか？
   - クライエントと私は別々の方向ではなく，同じ方向に一緒に動いている感じがするか？
   - クライエントと私がどこへ向かっているかをはっきりと私は理解しているか？
   - この会話はダンスのように感じられるか，それともレスリングのように感じられるか？
3. 引き出す
   - クライエント自身にとっての変化の理由は何か？
   - 足踏みしているのは変化する自信についてなのか，変化の重要性についてなのか，どちらか？
   - どのようなチェンジトークが聞こえてくるか？
   - 私は1つの方向に引っ張りすぎたり，急がせすぎたりしていないだろうか？
   - 間違い指摘反射に引きずられて，変化すべきと説得するようになっていないか？
4. 計画する
   - 変化に向かう次のステップとして何が実行可能か？
   - どんな助けがあれば，この人が前に進めるようになるだろうか？
   - 私は計画を処方するのではなく，相手から引き出すことを忘れずにいるだろうか？
   - 私は必要な情報や助言を許可を得てから与えているだろうか？
   - クライエントにとって何がベストかについて静かな好奇心を私は感じ続けているか？

動機づけ面接の中核的技能と４つのプロセス

　他のタイプのカウンセリング，特にクライエント中心アプローチ（Hill, 2009; Ivey, Ivey, & Zalaquett, 2009）において共通して用いられるコミュニケーション・スキルをMIの実践でも柔軟かつ戦略的に用いる。これらのスキルは先に述べた４つのプロセス全体に通底し，MI全体を通じて必要なものなのである。一方，各MIプロセスによって，使われ方には特有の違いがある。これからの章では，これらの５つのスキルをさらに詳しく論じ，プロセスとの関連を示していく。ここではまず，これらのスキルを単純なリストにし，簡単な記述を加える。

開かれた質問をする

　MIにおける開かれた質問の使い方は独特である。相手が自らを振り返り，詳しく説明するように誘い出す。対照的に閉じられた質問の場合，それに対する答えが通常は短く，具体的なものになる。MIにおいては，情報収集することは質問の重要な機能ではない。関わりとフォーカスのプロセスでは，開かれた質問によって相手の内側にある知識の枠組み（内的照合枠）の理解が進み，協働的な関係を強化され，方向が明確になる。さらに開かれた質問は動機を引き出し，変化につながる過程を計画するためにも不可欠である。

是認する

　MIはクライエント自身の個人的な強みと努力，リソースに依存している。変化を生み出すのは臨床家ではなく，クライエント自身である。是認は一般に使われるものでもあり，MI独自のものでもある。臨床家は一般

に，クライエントには人としての価値と，成長と変化の能力，そして自由な意思による行動選択の能力があるとし，そのような人間としてクライエントに敬意を示し大切にする。臨床家はクライエントが持つ独特の長所と能力，善意，努力に気づき，コメントを加える。是認はものの見方でもある。臨床家はクライエントの長所と良い方向への一歩，やる気を意識的に探す。この「ポジティブなものを強調する」という心構えはそれ自体がひとつの鉄則である。

　これと反対の心構えは，とにかく十分に嫌な気分を味わわせれば人は変わるはずだという特異な発想である。「飲酒運転に反対する母親の会」が飲酒運転による被害者を招き，受けたダメージを彼らに語らせる公開討論会（Mothers Against Drunk Driving Victim Impact Panel〔略してVIP〕）を行っている。飲酒運転によって摘発された道路交通法違反者をこの会に強制的に参加させ，話を聞かせることでどれだけの効果があるのかを Gill Woodall らが調べた。判事が協力し，通常の処罰に加えて，VIPに参加させるか，しないかについて違反者を無作為に割り当てるようにした（Woodall, Delaney, Rogers, & Wheeler, 2000）。VIPを終えて退席するときのインタビューでは自分自身についておぞましい気持ちを違反者は感じていた──困惑し，自分のしたことを恥じ，屈辱を受け，罪悪感を味わっていた。その後の再犯率を追跡調査すると，初犯者についてはVIPに参加させた人と参加させなかった人たちとはちょうど同じくらいの再犯率だった。一方，1回以上の前科があった場合は，VIPに参加させたほうの再犯率が実は高かったのである。惨めな気持ちを味わわせることは人の変化には役立たないという教訓である。

聞き返す

　聞き返しはMIの基本技能である。相手が考えることを推測する聞き返しの言葉は，自分の推測が正確であるかどうかを明らかにすることによっ

て，理解を深めるという重要な機能を持っている。相手にとっても，聞き返しを聞くことは，自分が言い表そうとしている思考と感情が別の言葉で言い換えられたりするのを聞くことになり，それによって自分の思考と感情について熟考することが可能になる。優れた聞き返しが返ってくることで，相手は話しつつ探りつつ考えを深めていくことを続けるようになる。相手が言ったことすべてのうちのどの側面を聞き返すかを選ぶという意味で，聞き返しは必然的に選択的でもある。MIの「引き出す」と「計画する」プロセスの中に何を聞き返すのか，言い換えればスポットライトをどこに当てて光らせるべきかについてのはっきりしたガイドラインがある。

サマライズ

　サマライズの本質は聞き返しであり，相手が話してきた言葉を集めて1つのかごに入れてから返すようなものだ。セッションを終えるときに，今までに述べられたことをまた出してきて1つにまとめるために使われる。今現在，話している内容と以前に話し合った内容との間の関連性を示すことにも使えるだろう。また，サマライズを使って1つの課題から別の課題へと話題転換することもできるだろう。MIの関わりとフォーカスのプロセスでサマライズは理解を促進し，クライエントに対して臨床家が話を注意深く聞き，内容を記憶し，大切に扱っていることを伝える。臨床家が取りこぼしてしまったことを相手が補うための「他に何か？」の準備にもなる。引き出すとき，チェンジトークを集め，変化のプロセスに沿っていくためにはどうサマライズしたらよいかについては，決められた指針がある。計画するときにはサマライズはその人の変化に対する動機と意図，具体的な計画をまとめるものになる。

　これらの4技能には重複がある（第6章参照）。サマライズの本質は長めの聞き返しである。聞き返しのプロセスはそれ自体が是認にもなる。優れた聞き方はこれらの技能の4つすべてを包含している。

情報提供と助言

　MIの基盤はクライアント中心だが，それゆえにクライアントに対して情報や助言を決して与えてはいけないと誤解されることがある。MIにおいて，情報やアドバイスの提供をしたほうがよい場合があることは確かである。例えば，クライアントのほうから求めてきたときである。しかし，求められてもいないのに上段から命令するようなスタイルで専門家としての意見を与えることとMIの間には重要な違いが少なくとも2つある。1つ目の違いはMIでは許可を得てから情報あるいは助言を出すことである。2つ目は情報を相手にただ投げるのではなく，相手の視点とニーズを深く理解し，こちらが提供したすべての情報がどうつながるかについて相手が自分で自分自身の結論に達するように手助けすることである。これは第11章で述べる引き出し-与え-引き出すというチェーンに象徴的に現れている。臨床家が提供するものが何であっても，それに同意するかどうか気にとめるかどうか，そのとおり実行するかどうか，すべて常にクライエントの自由であり，そのことを直接，言葉で認めると役立つ。

　これらの5つの中核的技能そのものがMIを構成するのではない。MIを効率的に実践するための本質的に必要な前提条件なのである。MIを特徴づけるのは人が変化の方向に動くことを助けるために，これらの技能を戦略的に使用する特別なやり方である。

動機づけ面接とは違うもの

　最後に，MIと時々混同されてしまう（Miller & Rollnick, 2009）がMIではないアイデアや方法を明確にしておこう。これらのうちのいくつかは，ここまでの議論ですでに明らかになっていると思いたい。

　最初に，MIは単に人に親切にするということではなく，Carl Rogersが「非指示的」と表現したクライアント中心のカウンセリングアプローチ

と同一でもない。MIのフォーカスする，引き出す，計画するプロセスには明確な方向性がある。1つあるいはそれ以上のゴールを特定し，それに向かっていく意図的で戦略的な動きがある。

　MIは「テクニック」でもない。やり方をさらっと覚えておけばいつでも役立つような策略ではない。MIは人と共にいるときの**態度**のことであり，変化への動機を育てるために特定の臨床技能を統合したものだ。そのスタイルは複雑であり，何年もかけて技を磨き続けて熟練に到達することができる。一度，「MIをすること（doing）とMIらしくなること（being）の違いは何か？」と質問されたとき，筆者のひとりは「およそ10年」と答えた。

　同時にMIは臨床上のあらゆる問題に適応がある万能薬でもない。MIのスピリットとスタイルは確かに広範囲の臨床課題に対して横断的に使用可能であるが，だからといって他のすべての治療法を放棄させてMIに忠誠を誓わせるような，心理療法・カウンセリングの「流派」を作り上げる意図は筆者には全くない。むしろ，MIは他のエビデンスに基づく臨床スキルやアプローチとよく馴染み合うようである。MIは両価性を解決して変化の動機を強められるように援助することを特に目指して開発されてきた。すべての人がMIの引き出すプロセスを必要とするわけではない。変化への動機がすでに強いときには計画と実施を進めればよい。

　一部では，MIと変化のトランスセオレティカルモデル（行動変容段階モデル，transtheoretical model: TTM）は同時期に開発されたために（第27章参照）混同する向きがある。MIは変化の包括的理論となることを意図していない。広く知られているTTMの変化のステージはMIの本質的な部分ではない。MIとTTMは両立可能かつ相補的であり（例：DiClemente & Velasquez, 2002; Velasquez, Maurer, Crouch, & DiClemente, 2001），筆者はこの2つを「決して結婚はしないが，キスはするいとこ同士」と表現している。MIはまた，変化のメリット・デメリットの両方を探る意思決定バランスと混同されることもある。この版では，特定の変化の方向に向かうの

ではなく，あくまで中立的にカウンセリングをしたい場合の進め方として意思決定バランスを論じる（第17章）。

　MIでは評価のフィードバックを使わなくてもよい。この混乱はプロジェクトMATCH（動機づけ強化療法＝MET，motivational enhancement therapy）において研究対象になった応用版MIと関係している。このプロジェクトで使われたMETとは治療前評価の個人的フィードバックとMIのスタイルを組み合わせたものである（Longabaugh, Zweben, LoCastro, & Miller, 2005）。評価のフィードバックは変化への準備性が低い人（第18章参照）の場合，動機づけ強化に役立つことがあるが（Agostinelli, Brown, & Miller, 1995; Davis, Baer, Saxon, & Kivlahan, 2003; Juarez, Walters, Daugherty, & Radi, 2006），MIの必要条件でも十分条件でもない。

　最後にはっきりさせておきたいことがある。MIはこちらが相手にやらせたいことをさせるように人を操作する方法ではない。まだ存在もしていない動機づけを創造することにMIを使うことはできない。MIは他者の自律性を大切にし，敬意を払う。協働的なパートナーシップを保ち，相手の内的照合枠[*3]の理解を目指すものである。MIの基底を流れるスピリットに「思いやり」を加えた（第2章）のは，治療者自身ではなく，他者の福祉と利益の最大化のためにMIを使うべきと強調するためである。

キーポイント

- MIにおける4つの鍵となるプロセスは，関わる，フォーカスする，引き出す，計画するである。
- 関わることは援助になる絆と作業同盟が確立するプロセスである。
- フォーカスは変化についての会話が特定の方向に向かって進み続けるようにするプロセスである。

＊3（訳注2）内的な価値基準体系以外に知覚，意味，視点を含むもの。

- 引き出すプロセスはクライエント自身の変化への動機づけを引き出すことであり，MIの核心部となる。
- 計画するプロセスは変化へのコミットメントを発展させることと具体的な行動計画を練ることが含まれている。
- MIのあらゆる場面で用いられる5つの鍵となるコミュニケーション・スキルは，開かれた質問をする，是認する，聞き返す，サマライズする，許可を得ての情報提供と助言，である。

第Ⅱ部

関わり
関係性の基本

　MIの4つの基本プロセスの1つ目はクライエントと関わりを持ち，協働的な作業同盟を結ぶことである。関わりは数分でできる場合もあれば，築き上げ，維持するために長い時間が必要な場合もある。相談場面における関わりは参加者がどのくらい積極的にかつ気持ちよくできているかを示す度合いでもある。どのようなサービスにおいても質を担保するためには関わりが必要であり，MIにおける関係性の基盤になっている。

　関わりは双方向的である。臨床家がどう感じるかによって，クライエントと臨床家との関係性に影響を与えることができるし，また実際にそうなるだろう。クライエント側からみても同様である。関わりに悪影響を及ぼす圧力の多くは，その場の会話とは無関係な外側からくる。仕組みや手続き，プロトコールなどの組織文化のようなものは臨床家を萎縮させ，クライエントを受け身にさせかねない。その結果として，面接が援助とは呼べない代物に変わってしまうのは容易に予想がつくだろう。クライエントが最初から恐れや混乱，あるいは怒りに苛まれながら来ることもあるかもしれない。そんな場合，有意義なつながりを作り，関わりを育むことが最優先課題になることは明らかである。

　関わりが良好かどうかを判断する便利な指標のひとつは，クライエント

が再び来てくれるかどうかである。次に来ないならば協働作業はそこで終わってしまう。施設や状況によっては，早期中断がもともと多いところがあるが，その場合でも中断割合は治療者間で大幅に異なる。終結までほぼすべてのクライエントが再来する治療者がいる一方で，大半が中断してしまう治療者もいる。良質な関わりがもたらす2つ目のメリットは作業同盟を作れることであり，良し悪しが将来の治療の継続とアウトカムを予測する。

　第Ⅱ部の4つの章で，関わりのプロセスとそれぞれのクライエントに合った関わりを深めるための臨床上のスキルについて述べる。対人援助サービス全体や組織そのものの中で関わりを系統的に改善する方法については第26章で述べる。

第4章

関わることと関わらないこと

> 集まってくることは始まりであり，結束することは進歩であり，共に働くことは成功である。
> ——ヘンリー・フォード

> クライエント中心療法のセラピストが目指すケアは，クライエントが述べるとおりに何でもそのとおりとして受け入れるような，騙されてもよいようなケアである。本当は違うのではないかというようなセラピスト側の疑いによって妨げられることがない。この態度はセラピスト側の愚かさを意味しているのではない。このような態度こそが信頼につながり，クライエントの自己探求を促す。信頼が深まることで嘘の発言も訂正されるのだ。
> ——カール・ロジャーズ&ルース・サンフォード

　どのような対人援助であっても，クライエントとの関わり方が鍵になる。クライエントとセラピスト間の治療関係に関する心理療法の研究では，質（特にクライエントが気づいている関係性の質）の良し悪しは治療の中断とアウトカムを直接的に予測する。　心理療法（Henry, Strupp, Schacht, & Gaston, 1994; Horvath & Greenberg, 1994）と健康管理（Fuertes et al., 2007）のどちらでも，クライエントが積極的に関わる場合は治療の継続とアドヒアランス，治療効果を得る可能性が高くなる。これは援助者がどんな治療技術を用いるかとは無関係である。協働作業的であることは教育（Lacrose, Chaloux, Monaghan, & Tarabulsy, 2010）でもリハビリテーション（Evans, Sherer, Nakase-Richardson, Mani, & Irby, 2008）でも同様にアウトカムに影響するであろう。

　さて，この**協働**とはそもそも何であろうか？　治療の視点から見たと

き，関わりを構成するものは何だろうか？ よく普及している考え方のひとつでは（Bordin, 1979）はポジティブな関わりには3側面があるとする。

1. 信頼し合い尊重し合える作業関係の確立
2. 治療目標の合意
3. 目標達成に向け，相談して決めた課題での協働

> 関わりとは，信頼し合い尊重し合える「援助関係を確立するプロセス」である。

MIでは関わりを持つことと目標を立てるプロセス（フォーカスする；第Ⅲ部参照）とを区別するので，関わりを信頼し合い尊重し合える「援助関係を確立するプロセス」として定義する。

クライエントの視点から治療者に対して次のような疑問を抱くこと，これ自体が治療の中断とアウトカムを予測するだろう。

「私はこのカウンセラーから馬鹿にされたり，軽んじられたりしていないだろうか？」
「このカウンセラーは私の話を聞いてわかってくれるだろうか？」
「私はこの人を信頼できるだろうか？」
「相談中に何かあったとき，私から何か言えるだろうか？」
「決まったやり方を押しつけてくるのではなく，何が良いか私に選ばせてくれるだろうか？」
「このカウンセラーは一方的に命令するのではなく，私の意見も聞いて調整してくれるだろうか？」

関わりを断ってしまう初期段階の罠

作業同盟の基礎が意外に早くできてしまうことがある。面接開始から

2，3分以内もありうる。クライエントにその間どのくらい話をさせるべきだろうか？　隠していたことが出てきて不安定になっても大丈夫だろうか？　カウンセラーはどの程度まで指示的，ガイド的あるいは追従的であってよいのだろうか？　カウンセラーが面接をどう始めるかと必死になっているとき，クライエントのほうはやめようかどうしようかと迷っていたりする。

　ここで定義したような関わりにとって最大のダメージになるものは，おそらく一方通行になることだろう。「ここは私が仕切る場で，ここでの話題について私が決め，あなたが何をすべきかも私が決めます」という専門家のメッセージを出してしまうと，クライエントは受け身になり，関わりは絶たれてしまう。クライエント自身から変化する方向と正反対に進んでしまう。一種の罠にはまってしまった結果，面談の開始早々から間違った方向に進むことは誰にでも簡単に起こる。良かれと思ってやったことが，悪い結果につながる。以下に6つの罠を挙げる。

アセスメントの罠

　クライエントの多くは気づいていないが，クライエントが治療者や施設に最初に連絡をとったときのやりとりがその後のすべてを物語るわけではない。その治療者がインテークを治療開始前の単なる情報収集とみなしている場合，最初にクライエントが感じることは疎外感だろう。多くの治療者がアセスメントの罠に陥る。「クライエントに対する援助が可能かどうか判断する前に，大量の情報を集めておくことが必要である」と信じているところが多い。アセスメント中心の面接には明確な構造がある。面接者が質問し，クライエントが答える。このやり方はクライエントに一段下に置かれた受け身姿勢をさっととらせる (Rogers, 1942)。さらに，ここで質問される意味はクライエント側からみればしばしば不明確である。クライエントは「必要な情報はすでに伝えた」と思っている。Rogers（1942）はこ

う述べる。

> 治療面接の開始時に心理検査をすることによる害は，完璧な病歴を聴取することの害と同じである。心理士がさまざまな心理検査をセットにして完璧に評価することから仕事を始めたとすれば，完璧な評価という事実自体が，クライエントの問題解決策を心理士が提供できることを示唆してしまう……しかし，「そのような解決策」は正しくなく，クライエントに真に役立つものでもない。(p. 250)

第11章で，MIとアセスメントを統合する方法を論じる。

たとえ治療開始前の情報収集のような障壁がなかったとしても，「質問を十分すれば，クライエントに何を伝えればよいかがわかるはず」という暗黙の前提のために，アセスメントの罠にはまってしまう可能性はなお存在する。質問が不安ゆえの反応である可能性もある。場をコントロールしようとするカウンセラーの側の不安かもしれないし，受け身の立場でいることで不確実さを避け，安心を得ようとするクライエント側の反応かもしれない。実際に，カウンセラーの不安は非共感的な反応となり，Q＆A形式が生じがちになる (Rubino, Barker, Roth, & Fearon, 2000)。この罠では，質問をすることでカウンセラーがセッションをコントロールしてしまい，一方のクライエントは，短い答えで反応するだけになってしまう。次に例を挙げる。

臨床家：ギャンブルの件を話しに来られたんですね？
クライエント：はい，そうです。
臨床家：ギャンブルのし過ぎだと考えていますか？
クライエント：たぶん。
臨床家：好きなものは何ですか？
クライエント：ブラックジャックです。

臨床家：ギャンブルするときはいつもお酒を飲みますか？
クライエント：はい，いつも飲みます。
臨床家：ギャンブルのせいで，深刻な借金地獄に陥ったことはありますか？
クライエント：はい，一，二度。
臨床家：どのくらいの借金ですか？
クライエント：一度，借金返済のために80ドルぐらい借りねばなりませんでした。
臨床家：結婚されていますか？
クライエント：いえ，離婚しました。
臨床家：どのくらい前に離婚されたのですか？
クライエント：2年前です。

　これはしばしば生じる問題のある面接場面である。第一に，これはMIで必要とされる類の「詳しく述べさせる」のではなく，短く，単純な答えばかりにさせてしまっている。第二に，これでは先手を取る専門家と受け身の患者という役割ができあがってしまう。クライエント自身で動機を探ったり，チェンジトークを言い始めたりするチャンスがほとんどなくなってしまう。この関係性の中でのクライエントの役割は，質問に答えることだけにほとんど限定されている。そのようなやりとりには，クライエントが自分自身を変化に向けて説得するチャンスは事実上なくなっている。これはまた，協働的関係への次なる障害物，専門家の罠へのお膳立てもしてしまう。

専門家の罠

　連続して質問すると「ここは私が仕切っている」と伝えることになり，答えを得るに十分な情報を収集したはずと暗黙の期待を生み出してしま

う。第3章で述べたように，救急医療ではこれはこれでなんとかなる。喉の痛みで医者にかかると，医師は用意した症状についての聞き取りのフローチャートにのっとった質問をしていく。そして5分以内に処方箋をもらうか，少なくとも何をする必要があるのか助言をもらうだろう。両者は平等とはいいがたい力関係にある。しかし，「情報を受け取り，答えを出す」という専門家の役割は，個人内の変化が必要とされているときにはそれほどうまく機能せず，双方が失望する下地を作ってしまう。「ただこれをしなさい」という指示それ自体で役立つことはほとんどなく，与えた側が結果的に感じるフラストレーションは「私は何度も何度も言っているのに，それでもこの人は変わらない！」となる。クライエント側の協調性や専門性なしでは答えを出しようがないと知ることが，MIにとって欠かせない部分である。

> 本人自身が変わる必要があるとき，専門家が果たすべき役割はそれほどない。

早すぎるフォーカスの罠

　初期の段階で関わりに失敗してしまう第三のルートとして「早すぎるフォーカスの罠」がある。これによる基本的な問題は，関わりができる前に話題を絞ってしまったり，作業同盟を結んだり共通の目標を話し合いによって設定する前に問題を解決しようとしたりすることである。臨床家はある問題について話したいのだが，クライエントは別の話題に気を取られている。こうした状況こそが，臨床家がMIに対して興味を持つよくある理由のひとつである。臨床家はしばしば勝手にその人の「真」の問題を同定して，それに的を絞りたがる。一方のクライエントにはもっと差し迫った悩みがあるかもしれないのに，カウンセラーはそれを「問題」とみなす気がない。

　ここでの罠は，より幅広くクライエントの話を聞くことをせずに，カウンセラー自身が関心を持つことについて話すように相手を無理やり引き戻

そうとすることである。何を話すべきかについて衝突するかもしれない。実際，クライエントにとってカウンセラーの関心事など小さなものかもしれず，本人が抱えるより大きな人生の問題とそれが関係するのかどうか，またどのように関係しているのか曖昧でもある。カウンセラーが急いで話題を絞ろうとすると結果としてずれが生じ，クライエントは不快になり防衛的になるかもしれない。大切なのは，争いに巻き込まれないように，会話の初期には初期に適した話題にすることである。カウンセラーの関心事ではなくクライエントの関心事を先に話題にすれば，こういうことは起こらない。互いの関心の領域が関係していないようなときは，クライエントにとって関心のあることを探るようにすると，後でカウンセラーの関心事である話題に戻ってくることがとてもよくある。いずれにしても，クライエントの関心事に耳を傾ける時間をとることは，相手を理解する点で有用であり，関わりを持続し他の話題を探っていくうえでの土台になるラポールの構築の点でも有用である。

　ニューメキシコ州での女性向け物質使用治療プログラムの様子がこの状況を具体的に伝えてくれる。専門職スタッフによれば，このプログラムを受ける女性はアルコールやその他の薬物の使用以外に，もっと差し迫った問題をたくさん抱えていることが一般的である。健康管理や育児・子育ての問題，住居の必要性などを抱えているのは普通のことで，現在あるいは過去に身体的虐待や性的虐待によるトラウマも受けていた。こうした女性にとって触れてほしい話題はたくさんある。もし，面接の早い段階でカウンセラーが物質使用に話題を絞ろうとすると，女性はプログラムを中断してしまいがちになる。その一方で，カウンセラーが相手の差し迫った話題に耳を傾け対応すれば，会話は必然的にアルコールや薬物がその人の人生に与える影響に向かっていく。

　大事なポイントは，カウンセラーに興味があるだけでクライエントにとってはあまり関心のない問題に早い段階で話題を絞るのは避けることである。早すぎるフォーカスによる不協和に遭遇したら，その話題は後回しに

し，クライエント自身が考える差し迫った問題から取りかかるようにし，話を聞き，相手の生活の全体的な状況を理解できるようにする（第Ⅲ部参照）。

レッテル貼りの罠

　レッテル貼りの罠は基本的には「早すぎるフォーカスの罠」の特殊例である。カウンセラーが問題を1つに絞ろうとするとき，それを（あるいはその問題をもつクライエントを）その名前で呼ぶ。カウンセラーとクライエントは診断名は何だろう？という問題に簡単に囚われてしまう。なかには，専門家による診断（「あなたは糖尿病です」「あなたはアルコール依存症です」「あなたは否認しています」など）を受け入れ，さらに"受容"することが極めて重要だと信じている人もいる。このような診断名は一般常識の中ではしばしば不名誉なものになっている。自尊心が適度にある人ならばレッテル貼りに抵抗するのは当然である。レッテル貼りの重要性を強調している問題飲酒の領域であっても（少なくとも米国ではそうだ），「アル中」のようなレッテルを受け入れるように圧力をかけることにはメリットがあるとするエビデンスはほとんどないことがわかっている。アルコホーリクス・アノニマス（AA，匿名のアルコール依存症者たち）の哲学でも，そのようなレッテル貼りをはっきりと戒めている。

　レッテル貼りについての議論の裏側にはしばしば対人関係上のダイナミズムがある。カウンセラーが場を取り仕切って専門性を発揮しようとするゆえの権力闘争かもしれない。家族の側がレッテル貼りをする場合は人格攻撃的な意味合いもあるだろう。一見，他愛もないような"あなたの○○についての問題"という言い方から，人によっては逃げ場のないところに追い込まれたような不快感を受けるかもしれない。当然のことだが，レッテル貼りの葛藤によって話し合いが敵味方に分かれたり，変化が妨げられたりするような不協和が引き出されるおそれがある。

したがって，MI を行っている間はレッテル貼りをしないことをお勧めする。不協和を引き出すようなレッテル貼りをしなくても，問題を深く探ることは可能である。どうレッテルを貼るかが問題として表に出てこないのであれば，取り上げる必要がない。しかし，誰かがこの問題を持ち出してくることはしばしば起こることであり，カウンセラーとしてそれにどう応じるかはとても重要である。筆者としては後で取り上げる2つの技術，聞き返しとリフレーミングの組み合わせを用いることを勧める。以下に短い会話例を挙げよう。この問題がしばしば最も強く現れる嗜癖分野の例である。この例では，カウンセラーはクライエントの懸念の側に直ちに寄り添ったあと，リフレームをしている。

クライエント：ということは，私が薬物中毒だと言いたいんですか？
臨床家：いや，私はそういう"呼び方"にはあまり興味がないんです。しかし，何か当てはまるような気がして，本当にそうか心配になるのですね。
クライエント：まあ，ヤク中と呼ばれるのは嫌です。
臨床家：そう呼ばれてしまうと，「今の自分はそれほどにはひどくない」と説明したくなる。
クライエント：そのとおりです！　全く何の問題もないとまで言っているわけではないんです。
臨床家：けれども"問題あり"とレッテルを貼られるのは嫌なのですよね。それは言い過ぎだと思えるわけです。
クライエント：そうそう，そうなんです。
臨床家：あなたにもわかっていることかもしれませんが，そういうことはとてもよくあります。ここに来る方のたいていは，レッテルを貼られるのを嫌がります。何も不思議なことではないんです。私だって他人がレッテルを貼るのは嫌ですから。
クライエント：まるで自分が段ボール箱に入れられたような感じがするん

です。
臨床家：なるほど。では，私の考えを言わせてもらってもいいですか。そこから話を進めましょう。私にとっては問題をどう呼ぶかはどうでもいいことです。名前をつけて呼ぶ必要もないです。もし，レッテルがあなたにとって重要なことならば，それについて話し合ってもかまいませんが，私にとっては別に重要でもなんでもありません。本当に大切なことはコカイン使用でどんな弊害があなたに起こっているかを理解することです。そして，そのままでもいいのですが，もし良ければ，これからあなたがどうしたいかを知りたいのです。つまり，私が気にかけているのは"あなた"のことです。

付け加えて言うならば，もしレッテルを付けてほしいと思っているクライエントに対してそれをあえてやめさせようとする理由もない。例えば，AAのメンバーは自分のアイデンティティーとしてアル中であることを認めて受容することが大切だったとよく言う。このような自己受容に反対する必要はない。大事なことはレッテル貼りについての非生産的な議論・闘争に巻き込まれることを避けることである。保険請求など管理上の目的で診断名が必要な場合は，診断の手続きととりあえずの目的を説明し，クライエントと協働しながら診断について話し合うことも可能だ。

悪者探しの罠

初回面接で遭遇するであろうもうひとつの障壁はクライエント自身の懸念と責任追及に対する防衛である。誰のせいなのか？　犯人は誰だ？　この問題の扱いが不適切であれば，本来は無用な防衛のために時間とエネルギーが浪費されかねない。わかりやすいアプローチのひとつにカウンセリングという文脈の中で責任追及を無関係なものにしてしまう方法がある。通常，これはクライエントの懸念を聞き返してリフレームすることで可能

になる。例えば，このような場面でクライエントに対して「この件では誰が悪いのかということについて心配しておられるようですね。私からお伝えしたいのは，カウンセリングは誰が悪いかを決める場ではないということです。それは裁判官がすることで，良いカウンセラーならやりません。カウンセリングには責任追及ゼロという原則があります。私は悪者探しには興味はありませんが，何があなたを困らせているのか，そしてあなたがそれに対して何ができるのかということには関心があるのです」のように言うことができる。

　責任追及に対する懸念をかわすためには，カウンセリングの最初にこのような簡単な枠決めをしておくことが役立つだろう。ひとたびカウンセリングの目的がはっきりと理解されるようになれば，自分が悪者にされるのではないかというクライエントの心配は払拭されるだろう。

お喋りの罠

　最後に，単純なお喋りという罠がある。会話に十分な方向性がないまま時間だけが過ぎる状態である。「世間話」を交わすのは友好的な会話のきっかけに見えるし，時には緊張をほぐす機能を持つことは間違いない。文化によっては，ある程度のお喋りをすることが本題に入る前の礼儀であり常識になっている。本題以外の話題は心地よく感じられるかもしれないが，度を超せば有益とはいえない。ある介入研究では，面接中の雑談の割合が高ければ高いほど，クライエントの変化への動機づけレベルがより低くなり，治療継続も悪化することが示唆されていた (Bamatter et al., 2010)。関わりのプロセスで力を入れるべきテーマはクライエントの懸念と目標である。これらが第Ⅲ部で論じるフォーカスのプロセスにつながっていく。

関わることを促進するものは何か？

初めて訪れた場所にまた来るかどうかに影響するものは何だろう？　新しい場所とは医療関連施設やスポーツクラブ，宗教的会合，何かの月例会（例えば，断酒会やボーイスカウト，合唱同好会）などがある。もう一度行こうという決心を促すものは何だろうか？

ここで関係性の構築に影響しそうな要因をいくつか提案したい。

1. **願望あるいは目標**　行くにあたって人は何を求めたり望んだりするだろうか？　いったい人は何を探していくのだろう？
2. **重要性**　探し求めているものはどのくらい重要なものだろうか？　それはどのくらい優先順位が高いものだろう？
3. **肯定感**　その体験で良い気分になっただろうか？　歓迎され，大切に扱われ，尊重されたと感じただろうか？　温かく友好的に扱ってもらえただろうか？
4. **期待**　どんなことが起こると考えていたか？　その経験は事前の期待と比べてどうだったか？　期待に添うもの，あるいは期待以上だったか？
5. **希望**　その状況は似たようなものを求める他の人にとっても役立ちそうか？　その経験が役立つと信じられるだろうか？

要するに人は期待や願望と実際に経験したことを比べる。これらの5項目はカウンセラーあるいはプログラムにおいて関わりが目的である初回面接で気をつけるべき5つの注意につながる。

1. 今，クライエントがここに来ているのはなぜか？　何を望んでいるのか？　質問して聞いてみよう。

2. クライエントが言う目標の重要性についてカウンセラーとしてどう感じるだろうか？
3. 歓迎する雰囲気を作ろう。コーヒーを用意しよう。些細なことでよいから，クライエントの長所を心から認め肯定し，クライエントが歓迎されていると感じるように工夫しよう。
4. クライエントはカウンセラーに対してどんな助けを期待しているだろうか？　クライエントに一種の期待感を与えるようにしてみよう。
5. 希望を与えよう。カウンセラーにできることとそれがどのように役立つのかを説明しよう。他のクライエントが示した改善や提供しているサービスの有効性について肯定的かつ正直に提示しよう。

これらはビジネス業界の有能な営業職なら当然の常識だが，対人援助の領域ではしばしば見過ごされている。アセスメントのための情報収集を急ごうとしてしまったり，業務では客観的かつ専門家らしく見せようとしたりするためだろう。

これらの注意をふまえて，第6章から第8章では関わることだけではなくMIにおける4つのプロセスで重要になる専門的スキルを取り上げる。これらのスキルはMIを理解し，上手に実践したいと思う人にとって欠かせない基本的なものである。マスターすればクライエントと関わることがより簡単になり，方向をはっきりと見定めることができ，動機を引き出し，変化のプロセスを促すことができるのだ。

キーポイント

- 関わることは相互の信頼と敬意のある治療関係を確立するプロセスである。
- 面接をアセスメントから始めることはクライエントを受け身の立場

にし，関わりに対して悪影響を及ぼす。
- 個人内の変化が求められるような場合，専門家の指示に従わせる方向ではうまくいかない。
- 早すぎるフォーカスの罠とは十分な関わりがないまま，急いで目標を絞り込もうとすることである。
- 診断名が正しいかどうかの議論は非生産的である。
- 雑談は度を超すとあまり役に立たない。

第5章

聞くこと
相手のジレンマを理解する

> 誰かが耳を傾けることで解決不能と思えた要素が解決されていく様子や，誰かに話を聞いてもらうことで難治と思えたものがさわやかに溶けて流れていく様子には驚くしかない。こまやかにかつ共感的に，そして心を込めて傾聴する経験，そんな時間を私はとても大切にしてきた。
> ——カール・R・ロジャーズ

> つまり，人の話を完全にかつ注意深く聞いているとすれば，それは言葉だけを耳にしているのではなく，伝えられようとしている感覚全体も，一部だけではなく，聞いていることになる。
> ——ジッドゥ・クリシュナムルティ

　よく聞くことがMIの基本である。聞き返しという特異な技能は，MIの4つのプロセスすべてにおいて要となり，最初に学ぶべき技能である。聞き返しがより自然で簡単にできるようこの聞き方に熟練するためには，かなりの練習が必要である。聞き返しがスムーズにできるレベルに達すれば，その技術を「ガイドすること（guiding）」にも使えるようになる。例えば，彫刻で木槌を使うような細かい作業を始める前に，最初は釘を正確な位置に当ててから，その釘の頭を金槌で叩くコツを学ぶようなものである。

　ありがたいことに聞き返しはそれ自体で素晴らしく役に立つ技術である。この技術はRogers（1965）のいう「正確な共感」であり，彼の弟子のThomas Gordon（Gordon, 1970; Gordon & Edwards, 1997）のいう「積極的傾聴」

であり，クライエント中心アプローチの礎となっている。この技術は専門職の仕事に有用であるだけでなく，プライベートでの日常生活や人間関係にも有用である。しかし，マスターしている人はわずかである。聞き返しは良いコミュニケーションの基盤である。聞き返しを一度身につければ，この先に接する相手に対して計り知れない恩恵を与えることになるだろう。Rogers 自身は「動機がない」患者の行動変容にクライエント中心アプローチを適用して成功していた (Gendlin, 1961)。

　よく聞くことを重んじるアプローチの背景には本人自身の経験や感じ方を探ることがクライエントにとって役に立つという信念がある。治療の本質は専門性を小売りすることではない。自分自身の経験を振り返ってたどることは大切なことだが，通常の会話では脇道に逸れてしまうことが多い。よく聞くことで話が逸れずに続き，避けたい話題であっても取り上げたり，探ったりすることに手を貸すことができる。正確な共感とはそのような自己探索を促す優れたスキルのことである。

> 治療の本質は専門性を小売りすることではない。

トーマス・ゴードンによる 12 の障害物

　日常的な用語としての「聞くこと」は，こちらは何も喋らず黙って相手の言うことだけを聞くことになるだろう。一方，聞き返しにはクライエントの発言への反応としての臨床家の発話が必須要素として含まれる。そういう意味で Thomas Gordon (1970) は聞き返しを積極的傾聴（アクティブ・リスニング）と呼んだのである。

　まず良い聞き方ではないものを考えてみるとこの違いがわかりやすくなるだろう。Gordon は「聞くこと」とは呼べない 12 の反応——我々がやりがちなことである——を記述している。

　1. 命令する，指示する，指令する

2. 警告する，用心を促す，脅かす
3. 助言を与える，提案をする，解決策を供給する
4. 論理，議論，説教で説得する
5. 人々にすべきことを伝える，道徳的に教化する
6. 反対する，判断する，批判する，非難する
7. 同意する，承認する，褒める
8. 恥辱を与える，あざける，レッテルを貼る
9. 解釈する，分析する
10. 安心させる，同情する，慰める
11. 質問する，探りを入れる
12. 撤回する，逸らす，機嫌をとる，話題を変える

これらの反応は自己探求の邪魔をしたり聞くことへの注意を奪ったりするので，Gordonは「障害物」と呼んだ。障害物があると自己探求の道から脱線してしまう。同じ方向に進み続けるためには障害物を取り除いたり，迂回したりして，元の考えの道筋に戻らねばならない。

障害物には探求の歩みを止めたり，逸らしたりする作用がある。さらに障害物は不平等性や上下関係も生み出しがちでもある。クライエント中心的ではなく自己中心的なものだ。裏側に込められたメッセージは「私の言うことを聞きなさい。私が一番よく知っている」であるように聞こえる。自己探求をやめて，クライエントは面接者が提供してくる情報に対処しなければならない。以下の善意ではあるが助けにならないカウンセラーが，ある重要な決断に関して2通りの感じ方をしている人と話している様子を考えてみよう（先述のリストの障害物で対応しているものの番号がカッコ内に示されている）。

> 障害物とはクライエント中心的ではなく自己中心的なものだ。

クライエント：彼と別れるべきかどうかわからないんです。

臨床家：あなたが一番いいと思うことをすべきです。（#5）
クライエント：でも，そこが問題なんです！　何が一番か，わからないのです！
臨床家：わかっているはずですよ，心の奥では。（#6）
クライエント：まるで罠にはまったみたいで，息苦しさを感じています。
臨床家：どう感じるか確かめるため，しばらく離れてみることについてはどう思いますか？（#3）
クライエント：でも，彼を愛しているし，私がいなくなったら，彼はひどく傷つくでしょう！
臨床家：でも，そうしなければ，あなたは自分の人生を無駄にしているのかもしれませんよ。（#2）
クライエント：でも，そんなことをするのはちょっと自己中心的ではないですか？
臨床家：自分自身のケアをするためにしなければならないことです。（#4）
クライエント：どうしたらそうできるのか，どうやったら何とかなるのか，どうにもわかりません。
臨床家：きっと大丈夫だと思いますよ。（#10）

　このクライエントは両価性を探るようには向けられず（第17章参照），代わりに，早い段階でひとつの決断へと向けられている。これではカウンセラーは全く話を聞いていないし，クライエントには話したり探り続けたりするチャンスが全く与えられていない。クライエントが話す時間は障害物を避けることに費やされてしまった。

非言語的に聞くこと

　この章の大半はクライエントの陳述に対するカウンセラーの言語的な反

応について述べているが，聞くことには言葉以上のものが含まれている。5分間，一言も発さずに誰かの話を熱心に聞くと仮定してみよう。相手の話を聞き理解しているということを，どのようにしてあなたは相手に伝えるだろうか？　聞くことにおける非言語的側面を援助者としてのあなたは当然だとみなして無意識に行っている可能性が高い。言語による聞き返しに触れる前に非言語的な側面についてもいくつか述べておくことが有益だろう。

　第一に注意の集中である。注意を分散させながらでも自分なら上手に聞けると信じていたとしても，相手には無関心や失礼な態度として伝わるだろう。用紙を並べ替えたり，時間を確認したり，逐一メモに取ったりすることは良い聞き方とはいえず，関心が逸れているのが相手にわかる。もちろんパソコン画面などに気が散ることも含まれる。聞いている間にメールやメッセージの確認，ゲームをするのはありえない。たとえ同時に2つのことを本当にできるとしても，その1つが聞くことであるときには，してはいけない。

　専心的な注意を払っているかどうかは視線ではっきりわかる。良い聞き手は通常，話し手が話している間じゅうアイコンタクトを保つ。逆に，話し手は定期的に聞き手の目を見つつ，自分が話すときに目を逸らすのが通常のパターンだ。このパターンには文化的な違いが大きい。ある文化では，人と話す際にじっと目を見つめることは無礼とみなされる。いずれにしても，聞き手の目が部屋を見回していたり，話し手の顔のあたりをぼんやりとさまよっていたりするのではなく――これでは相手に退屈さや無礼さと受け取られかねない――いつでもすぐにアイコンタクトをとれるようでなければならない。あなたは自分が所属する文化での規範は知っているだろう。異文化環境で仕事をするときには規範の違いに気をつけなければならない。

　心地よいアイコンタクトは物理的な距離に影響される。お互いに話をするとき，どのくらい近くに人々が立つかには文化的な違いがあるが，一般

に物理的に近くなればなるほど，アイコンタクトは（親密な関係を例外として）快適でなくなる。座っている場合には話し手と聞き手は真正面から向き合わないほうがよい。これでは目を逸らすことがぎこちなくなり，（文字通りに顔対顔になって）直面化するようなやりとりになってしまうからだ。クライエントが目を合わせたり逸らしたりが心地よくできるように，椅子を斜めに配置させることが通常である。

人は相手が注目してくれているか，理解してくれているかを相手の表情から読み取ろうとする。「ポーカーフェイス」——相手の発言内容がどうであっても表情が反応しない——を客観的な「プロらしい」態度だと考える人もいる。しかし，ポーカーフェイスは相手に感情を読み取る手がかりを与えないことになり，クライエントは投影を起こしてしまう。この場合の投影は，聞き手は審判をしている，自分の意見に反対であるなどの想像になることが多い。話し手は聞き手が考えていることについてもっと知りたい，あるいは心配だと思うようになるだろう。日常の会話では，人は相手の感情表現を鏡のように模倣することが多い。悲しみがこもったストーリーを話し手が語るとき，良い聞き手なら顔の表情に同じ悲しさが非言語的に現れることが普通である。同様なことは喜びや恐怖，驚きの表現にもいえる。たとえ話し手自身の顔には感情が出ていなくても，良い聞き手の顔の表情は話し手の言葉の中の感情を映し出すことが多いはずだ。このような対人援助のための会話における表情の模倣の中での例外は，クライエントの怒りである。これは顔の表情で返すのではなく，かわりに気遣いと冷静さで対応するのがよい。

聞き返しの作り方

沈黙と非言語的表現はよいとして，よく聞くためには他に何が必要だろうか？　前に述べたGordonの12の障害物をすべて避けたとすると，他に言うべきこととして何が残るのだろう？　12の反応を使うことが間違

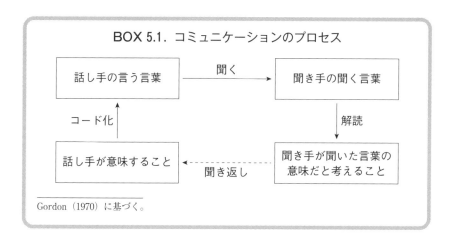

っていると主張するつもりはない。12のそれぞれには，それを使うべき時と場面がある。しかし，聞き返しは12の中のどれでもない。

　聞き返しの真髄はクライエントの言葉の意味を推測することである。話しだす前に人は何かしら伝えるべき意味を考えている。その意味は話し言葉にコード化されるが，それはしばしば不完全である。人は自分が意味していることを正確に言わないことが多いのである。聞き手は言葉を正確に聞き，そこから元の意味を解読

> 聞き返しの真髄は，クライエントの言葉の意味を推測することである。

しなければならない。ここでコミュニケーションにおける失敗が生じる3段階を考えることができる。コード化と聞き取り，解読である（Box 5.1 参照）。聞き返しをする聞き手は元の意味について論理的推論を行い，その結果の推測を陳述として発話に出す。Box 5.1 の一番下に示されているように，これで円環が完結する。

　なぜ質問ではなく陳述で反応するのだろうか？　究極のところ，聞き手には自分の推測が正しいかどうかはわからない。質問ではなく陳述で反応する理由は現実的なものである。上手に作られた聞き返しの陳述は質問よりも相手の防衛性を引き出しにくく，相手が自分の経験をさらに探るよう

に促すことにつながりやすい。言語応答の力学上，質問は答えを求めている。相手に「答えろ」と要求しているのだ。次のカウンセラー反応の対比を通じて，音声的な相違を考えてみてほしい（違いを知るためには，声に出して読む必要があるだろう。スピーチで違いを生むのは声の抑揚だからである）。

「あなたは不快に感じていますか？」
「あなたは不快に感じているのですね」

「これが問題だとは思わないのですか？」
「これが問題だとは思わないのですね」

「離婚を考えているのですか？」
「離婚を考えているのですね」

　これらの対のそれぞれの間で，抑揚の違いを聞き取り，反応の違いを感じることができただろうか？　英語では質問の最後はトーンが上がり調子となるのが通常で，陳述の平叙文の最後では穏やかな下がり調子になる。聞き返しの表現の最後は通常，下がり調子になるべきである。理解の陳述なのである。違いは微細で誰もが気づくわけではないが，現に存在する（しつこいようだが，質問を声の調子で合図することには，文化的な違いがある）。
　しかし，なぜ相手に「今のはどういう意味ですか？」とそのまま質問をぶつけることをしないのだろうか？　自分自身のこと，自分が意味しようとすることをわかりやすく説明せよと相手に質問で圧力をかけることは，かえって本来の目的から相手を遠ざけてしまうことになる。質問されると，相手は自分が今言ったことを本当に感じているのか，感じるべきなのか，一歩引いて分析するようになり，自分自身を疑いだしてしまう。

聞き返しを実践するためには，まず振り返って考える練習が必要である。このとき，相手にとってこれが重要だと臨床家が信じたり推測したりしていることは，本当だとは限らないといつも心に留めてほしい（Box 5.1 参照）。ほとんどの言い方は複数の意味を取りうる。「落ち込んだ」や「不安だ」のように感情を表す語は人によって全く違う意味を持ちうる。ある人が「私はもっと社交的になれたらいいと思います」と言う場合，何を意味しているだろうか？　次にありそうなパターンをいくつか挙げる。

「孤独さを感じていて，もっと友人が欲しいのです」
「知らない人と話さねばならないときは，とても緊張してしまいます」
「大勢の人の考えを知るためにもっと時間を費やすべきなのです」
「人気者になりたいです」
「人と一緒にいるときは何を言っていいのか考えつきません」
「私はパーティーに招待してもらえないのです」

　振り返って考えることは Box 5.1 の解読プロセスをより意識的にすることである。どのような音声であっても，人はそれが耳に入ると，何を意味するのだろうかと自動的に考え，推測する。この解読プロセスは即時かつ無意識に生じることが多い。たいていの場合，聞き手はこの推測を正しいものであるかのように振る舞い，反応する。「聞き返し」とは「もう理解した」と決めてかかることをやめ，臨床家の解読を単なる推測とみなし，正しいかどうか確認してみる方法である。
　こう考えると「聞き返し」は 12 の障害物を含まない言い方であるだけでなく，話し手が大切に思っていることを推測し，それを言葉にして返すことである。必ずというわけではないが，文章の主語は "You"（あなた）になることが多い。
　次は，3 カ月前に開胸手術（冠状動脈のバイパス手術）を受けた男性とのカウンセリング場面からの例である。この「面接者」は看護師や医師，

友人，牧師，理学療法士など，誰でもかまわない。説明の都合上，このやりとりでは面接者の述べる文はすべて聞き返しになっている。面接者の聞き返しは相手の発言をただ繰り返すだけではなく，展開させていることにも注目してほしい。面接者は，今聞いた文の最後を単に繰り返すのではなく，相手が引き続き言いそうなこと——心の中で今から言おうと意図していそうなこと——をあえて述べている。これは「パラグラフを続ける」と呼ばれる，難度の高い聞き返しの1パターンである。

臨床家：最近，手術以降の気分はいかがですか？
クライエント：拷問みたいなものでしたよ，言わせてもらえば。ここにいられるのはラッキーです。
臨床家：死んでしまう可能性もあったんですね。
クライエント：医者には90％つまっていると言われましたしね，それに私ぐらいの歳になると，どんな種類の手術でも大手術になります。でも，生き延びました。
臨床家：で，生きていることが嬉しい。
クライエント：ええ。生きる理由はたっぷりありますから。
臨床家：あなたはご家族を大切にしておられると前に聞いていました。
クライエント：孫たちに会うのが大好きなんですよ。男の子が2人と女の子が2人いてね，同じ街に住んでいて……。孫たちと一緒に何かするのが好きなんです。
臨床家：本当にお孫さんたちを愛しているんですね。
クライエント：ええ。それに地域の合唱団で歌うのも楽しいんです。頼りにされているんです。テノールが足らないものでね。合唱団にはたくさん友人がいます。
臨床家：健康でいる理由がたくさんありますね。
クライエント：少なくとも，努力はしていますよ。どのくらいすればいいか，わからないですが。

臨床家：活動はどのくらいまですればいいのやら。

クライエント：やり過ぎたくないんです。先週ゴルフをしたら，肩が痛くなりまして。医者にはただの筋肉痛だと言われましたが，怖くなりました。

臨床家：もう心臓発作はゴメンですよね。

クライエント：ゴメンです！　1回で十分です。

臨床家：それで，どのくらいの運動が今の自分にとってちょうどよいのか，時々知りたくなるわけですね。

クライエント：ええ。運動する必要があるとわかってはいるのです。「使わないと，だめになる」っていいますよね。体力を取り戻したいですし，定期的な運動は脳にもいいっていいますよね。

臨床家：つまり，あなたにとっての疑問とは——体力を取り戻し健康を保つために十分な活動量かつ心臓発作を起こす危険が伴うほどのやり過ぎにならないようにするには，どのくらい運動すればいいのかということですね。

クライエント：私はたぶん用心し過ぎなのだと思います。最後の検査結果は良好でしたし。今回のように痛みを感じるとどうも怖くなってしまうのです。

臨床家：心臓発作のことを思い出すのですね。

クライエント：また心臓発作を起こさないように運動を避けるなんて，意味がないですよね？

臨床家：独りぼっちにならないために，人からわざと離れているようなものだと。

クライエント：そうですね。どのみち，やる必要があるのだと思います。もうしばらく長生きできるように，だんだんと活動を増やす方法を考え出すしかないですね。

　面接者はこのプロセスの最初から最後まで，障害物となるような言葉を

何ひとつとして入れていないことに注目してほしい。この面接で，聞き返しではなく障害物を使ってしまうことはたやすい。しかし，クライエントが自分自身の経験と知恵を探り続けることが目的であると臨床家は考え，その結果，障害物を避けることができている。クライエントこそが自分自身についての専門家であり，健康を望むならクライエントひとりでも結論に達することができるはずだという，一種の信頼感がこの聞き返しには込められている。

　先述の上手な面接例は，カウンセラーのセリフの代名詞を変えれば，クライエントの独白のようにも見えることにも注目してほしい。

「拷問みたいなものでしたよ，言わせてもらえば。ここにいられるのはラッキーです。死んでしまう可能性もあったんです。医者には90％つまっていると言われましたしね，私ぐらいの歳になると，どんな種類の手術でも大手術になります。でも，生き延びましたから嬉しいです。生きる理由はたっぷりありますから。私は家族を大切にしたいのです。孫たちに会うのが大好きなんですよ。男の子が2人と女の子が2人いてね，同じ街に住んでいて……。孫たちと一緒に何かするのが好きなんです。本当に孫たちを愛しているんです。それに地域の合唱団で歌うのも楽しいんです。頼りにされているんです。テノールが足らないものでね。合唱団にはたくさん友人がいます。健康でいる理由がたくさんありますね。少なくとも努力はしていますよ。どのくらいすればいいか，わからないですが。活動はどのくらいまですればいいのやら。やり過ぎたくないんです。先週ゴルフをしたら，肩が痛くなりまして。医者にはただの筋肉痛だと言われましたが，怖くなりました。もう心臓発作はゴメンですよね。1回で十分です。それで，どのくらいの運動が今の自分にとってちょうどよいのか，時々知りたくなるわけです。運動する必要があるとわかってはいるのです。『使わないと，だめになる』っていいますよね。体力を取り戻したいですし，定

期的な運動は脳にもいいっていいますよね。つまり，私にとっての疑問とは――体力を取り戻し健康を保つために十分な活動量かつ心臓発作を起こす危険が伴うほどのやり過ぎにならないようにするには，どのくらい運動すればいいのかということですね。私はたぶん用心し過ぎなのだと思います。最後の検査結果は良好でしたし。今回のような痛みを感じるとどうも怖くなってしまうのです。心臓発作のことを思い出すのでね。また心臓発作を起こさないように運動を避けるなんて，意味がないですよね？ 独りぼっちにならないために，人からわざと離れているようなものでしょう。どのみち，やる必要があるのだと思います。もうしばらく長生きできるように，だんだんと活動を増やす方法を考え出すしかないですね」

　カウンセラーが障害物を入れてしまうとこのような自然な流れは止まってしまう。聞き返しは話し手の語りに焦点を当てることであって，臨床家自身の理解を主張することではない。
　カウンセラーの推測が誤っており，聞き返しが話し手の意図からずれていたら，何が起こるだろうか？ よくあるのは，クライエントがそのまま話し続け，自分の意図を明確にしようとすることである。聞き返すときの推測が間違っていてもペナルティーはない。質問は必要ではなく，理解するための最良の方法でもない。「あなたがおっしゃっていることは，私にはこう聞こえました」と聞き返しの前に断りを入れる必要もない。「私にはこう聞こえました」は言わなくても当然のことである！
　ほとんどすべての質問は聞き返しに変えられる。最初の練習としては，まず「あなたがおっしゃったことは○○という意味ですか？」のような質問を考えるとよい。次に文を質問にしている語尾（「○○という意味ですか？」）を取り除き，平叙文の陳述にし，文末の抑揚を下がり気味にする。「糖尿病の管理には本当にうんざりしているのです」と主治医に話している患者を考えてみよう。次のような考えが数秒間，医師の心に浮かぶ

BOX 5.2. 聞くことは時間の節約になる

　すでに始まっている午後の動機づけ面接ワークショップに遅刻したことを精神科医が詫びた。「遅れて申し訳ありません。午前中に20人の患者を診たのです」
　トレーナーはこの新入りの精神科医を迎えるためにワークショップを中断し、「そのような忙しいスケジュールで、MIを仕事に使えるのですか？」と尋ねた。
　精神科医は「MIを使わなかったら、実際に20人の患者を診られると思いますか？」と答えた。

＊　＊　＊

　MI全般、特に聞き返しについて、多忙な臨床家が「私にはこれをする時間の余裕がない」と言うことがよくある。「患者と接する限られた時間の間にやるべきことが多すぎて、今でももう手一杯です。MIの聞き方までやり始めたとしたら、何も時間内には終わらなくなります！　とにかく患者に言うべきことだけ伝えて、次々にこなしていく必要があるのです」
　しかし、言葉を厳選し少なめに言うようにすれば、冗長で込み入った話が不要になる。話し手が感じること、言わんとすることの本質を捉えた聞き返しが、最大の時間の節約になる。正確な聞き返しによってクライエントの要所をつくことができれば、相手は理解してもらったと感じ、それ以上、深く探る必要はなくなってくる。人は聞いてもらっていないと感じるから（聞き返しが正しいか間違っているかとは関係なく）、何度も言葉を繰り返そうとする。だから、良い聞き返しは時間の節約になる。
　知っておくべきことや行うべきことをクライエントに「伝える」ことで、臨床家にとっては自分の仕事をしたという気持ちになるだろうし、事実を伝達するほうが効率的な場合も確かにある。クライエント側が情報を必要とし、実際に求めてもいる場合は特にそうである。しかし、クライエントにとって必要なことが行動の変化である場合、教えたり警告したりしても何も変わらない。話せる時間が数分しかなく、行動の変化が目標ならば、MI以外のものを使っている時間はない！

だろう。

[「あなたならきっとうまくやれると思いますよ」。だめだ——これでは聞いていることになっていない。提案をしたいが，それは私の間違い指摘反射であって，私は相手を理解するようにしなければならない。何が患者をうんざりさせているのだ？「今まで一生懸命やってきたけれども，まだ血糖値が高いという意味ですか？」今度はこれを聞き返しにしよう](声に出して「今まで一生懸命にやってきたのに，血糖値がまだ高いのですね」)

1回の聞き返しのためだけに膨大な精神的努力をしているように思えるだろう。実際，そうである。聞き返しは最初のうちはたいへんな作業になる可能性があり，質問よりも難しい。ありがたいことに他のたいていの技能と同じように，練習を積めば簡単にできるようになる。

聞き返しの深さ

聞き返しの表現はごくシンプルなときもある。一語か二語をただ繰り返すだけでも，相手の話が前に進むことがある（前の例では，最初の聞き返しを「あなたはラッキーですね」にしてもよかった）。単純な聞き返しは相手が言ったことにほとんど，あるいは全く何も付け加えない。発言内容を単に繰り返すか，少しだけ言い換えを加える。

クライエント：今日はかなり落ち込んでいる感じです。
単純な聞き返し：
　落ち込んでいる感じなのですね。
　気分が沈んでいるように感じるのですね。
　かなり落ち込んでいる……

単純な聞き返しが役立つこともあるが，進行が遅くなりやすい。面接が行き詰まった，堂々巡りになったと感じられるのであれば，単純な聞き返しに依存し過ぎている可能性が高い——クライエントが言ったとおりに聞き返そうとこだわり過ぎている。

　複雑な聞き返しは，クライエントが言ったことに対して何らかの意味を加えたり，一部を強調したり，まだ述べられていないが，このまま話が続けば次はこのような話になるだろうという推測になる（パラグラフを続ける）。先の例で意味を推測するようにすれば次のようになる。

クライエント：私はたぶん用心し過ぎなのだと思います。最後の検査結果は良好でしたし。今回のように痛みを感じるとどうも怖くなってしまうのです。

臨床家：（推測して）心臓発作のことを思い出すのですね。

　クライエントは実際には心臓発作のことを思い出すので痛みが怖いとは言わなかったが，これまでに述べたことを考えると，これは理にかなった推測である。

　氷山を思い浮かべてほしい。単純な聞き返しは水面より上に見えるもの，つまり実際に表現された内容に制限されている。一方で，複雑な聞き返しは水面下にあるものについて推測する[*1]。時には，その人が話しながらどう感じているように思われるかを聞き返すと役に立つ。

クライエント：医者には90％つまっていると言われましたしね，それに私ぐらいの歳になると，どんな種類の手術でも大手術になります。でも，生き延びました。

＊1（原注1）この隠喩を提案してくれた Marilyn Herie に謝意を表する。

臨床家：で，生きていることが嬉しい。
クライエント：ええ。生きる理由はたっぷりありますから。

　推測をいくらか加えてパラグラフを続けると，自己探求のプロセスに勢いが出てくる。クライエントの背景や経験がわかっていれば，より簡単にできるようになる。

クライエント：今日はひどく落ち込んで感じています。
　複雑な聞き返し：
　　前回お会いしたときから今までの間に何かがあったのでしょう。
　　この数週間，気分の波があって，良くなったり，悪くなったりしておられます。
　　今日は元気を失っておられるように見えますね。

　複雑な聞き返しを増やすと会話が先に進みやすくなる。聞き返しという形によるこのような推測で，最初はクライエントに不快感が生じる可能性もある。しかし，これがコミュニケーションと理解を促進させる。もちろん，クライエントが言わんとすることを推測するとき，過度の飛躍は慎んだほうがよいだろう。どの程度の飛躍ならよいのかはその場の判断である。臨床家の推測が行き過ぎていれば，その結果はクライエントの反応の中に出てくる。

聞き返すことを学ぶ

　聞き返しは最初は難しく思えるかもしれないが，学習で身につけられる技能である。何であれ複雑な技能を学ぶために必要なものはフィードバックである。正しくやれているかどうかについてのフィードバックが即時にあるとなおよい。ゴルフコースの練習場に立つとき，ボールの一球一球が

どこへ飛ぶかを見て，それに応じてスイングやスタンスを最高の結果が出るように調整できる——ただし，漆黒の暗闇で練習しているのでなければの話である。もし暗闇の中で練習しているとしたら，フィードバックはほとんどあるいは全く得られず，ショットを改善できる見込みはない。聞き返しの場合，明るい日中に練習できる。誰かに対して聞き返しをするたびに，それがどのくらい正確かについてフィードバックを即時に得ることができる。練習場と同様に失敗したとしても罰はない。なぜなら推測が間違っていたなら，相手が本当に言わんとしていたことについてもっと話してくれるだろう！　何年もかけて，何千回もスイングを繰り返していけば，相手が意味することを言葉や声の調子，文脈，非言語的行動から推測することがうまくなっていく。

　聞き返しの深さも練習によって増していく。巧みな聞き返しは相手がそれまでに言ったことを越えて先に進むが，飛躍し過ぎることはない。この技能は力動的精神療法における解釈のタイミングと似ていないこともない。相手が聞き返しによってたじろいだりすれば，先走りし過ぎたとわかるだろう。

大げさに言うことと控えめに言うこと

　クライエントの自己探求をさらに深く続けられるようにするために聞き返しを使うとき——これが聞き返しの全体的な目標でもある——相手が述べたことを少し控えめに言い換えることもしばしば役に立つ。感情的な内容を含んでいるときには特にそうである。感情を表現する語彙は豊富にある。1種類の感情の中でも，強度の点で大幅に異なる表現がある。例えば怒りの場合，「むっとした」や「いらついた」のような強度の低い怒りを表す語もあれば，「憤慨」や「激怒」のような強度の高い語もある。強度は「少々」，「ちょっと」，「いくぶん」のような修飾語を加えて抑えることもできれば，「かなり」，「すごく」，「極端に」を加えて増強することもで

きる。一般原則として，表現した感情の強度を大げさに言われると，相手は元の発言から距離をとるようになり，感情を否定し矮小化する傾向がある（この原則は，第15章の維持トークと不協和に反応するための増幅した聞き返しの方法の中で，戦略的に使われている）。反対に，表現した感情の強度を少し控えめに言われると，相手は自分の感情を探り続け，その話を続ける可能性が高くなる。感情を聞き返すとき，相手に感情を探り続けてほしいのであれば，控えめに表現する側に外したほうがよい。

大げさに言うこと
クライエント：私の育児について母があれこれ注文をつけてくるのがどうも気に入らないのです。
臨床家：お母さんに本当に激怒しているのですね。
クライエント：あ，いいえ，それほど怒ってはいないです，なんだかんだ言っても母は母です。

控えめに言うこと
クライエント：私の育児について母があれこれ注文をつけてくるのがどうも気に入らないのです。
臨床家：お母さんにちょっとむっとしているのですね。
クライエント：そうなんです！　いつも私のやり方をここは間違っているとか批判してくるので，どうにもいらいらするんです。

聞き返しの長さ

　一般原則として，聞き返しはクライエントの陳述よりも長くするべきではない。例外はあるが，より短いほうがよい。聞き返しを，考えられるかぎりの意味を集めたり，詳しいニュアンスを述べたりするような文章にする必要はない。推測を1つ出すだけ，単純なものだけにしておくほうがよ

い。

　聞き返しに失敗したら，相手は臨床家が最後に言ったことに反応する可能性が一番高いと思っておくとよい。クライエントも臨床家と同様にパラグラフを続けようとする。聞き返しを長くする必要があり，また，一部の内容を強調してクライエントがそれについてどう思うのかを知りたいときは，その強調したい部分を最後に持ってくるとよい。

聞き返しの方向

　聞き返しは受動的なプロセスではない。5分あるいは10分の会話であっても，その中にかなり多様な話題が入ってくる。意識的であるにせよ，ないにせよ，臨床家は何を聞き返して何を無視するか，何を強調して何を弱めるか，意味を捉えるためにどの語を使うか，などを判断している。したがって，聞き返しは相手が言ったことの一部の側面に光を当てるか，その意味をわずかにリフレームするために使える。Carl Rogers は，自分はカウンセリングにおいて非指示的であると主張した。しかし，彼の弟子である Charles Truax（1966）は Rogers のセッションのオーディオテープをコード化し，Rogers がクライエントの陳述の中である種のものを見分けて「強化する」一方で，他の陳述は聞き返しやコメントなしに聞き流していることを発見した。クライエントの言うことすべてに対して平等かつ非選択的に反応することは実際には困難である。一方，無意識にやってしまっている選択が面接の方向に影響を与えていながら，そのことに気がつかないままでいることはごく普通に起こっている。

　関わるプロセスでは，聞き返しの主な目的はクライエントのジレンマを理解することとクライエント自身の視点を通じて状況を見ることである。方向性を特定することは含まれていない。しかし，引き出すプロセスでは，変化をスピードアップさせるために聞き返しと他の中核的な技能を戦略的に使う（第IV部参照）。聞き返しにおける方向性の側面を意識するこ

とは，MIの特徴のひとつである。逆に，たとえ偶然であっても，クライエントがある方向を選ぶように影響を与えることを回避すべき場面もある。このような中立性を保ちながらのカウンセリングというシナリオは，かなり難しいテーマである。これは第17章で扱う。

関わるための聞き返し

　関わりのプロセスの間は，聞き返しが臨床家の反応のかなりの割合を占めるべきである。聞き返しは開かれた質問の後で特に重要になる。開かれた質問を1つした後は，聞き返しで応答しよう。関わりのプロセスでの聞き返しは臨床家の理解を明確にし，その理解をクライエントに伝える。聞き返しを巧妙で複雑なものにするよう努力する必要はない。臨床家としての関心と好奇心を保つようにすればよい。穏やかな精神状態を保つことが役に立つ。

　質問よりも共感的な聞き方のほうが（臨床家側にとって）身につけるための訓練がより必要な技能である。訓練不足のために質問と回答の罠にはまってしまい，クライエントの陳述に従いながら聞き返すのではなく，質問を続けてしまうことがよくある。このパターンはクライエントの防衛性を引き出しかねない。だから，質問の後に別の質問をするのではなく，聞き返しを続けるように心に刻んでおこう。MIの技能が高い臨床家は質問1問について平均2つから3つの聞き返しを行う。発言の約半分が聞き返しである（「そうそう，フンフン」のような短いタイプの相槌はカウントしない）。対照的に，MIではない通常のカウンセリングをコード化すると，質問が10対1の割合で聞き返しよりも多くなっている。全反応のうちで聞き返しが構成する割合は相対的に小さかった。上手な聞き返しは傍目には簡単そうに見えるが，実際にはかなりのスキルを要する技能であり，何十年もかけて磨いていくことができる。

キーポイント

- 聞き返し（「正確な共感」）は学習によって習得可能な技能であり，MIの4つのプロセスのすべてにおいて土台になっている。
- 聞き返しの本質は相手の話が何を意味しているのかについて推測する陳述である。
- 聞き返しは，単純な繰り返しから複雑な聞き返しや「パラグラフを続ける」に至るまで，深さの点でバリエーションがある。
- 堂々巡りになっているか行き詰まっている感じになったなら，おそらく聞き返しが単純すぎる。

第6章

面接の中核的技能
OARS

> あるがままの自分を受け入れたとき初めて自分自身が変化するという逆説が存在する。
> ——カール・R・ロジャーズ（諸富祥彦ほか訳）＊1

> 人々が本当に必要としているのは，よく聞くことである。
> ——メリー・ルー・ケイシー

　第5章で論じたように，聞き返しはクライエント中心療法全般にとって，またMIにとっては特に基本中の基本になる技能のひとつである。この章では他の3つの中核的なコミュニケーション技能を取り上げる。これらは「関わり」を含むMIの全プロセスで一貫して重要になるものである。これをOARS（英語で'oar'はボートを漕ぐ「オール」のこと）と覚えやすくするために英語の頭文字をとってまとめる。開かれた質問（Open question），是認（Affirmation），聞き返し（Reflection），サマライズ（Summary）である。関わるプロセスにおいて，これらは相互理解の基盤を作るツールである。後で「フォーカスする」「引き出す」「計画する」に入っていくが，そこでもOARSは舵取りのためのツールであり，同時に変化への経路を案内するツールであり，動力源でもある。中核的技能の5つ目は第3章で取り上げられた「情報提供と助言」であるが，第11

＊1（訳注1）『ロジャーズが語る自己実現の道』（ロジャーズ主要著作集 3）C・R・ロジャーズ著，諸富祥彦，末武康弘，保坂亨訳，岩崎学術出版社，2005，p. 22.

章で扱う。

開かれた質問をする

開かれた質問とは，答える前に少し考えるよう求め，答え方には幅広い自由度を持たせるものである。いわば扉が開いているようなものだ。相手がどこへ行くのか，あらかじめ，あなたが知っているわけではない。

> 開かれた質問とは，扉が開かれているような状態である。

「今日はどんなことでいらっしゃいましたか？」
「この問題は日々のあなたの生活にどのように影響してきましたか？」
「5年後にはご自身の人生がどんなふうに変わっていたらいいなと思いますか？」
「今のままのやり方を続けていくと，どんなふうになっていくと思いますか？」
「人生で最も価値があると思うことを5つ述べるとしたら何でしょう？」
「私が何かのお役に立てるとしたら，どんな助けが欲しいですか？」

MIの基本のリズムはワルツのように，開かれた質問を1つし，クライエントが話したら2つほど聞き返しをするというものだ[*2]。しかし，たとえ開かれた質問であっても，立て続けに質問をすることは避けたほうがよい。それは質問・応答の罠にはまるようなものだ。

開かれた質問の逆は，もちろん閉じられた質問であり，典型的には短い回答を求めるものであり，相手の反応の選択肢を制限してしまう。閉じられた質問は特定の情報を収集する。

---

*2（原注1）質問の後には必ず2つの聞き返しをしなければならないなどと厳格な公式のように扱う必要はない。質問よりも聞き返しを多くすればそれでよい。

「あなたの住所は？」
「いつからこんな感じが続いてきましたか？」
「何回電話をしましたか？」
「煙草は吸いますか？」
「あなたはこれができると思いますか？」
「誰と同居していますか？」
「最後に飲酒したのはいつですか？」
「それはいつ起こりましたか？」

　開かれた質問モドキの閉じられた質問というのもある。開かれた質問のように始まる複数選択の質問であるが選択肢を制限することから，開かれた質問とは考えない。

「これからどんなことをしたいと思っていますか？　つまり，やめるか減らすか？」
「あなたにとって一番いいやり方は何だと思いますか？　食事制限，運動，薬物療法？」

　そして，反語表現をとる質問で，答えの方向性さえも指定されているものである。

「あなたは○○するほうがよいとは考えませんか？」
「あなたの家族はあなたにとって大切ではないのですか？」
「本気でそれがうまくいくとは期待していませんよね？」

　閉じられた質問を連発してしまえば，クライエントと関わることにとって致命的となる。協働作業的どころか，形式的に情報を収集し，専門家の

役割を主張してしまうのである。一方，開かれた質問をしていくと，さまざまな情報とともに，チェックリストにはないような重要な事柄も聞き取れる。時間のあるなしにかかわらず開かれた質問で臨むことがよい。

開かれた質問をすることは，ある特定の方向に注目を向けるように会話を導いていくことである。質問が多くなればなるほどクライエント自身による探索を制限してしまう。聞き返しが多くなればなるほどクライエント自身による考察と気づきをより促すことができる。MIではクライエント中心かつ指示的なスタイルを保ちながら，開かれた質問と聞き返しをブレンドする。

一方で閉じられた質問がMIのスタイルとよく一致することがあることも忘れてはならない。サマライズの後に「どこか間違っていませんでした？」とか，4つのプロセスの計画段階において，「では，それがあなたのすることなのですね？」のように確認することはよくあるだろう。「禁煙したくなるような方法があったらいいなと思いませんか？」のように閉じられた質問によってクライエントに挑むこともできる（ただし，これは「禁煙したくなるような方法があったらいいですね」という聞き返しにもなりうる）。また，「みんなが束になってあなたをいじめているように感じますか？」のように，閉じられた質問の中には聞き返しにかなり近いものもある。どちらの質問が適切かは状況や治療者の役割，今そこで扱う課題によって変わってくる。

是認すること

開かれた質問と聞き返しに加えて，3番目の中核的な技能が是認である。ポジティブな部分を強調することである。是認とは，相手が人として持っている固有の価値を見つけ，認めることである。是認は支え，勇気づけることでもある。Rogers (1967, p. 94) は，肯定的関心 (positive regard) を「通常の恋愛のようなロマンチックで所有的な意味の愛では

なく，ありのままのクライエントへの愛であり，それは神学者が使うアガペー（agape）という言葉に近いものであると治療者は理解すべき」と述べた（C. S. Lewis, 1960; Miller, 2000 参照）。

是認は少なくとも2つの点で共感と重なる（Linehan, 1997）。第一に，クライエントの心のうちに潜むものを自分は異なった人物のものとして正確に理解しようと努力することが共感の実践であり，そうすること自体が是認的である。「おっしゃることには意味があります。あなたの考えを尊重しています。あなたが考えること，感じていることを私は理解したいのです」と伝えることになる。第二に，是認は率直でなければならない。相手に関して実際に事実であることを褒めるべきなのである。そのためには聞いて理解する必要がある。知りもしないことや価値のわからないものを素直に是認することはできない。

対人援助場面で是認が果たすプラスの働きをいくつか取り上げよう。プラスの態度には互酬性があり，関わりを強める後押しになる。人は強みを認め是認してくれる人が相手であれば，時間を共にしたり信頼を寄せたり話を聞いたり心を開いたりする傾向が強くなる。是認によって治療が継続しやすくなることもあるだろう（Linehan et al., 2002）。また是認によって防衛機制も弱くなるだろう。人は自己像を脅かすような情報に直面すると，自律性と強さを自己是認しようという反応を自然に出す。そうすることで自分自身の一体感に対する脅威を減らせるように感じる（Steele, 1988）。この逆に，是認によって脅威となるリスクを内在する情報に対してオープンな態度をとらせることが可能である（Klein & Harris, 2010; Sherman, Nelson, & Steele, 2000）。特に防衛的反応が起こる前に是認が与えられた場合にそうなる（Critcher, Dunning, & Armor, 2010）。人が持つ可能性を是認することがダイレクトに変化を促進することもあるだろう。差別的なステレオタイプが人の変化を妨げるのと同じことである（Miller, 1985a, 2008）。

すべての是認を臨床家から出す必要はなく，最も説得力のある是認の出どころが臨床家である必要もない。自分自身の強みや過去の成功経験，良

かった努力について述べるように臨床家がクライエントに要求してもよい。そして，このような自己是認は自己開示を促すことがわかっている（Critcher et al., 2010）。自己是認を表出する傾向はそのときの気分や文脈などの要因に加えて世代や文化差にも影響を受ける。それでも，カウンセラーによる是認は驚くほど治療上のメリットをもたらすのである（Linehan et al., 2002）。

では，どのように是認をすればよいのだろうか。最初に念頭に置くべきことは是認のフォーカスをクライエントに置くことである。是認は賞賛と同じではない。褒めることは「障害物（第5章参照）を作る」ことになってしまう。褒めている側は権威者として賞賛や非難を与える一段上の立場にあることを，ごく僅かであってもほのめかしているからだ。一般的には「私は」という言葉で始まるような是認は避けるべきである。これではクライエントではなく臨床家にフォーカスがあることになる。例えば，「私はあなたを誇りに思う」は相手に良かれと思って使う言葉であり，相手を喜ばせるかもしれないが，親が子どもに言っているようなニュアンスもある。良い聞き返しと同じように良い是認は通常，「あなた」を主体にする。

是認とは何かその人の良い点にコメントすることである。ポジティブな面に気づき，認識し，承認するのである。是認のコメントは意図や行為のような何か特定の事柄に関してでもよい。

「今週の頑張りは本当にすごかったですね！」
「思ったような結果は出なかったわけだけど，狙いがとっても良い」
「へー，なるほどね！　この1週間の自分の記録を見事にとってきましたね」
「今日，来てくださってありがたいです。しかも時間より早めに。助かります」
「今週は仕事探しの電話を3回もしたんですね。よくやりましたね！」

クライエントの行動や置かれた状況をポジティブな見方でリフレームすることも是認になる。昔からある定番は，やってはみたけれど完璧ではなく，クライエントががっかりしているような場合に，一歩でも前には進んだのだと伝える，「コップ半分の水」である。

「今週は計画を守れず，2日間，酔っ払ってしまったので，本当にダメだ，台無しにしてしまったと考えているのですね。でも，私から見ると，最初のときと比べるとずいぶん変わったなと思います。2カ月前には，1週間毎日酒を飲んでおられたし，しかも1日に10杯から12杯も飲んでいましたよね。今週はこの日に1杯，次の日には2杯飲んで，その次の日は飲まずに計画通りでした。言い換えると，今週は量で言えば酒を96％も減らしたわけですし，飲んでもすぐに断酒の目標を再開しました。どうですか!?」

クライエントのポジティブな性質や技能だと思われるものに注目することもまた別の是認の方法である。ある特定の行動をポジティブなものの例として取り上げ，それを本人の全般的な良い性質の現れとして捉えたり，リフレーム（全く別の視点から見直す）したりする。

「あなたにとっては今週は最悪の1週間でした。それでもまた戻ってきた。粘り強いですね！」
「乗り越えてこられた今までの経験をお聞きして，私だったらあなたみたいにはとても耐えられなかっただろうな，と思います。本当によく生き延びてこられましたね」

是認は具体的なものでなくてもかまわない。もっと広い（そして率直であること）範囲に対する賞賛であってもよい。

「ようこそ戻ってきたね！　また会えてよかった」
「ホントにびっくりだわ」

　筆者は米国と英国に分かれて住んでおり，是認は文化に依存していることをよく意識している。ある文化圏では温かく評価されたような是認として受け取られることが，別の文化圏では度を越した誇張や悪くすれば皮肉として受け取られるかもしれない。MI全体がそうであるように，クライエントがあなたのガイドである。相手はあなたの言葉にどのように反応するのか？　反応が表情にあらわれたのが見て取れれば，それを聞き返したり質問したりできる。また，是認が四角四面な生真面目なものである必要もない。その人をよく知っているなら，気安いものや，さらにはからかうようなものもありうるだろう。是認の技能とは承認や賞賛など相手を良いものとして認めていることを率直に伝えるにはどうしたらよいか，そのベストな方法を見つけ出すことである。MIのスピリットの他の側面と同じく，是認には臨床経験を通じて身につける要素がある。臨床家の仕事は相手の間違っている点ではなく，良い点を発見することである。基盤にある態度の重要性は是認の行動そのものに勝るとも劣らない。

サマライズ

　サマライズの本質は聞き返しであり，相手が今までに話したことをひとつにまとめたものである。サマライズは「あなたが私に話してくれたことを記憶しているし，あれとこれがどんなふうに一緒になるのか理解したいと願っている」という意味も持っているので是認にもなる。サマライズによってクライエントはいったん立ち止まり，それまでに表に出したさまざまな経験を振り返ってみることにもなる。自分が自分の経験をどう表現したかを聞くだけでなく，さらに話を続けるように臨床家が促すような言い方で聞き返してくれるのも聞くのである。そして，臨床家がサマライズと

してまとめるなかで，クライエントは自分自身が話した内容をもう一度聞くことになる。

　クライエントが述べたすべての中から何を聞き返し，何をサマライズに含めるかは，臨床上の判断がものを言う。聞き返してサマライズすることは，さらなる掘り起こしをしてクライエントの体験に光を当てることである。第Ⅳ部では変化を加速するための聞き返しとサマライズの使い方を詳細に述べる。ここでは「クライエントから聞いたことのすべてを聞き返してサマライズすることは不可能である」と言うだけでも十分だろう。意識しているか否かにかかわらず，臨床家はクライエントが話したことの中である側面は際立たせ，他の側面は取り上げないという選択をしているのだ（Truax, 1966）。

　サマライズが持つ機能はいくつかある。集めのサマライズは話がある程度たまったところで関連したものを思い出してもらうものである。例えば「1年後に自分の人生がどんなふうに変わっていてほしいと思いますか？」のような開かれた質問をすると，答えがいくつか出てきてたまってくる。2，3を聞いたところで集めのサマライズでそれらをまとめる。

　「では1年後に自分の人生がどんなふうに変わっていてほしいかというと，いい就職，つまりそれ自体も楽しく，人間関係も良いところへの就職ですね。最近はお子さんたちとも前よりプラスな関係になっているので，それもこのまま続いてほしい……，それから禁煙もしたい。他に1年後の生活がどうなっていてほしいとお考えですか？」

　「他に？」という質問は，クライエントが「もうない」と言うまで，話題に付け加えていくように勧めるものである。
　集めのサマライズと是認を組み合わせたいならば，相手に自分自身の強み，つまり変化を助けてくれるようなポジティブな属性について質問するとよい。

「あなたが自分自身についてわかっていることは，自分が頑固だということですね。あなたはひとたび何かをすると心を決めると，それを貫く点でとても優秀です。それに，家族思いだと言っていましたね。家族を守りたいと思っていて，間違っても傷つけたくはないのですね。フレンドリーでもあります。私にもよくわかります。あなたはのんびりしていて，いろんな領域の人ともうまくやれますね。他にどのような長所がありますか？」

サマライズの2つ目は**繋ぎ**のサマライズである。ここでは相手の言ったことを聞き返しつつ，以前の会話から思い出せることと繋ぐものである。

「彼が電話をかけてくれなかったので本当に傷ついて，ある意味，失礼だと感じるほど怒りも覚えたのですね。前に誰かがあなたを無視して，そのせいであなたがひどく落ち込んだと話してくれたのを覚えています」

「今週は毎日運動できたので，本当に嬉しいのですよね。それに走ることで，ある種のハイな状態まで感じ始めたのですね。それは以前ひとりきりで山上にある湖まで登った日に感じられたのと同じような感じでしょうか」

3つ目は**転換**のサマライズであり，これは大事なことをまとめるよう課題やセッションを締めくくったり，あるいは何か新しい話題への転換点を示すときに行う。ここでも何が重要なことであるかを選んでいる。転換のサマライズは，これから物事を1つにまとめます，という方向づけを告げることから始まる。

「えーと，覚えてます？　今日終了する前に，具体的な質問をする必要

があると言ったこと。でもその前に，あなたがここで私たちにできるんじゃないかとどんなことを期待していらっしゃるかについて私の理解が間違っていないか確かめさせてください。あなたはご自分とお子さんのために食べものと安全な住居という緊急援助を必要としていますよね。それに接近禁止命令をとるために法的な助けも望んでいると。家庭医はすでにいるけれども，子どもたちを診てもらう歯医者も見つけたい。何か違っていることに気づかれましたか？」

サマライズは聞き返しとどう違うのか？ サマライズが持つ特質は相手が述べた種々の要素を1つに集めることである。自分が言ったことを直後の聞き返しでまた耳にすることは補助になり，さらに深く考えることも促してくれる。しかし，ある程度の時間にわたって話に出てきたことをうまく1つにまとめて聞かせることはもっと強力である。サマライズにより，クライエントは自分自身の経験のさまざまな部分を一度にまとめて聞けるのである。いくつかの要素が簡潔に並べられたようにして。これは1つのことだけを考えているとできないことかもしれない。良いサマライズは「全体像」を把握しており，バラバラの要素にしか見えないものを統合している。個々の要素はクライエントから発信されたものであるが，サマライズで一度に組み合わせると，何か新しいものが生まれるのである。

アンビバレンス（両価性）を扱ったサマライズにおいてこうしたまとめ方がはっきりと表れる。例えば，クライエントが変化すべきさまざまな理由やメリットについて語っている一方で，ためらいや先延ばしの気持ちも述べるかもしれない。人が葛藤しているとき，ジレンマについて考えたり語ったりする際に，これらの2つの決断の間を揺れることがある。口に出すようにすれば変化を良しとする理由が明らかになるが，次の瞬間には現状維持の利点を引き出す可能性が口に出したがゆえに生じる。流れをここで止めてしまうと，たぶんそれより先には進まないだろう。しかし，アンビバレンスについて聞き返してサマライズすれば，何かを加えることがで

きるのだ。

「この友人関係はあなたにとって本当に何か強い感情を引き出してしまうんですね。一方であなたは彼に惹かれています。彼は興味深い人だ。彼のような人には他に会ったことがないし，彼はあなたが知らないことをいろいろと経験してきている。一種の絆も感じている。彼は尋常ではない方法であなたを理解するようだ。それと同時に，彼の視点は時々奇怪なものとの境界上にあって，彼の洞察はあなたを時々ぞっとさせてしまう。彼は愛情を欲していて孤独に見えるので，あなたとの友情が重要である一方，あなたは彼のせいで消耗していると感じてしまう。あなたは同時に彼に惹かれもしているし，離れたいとも思っているのですね。両方とも真実であって，そのせいでこの関係について混乱を感じているのですね」

このサマライズでは彼女の語った言葉の一つひとつがまるで細い糸のように探し出され，それが撚られて別の何かに変わっていくようだ。糸が1枚の布のような，さまざまな色を含む1枚のまとまりへと織り合わされるのだ。このようなサマライズを提示されると，人は自分が行き詰まっている様子を本当に「理解する」ことができ，毎回1本の木を検査するだけではわからなかった森の全体像を見られるのである。このバランスがとれた両価性のサマライズは中立的なカウンセリング（第17章）をする際に有効である。チェンジトークを引き出す過程でサマライズを使うことによって，例えばクライエントがある特定の方向へ森を抜け出せるよう導けるかについては後で述べる（第14章）。

関わる：実践例

以下に，地域の精神保健センターでのジュリアとカウンセラーとの初回

面接の逐語例を示す*3。この時点での面接の主な目的は，関係性の構築とジュリアが望む援助とは何なのかを理解することである。この段階では他の方向性はない。これは関わりのプロセスでOARSを使ったパーソン・センタード・カウンセリングの一例である。変化のゴールはまだ特定されていないので扱われていない。MIのプロセスを具体的に説明するため，この後の7つの章でも同じ症例が引き続き出てくる。

臨床家：こんにちは，ジュリアさん。早めにいらっしゃって受付が渡した書類に記入していただいてありがとうございました。[是認] 書類に目を通しました。後でいくつか他にも質問をさせてもらうことになると思います。とりあえず，今はまず今日あなたがいらっしゃった理由を最初から聞きたいと思います。何が起こっているのですか，そしてここのセンターでできそうなことは何でしょうか？ [開かれた質問]

クライエント：ここで何をしてもらえるのかよくわからないけど，私，自分がバラバラに壊れちゃった感じです。気力がちっとも出なくて。自分がどうなっていくのかわからないのです。たぶん，薬が必要じゃないかしら。

臨床家：自分を見失って，混乱し，おそらくちょっとびっくりもされているのでしょうね。[聞き返し]

クライエント：びっくり……ええ，そうです。自分がこんなふうになるなんて今まで全然思いもよらなかったの。

臨床家：つまり，混乱しているというのは自分のしていることが自分でも理解できないということですね。[聞き返し] 何が起きてしまったのでしょうか？ [開かれた質問]

---

*3 (原注2) ジュリアのストーリーは筆者らが治療した実際のクライエントの話に基づいているが，彼女の匿名性を保護するために名前と個人を特定できるような詳細は変更されている。英語のスクリプト全体は www.guilford.com/p/miller2 で入手可能である。（訳注：翻訳したものは http://harai.main.jp/koudou/refer3/the_case_of_julia_JP.pdf で入手可能である）

クライエント：彼氏と別れたばかりなんです。同棲していて，私は愛されていると思っていたのに，とっても冷たくて。話をしてくれないし，たぶん誰かと浮気しているんだと思ってしまって。とにかく，頭がおかしいと彼に言われました。

臨床家：あなたがしたことで彼もびっくりしたわけですね。［推測しながらの聞き返し］

クライエント：キレてしまったんです。叫んで，物を彼に投げつけたんです。

臨床家：何を投げたのですか？［閉じられた質問］

クライエント：コップ……流しにあったものです。コーヒーポットも。

臨床家：彼を実際に痛めつけてやりたかった。

クライエント：わかりません。とにかくキレちゃった……。普段はそんなふうなことはしません。先生にこれを話すのだって恥ずかしいです。

臨床家：正直に本当のことを話してくれたんですね！［是認］これまでは，そんなふうにあなたがなることはなかった。［聞き返し］

クライエント：あの，実は前にもあったんです。それがここに来ることにした理由のひとつです。たぶん，彼の言うとおりで，私が変なのかもしれない。

臨床家：爆発したのは，今回だけのことではなかったのですね。［聞き返し］

クライエント：私，男の人に激怒してしまうんです。同棲はこの間の彼で3人目でしたが，いつも多かれ少なかれ同じ感じで終わってしまいました。どうも私，好きになる人を間違えているみたい。

臨床家：同じパターンばかり繰り返しているような。［聞き返し］

クライエント：そうです！　ひどく……（止まって，少し泣く）すみません。

臨床家：自分でも持て余すような感情なのですね。今回もまた同じ感情に襲われてしまったのはつらいと言うしかない。［聞き返し］

クライエント：眠れないのです。考えられません。仕事でもめちゃめちゃなんです。今週，お客様の接待をしているとき，理由もなく泣きだしてしまいました。正気を失っていると思います。

臨床家：自分に何が起こっているのか理解できないので怖い。[聞き返し]

クライエント：気分も最低最悪なんです。一緒に暮らし始めたころは，レイと一緒にいるのがとても幸せでした。外見はいかつく無愛想ですけど，彼の内は柔らかいテディベアみたいな感じで，私の好きなタイプの男性なんです。だけど，彼はもう私を受け入れてくれない。

臨床家：それでここにいらしたのですね。[聞き返し；パラグラフを続ける]

クライエント：そうです！　家の中にこもっているのは彼にとっては時間の無駄遣いだったし，一緒に住んでいるのに私は孤独でした。どっちにしても，私は彼に捨てられ，彼はどこかに行っちゃった。もうだめね。

臨床家：そうですか。今まで話してくださったのはすごく感情的になること，それにどう対応してきたかということ，そんなことのせいで自分が自分でも怖くなっている。[控えめな聞き返し；集めのサマライズの開始]

クライエント：（中断して）実際，とっても怖いんです。

臨床家：とても怖い……。自分がどうなっていくのやら，わからなくて，薬を飲んだほうがいいかなと思うときがあるわけですよね。睡眠と職場での集中力にも問題があるし。レイに対して爆発してしまう自分を抑えきれなかった。そして異性関係の点でどうも同じような苦いパターンを繰り返しているなと気づきだしたわけですね。[集めのサマライズ] 他には？[開かれた質問]

クライエント：だいたいそんなところだと思います。正気をなくす瀬戸際にいるような感じがします。レイが出ていった後，自分のことが嫌になってしまって，リストカットしました。（袖をまくって，腕を走る

長い2本の切り傷を見せる）床の割れたコップを見て，破片を拾って……

臨床家：心に感じた傷はそれぐらいだった。そのときは切るのが良いと感じたんですね。[聞き返し]

クライエント：よくわからない。良いか悪いか考えてさえいなかった。今までこんなことはしたことなかったのです。死にたかったわけじゃない。

臨床家：全く初めてのことで，それも怖さの理由で，それで今日ここに来ることになった。[聞き返し]

クライエント：そうです。先生は私がおかしくなっていると思いますか？

臨床家：それがどうしても心配になりますね。自分に何が起こっているのか理解できないと繰り返しおっしゃっています。だから，それが，つまり自分にどうなっているのか，そしてどうしたらよいのか，わかるようにしてほしいと思って来られたことになりますね。[聞き返し] そんなときに今日，ここに来て，爆発してしまったことを話すなんて勇気が必要なことでしたね。[是認]

クライエント：ありがとうございます。誰かにこの話を聞いてもらっただけでも，ちょっと気分が楽になりました。

臨床家：良かった！ 話してみるだけでも役立つことはよくあるものです。心配なことがずいぶんたくさんあるような様子でしたから。[第9章に続く]

　この関わりのプロセスの大半はOARSのスキルに頼って行われ，それが多くの情報も明らかにしてくれている。途中で止めて，関連する事実について系統的な情報収集をしたくなるような場面が何度もある。施設のルールで決められた項目，例えば診療記録に必要な暫定診断などを確定させるための情報収集が後半でいずれ必要になるかもしれない。自殺のリスクの有無など，できるだけ早く知る必要があることは他にもある。しかし，

開始時の主な目的はクライエントと関わりを作り，協働作業を始めることである。もし，クライエントが再来しないならば，しっかり揃った具体的な評価情報は無用の長物である。

　クライエントと関わることはそれ自体が非常に重要なプロセスである。私たち対人援助職は問題解決に簡単に飛びついてしまいがちだが，カウンセリングの冒頭から重要な役割を果たすのは聞くことと理解することである。以下のカップルの会話の結末を想像してほしい。これは夫が仕事から帰宅したとき，妻がソファーでぐったりしているのを見つけたところだ。

> クライエントが再来しなければ，豊富な評価情報は無用の長物である。

妻：あなたには今日一日がどんなに大変だったか，全然わからないでしょうね！　時間に間に合うように子どもたちを送り出すのに苦労したのに，送迎バスには乗り遅れちゃって，車で学校まで送らないといけなかったのよ。それから帰り道で車のガソリンが足りなくなっているのに気がついて，止まったんだけど，ガソリンスタンドには長蛇の列ができていたのよ――安売りしていたからだと思うわ。今夜の夕食に何かあなたも子どもたちにも好きなものを作ろうと思ってスーパーに買いにいって，帰ってきてから買い忘れがあるってわかって，店に戻らなくちゃいけなかったわ。そこに学校から電話が来て，エミリーの具合が悪いっていうので，また迎えにいかなければいけなかったんだけど，うちに戻ったら元気そうで，午後の間じゅうずっと私にくっついてきたのよ。支払いをしないといけない請求書もたくさんあるのに，何が何だか確認する時間さえなかったわ。

夫：そうか，もう少し上手に時間管理する方法を教えてあげるよ。そんなにストレスを感じなくてすむようにね。

　ここでは，瞬時に問題解決することが求められているわけではなく，必

要なのは聞くことと是認である。クライエントに役立つよう，最初に相互に尊重し合う作業同盟を作るべきである。これにはさほどの時間は要しない。その人のジレンマを理解するために話を聞くという関わりのプロセスがあればよい。OARS はここでの鍵となる技である。後半でも有用であることがこれから明らかになる。

キーポイント

- OARS は MI における主要な4つのカウンセリング・スキルである。開かれた質問（Open question），是認（Affirmation），聞き返し（Reflection），サマライズ（Summary）の頭文字をとった語である。
- 開かれた質問は応じる前にクライエントが振り返りをすることを促し，どのように答えるかについてクライエントに大きな自由度を与えている。それに対して閉じられた質問は可能な応答の範囲を制限しており，短い答えが返ってくることが通常である。
- 是認することは，クライエントの強みや努力を認め，支援し，奨励することである。
- サマライズはクライエントが述べた情報をまとめたものであり，集め，繋ぎ，転換のサマライズがある。

第7章

価値観とゴールを探る

> 人間というものは似すぎるぐらい似ていて，どの大陸にいようとも，愛，食物，衣服，仕事，言葉，儀式，睡眠，遊び，踊り，娯楽を必要とする。熱帯から北極に至るまで人類が必要としているものはあまりにも似通っていて，情け容赦がない。
> ——カール・サンドバーグ

> もし自分の理想が脅かされたなら，信じられないことを達成する用意がすべての人にある。
> ——マヤ・アンジェロウ

　動機がない人はいない。変わるための動機はいつも傍らにいる人生の同伴者である。それは次の食事を得たい，睡眠をとりたいといったようにごく単純なもののときもある。基本的な身体的ニーズが満たされると，人はより高次のゴールと価値を追求する。おそらく，これらの追求事項のカタログで最もよく知られているのは，Maslow（1943）の欲求階層説である。最も基本的なのは空気，食物，水，睡眠に対する生理的欲求である。次は基本的な安定の欲求であり，住居，健康，安全，共にいる人，雇用，財産などがある。これらの基本的な欲求が満たされると，人は愛情と所属（友情，親密な関係，家族，信頼），そして敬意（尊敬，達成，自信）を求める。Maslowのピラミッドの一番上のレベルには，彼が自己実現と呼んだものがくる。これは自分の中核的な価値の追求と実現，つまり，自分がそうなるように意図されているものになることである。その成熟したテロス（telos）（第2章参照）は画一的なものではなく，一人ひとりにとって独

特なものである。MaslowもRogersも，それが何であろうとも，この独特な人間の潜在的可能性の発見と実現を強く強調した。

　他人の内的な知識体系を正当に評価する鍵は，その人の中核的なゴールと価値を理解することにある。その人は何を希望して欲しているのか？　その人は人生の意味と目的をどう理解しているのか？　何に賛成し，何のために生き，何を目指しているのか？　このようなより高次の価値はもっと基本的な欲求が満たされていないときには表にはあらわれないかもしれないが，これらを理解することがその人を知るために必須である。

　ある人が何に価値を見いだしているかを理解すれば，その人を動機づけるものの手がかりを得たことになる。この人の長期的なゴールは何なのか？　この人は今から1年後，または5年，10年後の自分の人生が今とはどのように異なっていることを望んでいるのか？　もちろん，時間設定は場合によって変わる。切迫した基本的欲求があるときは今日明日以上より先のことを考えるのは難しいだろう。薬物依存になると時間の見方が近視眼的になる（Vuchinich & Heather, 2003）。それでも人生の隠されたゴールを探ることで視野が広がり，ずっと先のことにも目が届くようになる。この章をここに入れたのは，クライエント自身の価値やゴールを理解するために時間をとることが関わりを深めるもうひとつの方法であり，治療的な作業同盟の基盤をしっかりと固めてくれるからである。

　人の価値観を理解することはMIの中で重要な役割を持つ。大きな視点から見た人生のゴールは，人が変わるための動機づけの重要なエンジンになりうる。日々の行動が長期的な人生の価値観と合わなかったり，ややもすれば矛盾したりすることは人にはありがちなことである。このような価値と行動の間の矛盾は，人生の価値を見直すことによってくっきりと明白になり，この矛盾を認識することが行動に対して強力な影響を発揮しうる（Rokeach, 1973）。価値の理解はフォーカスのプロセス（何が一番大事か？），引き出すプロセス（この人はどのような変化の動機を持っているか？），計画のプロセス（どの変化への道がこの人の価値観と最も合うか？）で役

立つ可能性がある。

　このように価値を探求するとき，受容と敬意を相手に伝えることが重要である。これは表明された価値観に同意や承認を与えるという意味では必ずしもない；クライエントにとって何が重要なのかを理解しようとするなかで，相手が述べた価値はこうだということを受け入れるだけである。

価値についての開かれた面接

　クライエントの価値と優先事項について知る方法のひとつは単に尋ねてみることだ。以下に複雑さの異なる開かれた質問のいくつかを例示する。

「人生で最も大切なことについて教えてください。あなたにとって何が一番重要ですか？」
「今から数年後に人生がどのように変わっていたらと望んでいますか？」
「どのような原則に沿ってあなたは生きているのでしょうか？　何に合わせて生きようとしていますか？」
「もし，人生の目標なるものは何か，あるいは大切にしている価値は何かとあなたに聞かれたとしたらどうでしょう。あなたにとって何か大切にしているものを5つ言ってみてください。5つの単語でもかまいません。それはいったい何でしょう？」
「自分自身のゴールや人生の目的についてまとめた，一種のミッション・ステートメント『私の使命』を書くとしたら，どんなことを書きますか？」
「もし，何のためにあなたは生きているのか，あなたにとって一番大切なものは何なのか教えてくれ，ともし私があなたの親友に頼んだとしたら，その人は何と答えると思いますか？」

　当然のことだが，ここで挙げたような開かれた質問で使う言葉は相手に

とって適切な知識レベルの複雑さや曖昧さにするべきである。狙いは，人生の道しるべとしてどのような大きなゴールや価値をその人が内に秘めているかについて探っていくことである。

このような開かれた質問の後，丁寧な聞き返しを続けるようにする。形容詞（誠実な），名詞（医療関係者），動詞（世話する）を相手が言ったとき，それで何を意味しているのだろうか。ただし質問するのではなく，聞き返しの形で推測するようにしてみよう。

クライエント：まあ，ひとつには愛情豊かでありたいですね。
臨床家：人を思いやるということですね。［聞き返し，パラグラフを続ける］
クライエント：ただ温かい気持ちを持つという意味ではないのです。愛情豊かな人であるいう意味なのです。
臨床家：違いをもたらすような方法で愛するということですね。［聞き返し］
クライエント：はい。私は違いをもたらしたいのです。
臨床家：大切に思う人たちのために，あなたに近い人たちのために。［聞き返し］
クライエント：確かに家族や友人にも愛情を注ごうとしていますが，それだけではないのです。
臨床家：そうではなく，友人のサークルを越えたものを意味しているのですね。［聞き返し］
クライエント：はい，知りもしない人にも愛情豊かに振る舞うということです。スーパーマーケットのレジ係とか子どもたちや道端の乞食にも。
臨床家：赤の他人にも親切でありたいのですね。［聞き返し］
クライエント：親切――ええ，その言葉がぴったりです。

　クライエントが詳しく述べるのを助け，価値観についてさらに詳しく探

るために，開かれた質問をちりばめることもできる。

「あなたは自分の人生の［価値］をどのように表現しますか？」
「［価値］はどのような面であなたにとって重要ですか？」
「あなたが［価値あるもの］になる方法をいくつか挙げてください」
「なぜ［価値］はあなたにとって重要なのですか？　どういうふうにあなたにとっての価値になったのですか？」

このとき質問ばかりをするのではなく，聞き返しを続けることを忘れないようにしてほしい。

臨床家：では，知らない人にまで愛情を注ぐことは，どうしてあなたにとって重要なのですか？　どんなふうにあなたにとっての価値になったのですか？［開かれた質問］
クライエント：私自身はとても運が良かったのです。私には本当に手を差し伸べて愛情を注いでくれる人たちがいて，人生の正念場で私を助けてくれたのです。そうすることはとても重要です。時として，自分がしたことがどれほど重要か，知りもしないこともあるのです。
臨床家：他の人があなたに与えてくれたものを次の人たちに渡すような感じですね。［複雑な聞き返し］
クライエント：借りたものを貸してくれた人に返すのではなく，「次の人に返す」と言う人もいますよね。頭金を渡すように——何も見返りを期待せずに，世の中に少しばかりの親切を与えるのです。
臨床家：それがあなたにとって本当に重要なのですね——人生をかけたいことなのですね。［複雑な聞き返し］
クライエント：そうです。あまりにも不親切が目につきます。ニュースで見るのは不親切な行為ばかりです。
臨床家：不人情。［単純な聞き返し］

クライエント：そのとおりです。でも，たくさんの親切も世の中にはあります。私はそれを増やしたいのです。
臨床家：それを実行したときの例をいくつか挙げてください……［開かれた質問］

　この関わることの連鎖――価値を特定してから，それについてもっと質問し，聞き返して探る――がもたらす究極的な効果は多重なものである。第一に，こうすればあなたのクライエントとクライエントの動機をより深く，より人間的かつ多面的に理解できる。第二に，これは関わることとラポールを促す。第三に，ポジティブな価値を言葉に出すことは自己是認の一形態であり，第6章で論じたように，それ自体に治療的効果がある。最終的に，人の中核的な価値を理解することは，現状とその人自身の価値の間に真の不一致があれば，後に引き出すプロセス（第Ⅳ部参照）で不一致を展開するための背景となるだろう。

構造化された価値の探求

　より構造化された価値を探るアプローチもある。よく使われる方法のひとつはQ技法からきたものである[*1]。この技法は元々はシカゴ大学でCarl Rogersの同僚であったWilliam Stephenson（1953）によって開発された。Rogers（1954）はパーソナリティを理解するためのツールとしてのQ分類法の有用性をすぐ感じとり，これを彼のクライエント中心カウンセリングに適用した。典型的なやり方は，一枚一枚に「良心的な」「内気な」

---

*1（訳注1）Q技法およびそれに伴うQ分類法（Qソートとも訳す）は主に価値観の測定に用いられる手法である。Qの名前はStephenson（1953）によって確立されたQ方法論におけるデータ測定の手法に基づく。Q方法論は因子分析においてCatell（1952）がP方法論を提唱していた中でStephenson（1953）がR方法論とQ方法論を提唱したことで誕生した。検査間の相関係数を分析するR方法論に対して，個人間の相関係数を分析対象としたQ方法論は個人が重視するものを分析する。参考　http://www.gbrc.jp/journal/amr/open/dlranklog.cgi?dl=AMR10-12-2.pdf

> **BOX 7.1. 個人的な振り返り：魂の求めるもの**
>
> 　私は2007年に家庭訪問看護師が運営する，脆弱なティーンエイジャーの妊婦向けのサービスに，動機づけ面接をさらに統合することを手伝ってほしいと要請された。これはイギリスの組織長であるKate Billinghamが「予防医療版ICU（集中治療室）」と呼んだサービスである。これは野心的なスケールのものだった。私は看護師と家族の連携プロジェクト（Nurse Family Partnership Project）の創設者であるDavid Olds博士に会いに行ったが，彼はその潜在的可能性を「動機づけ面接は良い臨床行為を動かすための燃料を作る強力な原料である」と表現した。私たちの仕事とこのプロジェクトの仕事が容易に適合したのは「彼女の魂が求めているもの」を探し当てるという看護師のスローガンとともに，10代女性の価値を探るための多数の実践的な練習が十分に開発されていたおかげだった。これが微妙な問題にアプローチするための基盤を提供したのだ。例えば，願望がアルコールや薬物の使用，無規律な性関係，住所の不安定性，喫煙，虐待的な関係とどのように関係しているかといった問題である（www.familynursepartnership.org）。私の訓練者兼メンターとしての役割は4年間続き，このプロジェクトの場に戻るたびに心から感動した。そこで聞くストーリーは，変化を祝福するために関わること，価値の探求，MIを用いることが発揮する力と，若い母親たちの新たなスタートを切る勇気を賛美していたのである。
>
> ――SR

のようなパーソナリティ特性が書かれた一組のカードを使うものである。そのクライエントは混ぜられたカードの山の中から1枚を抜き出し，それを「全く私らしくない」から「とても私らしい」まで5つ～9つの山に分けていく。Rogersのアプローチではカードの山は再度混ぜられて，クライエントはもう一度，今度はどうなりたいか――「理想の自分」――に従って分類する。「現実」と「理想」の自己の知覚の間にある不一致の程度にRogersは関心を持った。彼のパーソナリティの理論によれば心理的健康は知覚された現実の自己と理想の自己がしっかり一致しているかどうかを反映しており，2つの間の不一致が減ることでクライエント中心カウンセリングによるプラスの治療結果を示すだろうと期待したのである。不一致を減らすことは，現実の自己を変えることはもちろん，理想のほうを変えたり，あるいは両方を変えたりすることで達成可能である。

類似の方法が人の価値を研究するために使用されてきた。Allport（1961）の研究に従って，Milton Rokeach（1973）は規範的あるいは禁則的に行動を導く信念として価値を概念化した。彼は行動を導きうる36の価値のセットを考え出し，そのうちの18は手段価値（例：「快楽：楽しめて，娯楽的な生活」）であり，18は最終価値（例：「役に立つ：他人の幸福のために働く」）であった。各18のセットの内部で，その人は優先順位に従って価値を最低から最高まで並べることになる。「価値の査定」をウェブで検索すると，このように優先順位をつけられる価値のセットはたくさん出てきて，キャリアと職業のカウンセリングで使用されるものが特に多い。Box 7.2はこのような価値の探求で使用できる100項目のセットを示している。Q技法と並行して，筆者はBox 7.2に示された価値を1枚につき1つの価値が示されるように，100枚のカードに印刷した。もちろん，このような最初から決められた価値の集合では，どう作ったとしても，それが包括的である度合（Braithwaite & Law, 1985）や文化的に適切である度合（Lee, 1991）について疑問が生じて当然なので，特定の応用や特定の人口では翻案が必要とされるだろう。

カードを束に分類するプロセスはそれ自体がしばしば面白いものであるが，このエクササイズの臨床上の価値はその後の議論にある。議論の目的は，これらの価値がその人に何を意味するのかを理解することである。これは開かれた質問と聞き返すことの組み合わせで実行可能である。

臨床家：トップに置かれた価値は「守る」ですね。どのようにあなたにとって重要なのですか？［開かれた質問］
クライエント：家族を守って養うのは私の仕事です。
臨床家：では，守ることと養うことを組み合わせたものなのですね。［単純な聞き返し］
クライエント：はい。それこそ男がすべきことだと考えています。
臨床家：そして，あなたの人生で最も重要なことのひとつなのですね。ど

BOX 7.2. 価値カードの分類

William R. Miller, Janet C'de Baca, Daniel B. Matthews, and Paula L. Wilbourne

　これらの価値は通常，個々のカードに印刷されて，3つから5つの束に分類できるようになっている。5つの見出しカードがあり，「最高に大切」，「とても大切」，「大切」，「やや大切」，「大切ではない」と書かれている。人々が自分自身の価値を追加できるように，数枚は何も書かれていないカードを提供することが望ましい。これらはパブリックドメインであり，コピーや翻案，許可なしの使用は自由にできる。印刷可能な名刺サイズカードに合わせたダウンロード版は www.guilford.com/p/miller2 で手に入る。

　　カード分類の指示文サンプル

　　これらのカードは，1枚ごとに人にとって大切になる価値が書かれています。あなたにとってどの程度大切かに応じて，これらのカードを5つの異なる束に分けてください。あなたにとっては全く大切でないものもあるでしょうし，そのような場合には「大切ではない」の束に置けばいいのです。他の「大切」程度のものは，この2番目の束に入ります。「大切」なものはここ，真ん中に入り，この4番目の束は「とても大切」なものです。最後に，この束はあなたにとって「最も大切」な価値専用です。今から，あなたにとって一つひとつがどの程度大切かに基づいて，これらの異なる束に分けてください。終わったときに，カードに書かれていなかったけれども，あなたにとっては大切な他の価値があれば，この白紙のカードで追加できます。ご質問は？

　カードの最初の順番はどうでもかまわない――（白紙以外は）始める前にただよく混ぜておけばよい。「大切ではない」，「大切」，「とても大切」のように，分類の束の数を5つより少なくすることも可能である。
　次に考えられるステップは，その人に最重要の価値を5から10項目選ばせて，それらを1番（最重要）から5番目なり10番目までランクづけさせることである。「とても大切」の束にはすでにこれらの枚数あるいはそれ以上のカードが入っているかもしれないし，「大切」の束からいくつか追加する必要があるかもしれない。別案としては，最初の（分類）ステップを飛ばし，最重要と思われる10項目を選出して，ランクづけさせることも可能である。これは以下のリストから直接行うこともできるが，カードにしておくと，分類してランクづけする際に視覚的に動かすことが可能になる。

1	受け入れられる	ありのままの自分を受け入れてもらうこと
2	正確さ	自分の意見や信念が正確であること
3	達成	重要なことを成し遂げること

(つづく)

BOX 7.2. 価値カードの分類 (つづき)

4	冒険	新しいエキサイティングな経験をすること
5	芸術	アートを鑑賞したり，自分自身を芸術で表現したりすること
6	魅力	外見的に人をひきつけること
7	権威	他人の上に立ち責任を持つこと
8	自律	独立して自己決定すること
9	美	身の回りの美しさを観賞すること
10	所属	所属の感覚を持つ，一部になること
11	世話	他人の世話をすること
12	チャレンジ	困難に立ち向かうこと
13	心地よさ	快適で居心地のよい人生を送ること
14	コミットメント	息の長い有意義な誓いを立てること
15	思いやり	他人の悩みを感じいたわること
16	複雑さ	人生の込み入った事情を前向きに受け止めること
17	妥協	合意に達するためにギブアンドテイクを前向きに考えること
18	貢献	長く残るような貢献を世の中にすること
19	協力	他人と協力して働くこと
20	勇気	逆境に直面しても勇敢で強靭であること
21	礼儀	他人に対して思いやり深く丁寧であること
22	創造性	新しい独創的なアイデアを持つこと
23	好奇心	新しいことを探し出し，経験し，学ぶこと
24	頼りになること	信用と信頼がおけること
25	勤勉	自分のすることにおいて徹底していて，良心的であること
26	任務	自分に与えられた役割と義務を果たすこと
27	エコロジー	環境と調和して生きること
28	興奮	スリルと刺激に満ちた人生を送ること
29	貞節	配偶者・パートナーに対して誠実に真心をつくすこと
30	名声	他人に認められ有名になること
31	家族	幸せな愛し合う家族を持つこと
32	フィットネス	丈夫で均整のとれた身体を持つこと
33	柔軟性	新しい環境に容易に適応すること
34	寛大さ	他人を許せること
35	自由	不当な制限や限定から解放されていること
36	友情	親しくて支えになる友人を持つこと
37	面白さ	面白おかしく楽しく遊ぶこと
38	気前よさ	他人に自分の持つものを与えること

(つづく)

BOX 7.2. 価値カードの分類 (つづき)

39	誠実さ	自分に正直に振る舞うこと
40	神仏の意思	神・仏の意思を求めそれに従うこと
41	成長	変化と成長を続けること
42	健康	身体的に好調で健やかであること
43	役立つこと	他人の助けになること
44	正直さ	嘘をつかず正直であること
45	希望	前向きで楽観的なものの見方を保つこと
46	謙虚	控えめでもったいぶらないこと
47	ユーモア	自分と世の中について微笑ましい部分を見つけること
48	想像力	夢を持ち，可能性を見つめること
49	独立	他人に頼らず自由であること
50	勤勉	自分の課題について懸命かつ，よく働くこと
51	心のやすらぎ	個人的な平和を味わうこと
52	一貫性	自分の価値観と一致した生き方で毎日を過ごすこと
53	知性	鋭く活発な知力を維持する
54	親密さ	他人と心の奥底を分かち合うこと
55	正義	すべての人に対する公正で平等な扱いを促すこと
56	知識	有意義な知識を学びまた他人に与えること
57	リーダーシップ	他人を鼓舞し，導くこと
58	余暇	心身を休めて気晴らしをすること
59	愛される	親しい人に愛されること
60	愛すること	他人に愛を与えること
61	熟練	日常の活動・業務に熟達・精通すること
62	マインドフルネス	何物にもとらわれず柔軟に今の瞬間を見つめ生きること
63	中庸	過度を控え適切さを求めること
64	一夫一婦制	一人だけの親密で愛し合う配偶者・パートナーを持つこと
65	音楽	音楽を楽しむか音楽で自分自身を表現すること
66	決まり事に従わない	権威や決まり事を疑い立ち向かうこと
67	新奇性	変化やバラエティーに富んだ人生を送ること
68	慈しみ	他人を労り慈しむこと
69	心の広さ	新しい経験や発想方法を受け入れること
70	秩序	秩序正しく，整理が行き届いた生活を送ること
71	情熱	信念や活動，人に対して強い感情を持つこと
72	愛国心	自分の国を愛し，奉仕し，守ること
73	快楽	いい気持ちになること
74	人気	たくさんの人に好かれること
75	権力	他人を支配すること

(つづく)

BOX 7.2. 価値カードの分類 (つづき)

76	実用主義	実際的，現実的，有意義なことに集中すること
77	守る	愛する人を保護し安全を保つこと
78	養う	家族を養い，世話をすること
79	目的	人生の意味と方向を持つこと
80	合理性	道理と論理に従うこと
81	現実主義	現実的・実際的に物事を考え，振る舞うこと
82	責任	責任のある判断を行い実行すること
83	リスク	リスクを冒してチャンスを得ること
84	ロマンス	エキサイティングで燃え上がるような恋をすること
85	安全	強いものに守られて危険や不安を感じないこと
86	自分を受け入れる	あるがままの自分を受け入れること
87	セルフコントロール	自分の振る舞いについて自ら律すること
88	自尊心	自分自身について良いと感じること
89	自分を知る	自分自身について深い，正直な理解を持つこと
90	奉仕	他人に奉仕すること
91	性	質・量ともに満足のいくセックスライフ
92	単純さ	無欲でシンプルな生活
93	孤独	他人から離れて一人だけの時間と場所を持つこと
94	スピリチュアリティ	霊的な成長や成熟，悟り，世俗の自分を超える何かに触れること
95	安定性	波のない落ち着いた人生を送ること
96	寛大	自分と異なった人を受け入れ尊重すること
97	伝統	過去の慣わしを尊重し従うこと
98	徳	道徳に従い有徳な生活をすること
99	富	金持ちになること
100	世界平和	世界の平和のために働くこと
101	親孝行	子として親を大切にしよく仕え，恩に報いること*
102	家	先祖から代々続いてきた家すじ，家系，一門

＊（訳注）訳者が使用しているものに合わせて日本人向け項目 101, 102 が加わっている。

のように家族を守っていますか？［聞き返しと開かれた質問］

クライエント：その，給料を稼いで，食卓に食べ物をのせています。

臨床家：そのことについては，とても気分よく感じられているのですね。［複雑な聞き返し］

クライエント：ええ。私はいつもあてになる人間だったわけではないんですがね。どういう意味かわかりますよね。今はまともな生活をし始めていて，家族が私を頼れるように望んでいます。

臨床家：それで給料を稼いで家族を養っているのですね。その他にはどのように家族を守っていますか？［聞き返しと開かれた質問］

クライエント：家で安全に暮らせるようにしています。煙の探知機とか立派で丈夫な扉とか，そういうもので。

臨床家：あなたがいないときでも家族が安全でいられるように。［複雑な聞き返し］

クライエント：そうです。いつも家にはいられませんが，安全だと感じてほしいですし，私がいるんだと感じてほしいのです。

臨床家：本当に家族への思い入れが強いのですね。どうして，それほど大切なのですか？［複雑な聞き返しと開かれた質問］

クライエント：ああ，自分が育つときには，あまり安全だと感じませんでしたし，かなり孤独でした。男の兄弟はいなくて，時々母を守らねばなりませんでした。

臨床家：それで，今では一人前なので，自分自身のお子さんには守られているとわかってほしいし，家族としてまとまっていたいのですね。［複雑な聞き返し］

クライエント：家族の絆が強ければ，すべてを手に入れたようなものです。

　この会話における複雑な聞き返しは，ただその人が言ったことを繰り返すか言い換えているというよりも，「パラグラフを続ける」例にもなって

> **BOX 7.3. 禁煙する**
>
> 　子どもたちが電話をかけてきたので，父親は車に飛び乗り，市立図書館まで迎えに行った。到着するころに雷鳴が始まり，土砂降りになった。図書館の前の歩道でエンジンをかけたまま待ちながら，父親は煙草を探し始めた――服のポケットを上から探し，シートの下や車の物入れの中もチェックした。煙草はない。ギアを入れて，発進しかけたとき，バックミラーの中に子どもたちが図書館から雨の中へ出てくるのが映った。なのに，父親はアクセルを踏み込み，角を曲がったところのタバコ店に行ってしまった。子どもたちがびしょ濡れになる前に車を停めて，急ぎ店に入り，煙草を買えるはずだと自分に言い聞かせたのだ。ワイパー越しに前を見ながら，父親は自分自身に言った。「まるで私はヤクを求めて，わが子を雨の中に立たせたままにしておくような父親だ！」
> 　彼はそれから二度と煙草を吸うことはなかった。
>
> Premack（1972）に基づく。

いる（第5章参照）。

　このようにして人々のトップ5あるいはトップ10の価値を探ることは，その人にとって大事な物事とその人に動機づけをする事柄，そしてその人が自分の行為を導くために欲している基準を理解していくための良い方法である。この探求だけでも，人が自分の価値づけするものと自分の人生の生き方の間の不一致を振り返ってみる原因になりうるのだ。価値 - 行動の不一致を知覚すること自体が行動変化を誘発しうるのである。行動が深く信奉されている価値と矛盾するとき，変わるのは通常は行動のほうだ（Rokeach, 1973）。Box 7.3 の実話を考察していただきたい。何が起こったのか，どのように説明するだろうか？

一貫性

　社会心理学者の Leon Festinger は，人には一貫していたい（あるいは少なくとも一貫しているように見えていたい）という強い動因があり，明らかな不調和を減らすために態度や行動を変えるであろうと論じた（Festinger, 1957)。実際に販売やマーケティングの戦略はこの個人としての一貫性を維持したいという人の願望につけこむことがよくある (Cialdini, 2007)。それでも，価値 – 行動の一貫性の欠如は良心（人の価値システム）と罪悪感（その違反に対する反応）の言語に反映されているように人間の経験としてよくあるものだ。西暦1世紀の手紙は書いた人の中核的価値に対する背信を嘆いている。「私は自分の望む善は行わず，望まない悪を行っている」[*2]。両方が真実である。人は自分の中核的な価値と一致していたいのだが，違反しがちでもある。よくある内的な葛藤の源である。

　一貫性を持って生きるということは，自分の中核的な価値に一致するように振る舞い，それを満たすことである。一貫性とは，不完全ながらもそれに向かって人が動いていくゴールあるいは願望であり，自分で明言した価値の固守に向かって動いていく意図的なプロセスである。「Mowrer[*3]は，すべての短所，脆弱性，実現されていない潜在能力を含めた自分が何者かを本当に見つめることを自己への徹底的な正直さとして言及した。このような正直さを伴って自己を見る能力が一貫性の真髄である」(Lander & Nelson, 2005, p. 52)

> 一貫性を持って生きるということは，自分の中核的な価値に一致するように振る舞い，それを満たすことである。

　人はどのようにして一貫性を発達させるのか？　手がかりは自己規制の社会的発達についての研究にみられる (Diaz & Fruhauf, 1991; Diaz, Neal, & Amaya-Williams, 1990)。幼児はまず自分の周囲の人々の言うことをよく聞いて，その人たちと相互作用をすることを学び，自分のすることが他人に影響すると発見する。言語が発達するにつれて，幼児は「ここに来なさい」「熱いぞ！　触るな」のような，他人からの指示を理解し始める。自己コント

---

*2（原注1）　新約聖書　「ローマの信徒への手紙」7章19節（訳注：新共同訳，日本聖書協会，1988）

*3（原注2）　ここで言及されているのは，アメリカ心理学会の会長であり，卓越した学習理論家であったO. Hobart Mowrerであり，彼はのちに自ら「一貫性理論」と称したアプローチを記述した (Mowrer, 1966; Mowrer, Vattano, & Others, 1974; Mowrer & Vattano, 1976)。

ロール発達の最初のステップは，このような指示に従うことの学習，つまり世話係がそこにいる場合に行動を要求の言葉に順応させる学習である。次第に，これらの外的な規則が内化され，子どもはそれらを初めは声に出して，その後は声に出さずに言語化する。例えば，幼い子どもは熱いコンロに近づいて「熱いぞ！　触るな」と言い，引き下がるかもしれない。これが発生するときに，子どもは世話係が存在していなくても指示に従えるようになる。それでも，これはまだ内化された他人からの指示に従っているので，外的規制の面が大きい。自己規制への発達上の飛躍は，通常は人生最初の6年間に出現し，自分自身の計画を作成しそれを実現するための行動を実施する能力とともに現れる。この自己規制の能力は年月をかけて出現し続け，発達における生物学的要因や心理社会的要因でポジティブな影響も悪い影響も受けうる（Brown, 1998）ものであり，実践練習で強化され（Baumeister, 2005; Baumeister, Heatherton, & Tice, 1994），私的なスピーチで媒介される（Diaz & Berk, 1992; Diaz, Winsler, Atencio, & Harbors, 1992）。

このような私的なスピーチ（セルフトーク）には，第12章で記述されるチェンジトークや維持トーク，つまり計画や価値の固守についての自分自身の賛成論と反対論も含まれる。これらの言語化された賛否両論の相対的なバランスは，ある人の両価性と（逆に）変化への準備度を示すひとつのマーカーであり（Carey, Maisto, Carey, & Purnine, 2001），治療後のアウトカムを予測する（Amrhein et al., 2003; Moyers et al., 2007）。賛否のバランスはMIのカウンセリング技能にも明らかに反応性がある（Glynn & Moyers, 2010; Moyers & Martin, 2006; Moyers, Miller, et al., 2005; Vader et al., 2010）。

MIは一貫性を促進するためにも使用できる。すなわち，人が自分の中核的な価値を明確化することとそれらとより一致した生き方を考察することを助けるのである。これはゴールが最初から全面的にその人自身のものであるという意味で，非指示的である。カウンセラーはその人が人生を導く価値として選ぶゴールを引き出し，明確化する。それからクライエント中心のOARS技能を用いて，これらの価値がその人の生活でどのように

表現されているかと，どのような変化がこれらの人生を導く価値とより多くの一致を生み出すかを探る。価値の一貫性を阻むものや価値の一貫性から逸らすものも考察されるだろう。

　一貫性の磁力はMIの内部でも作用する。人は自分が語っているのを聞くうちに，自分が何を信じているのかを学ぶ。チェンジトークを誘うと，言語による言明やコミットメントと調和した行動により，一貫性を保持しようという勢いが創造される。関係は不完全である。人は必ずしも述べたことを実行しないが，言葉に出す行為は実行に向けての一歩なのである。

不一致を探る

　ある人の述べたゴールあるいは価値とその人の行為の間に不一致を知覚するとき，一番良い対応方法は何だろうか？（第1章で論じた）間違い指摘反射はそれを指摘するというものであり，相手をそのことに直面化させることさえ起こりうる。

「あなたがやっていることが，どれほどあなたの家族を傷つけているか，わからないのですか？」
「そんなに虚偽が多いのに，どうして自分は正直な人間などと言えるのですか？」
「今のままでいったら，自分の健康を壊してしまいます」

　しかし，このような直接的な反論は変化よりも自己防衛を誘いやすい。筆者の経験では，安全で非判断的な雰囲気の中で自分の価値と行為を振り返ってみるように誘われると，人は不一致を十分に意識するのだ。もちろん，このような不一致との自己直面化は不快である可能性があり，カウンセラーの仕事はその人が防衛性へと立ち戻らずに不一致に注目して熟考し続けるように援助することである。先行章で述べたOARSのツールはこ

れを行うための優れた道具である。

　自己直面化の潜在的なインパクトを，Rokeach（1973）がアメリカの市民権運動全盛期に3つの異なる大学の1年生を対象にして実施した古典といえる一連の研究が具体的に説明している。教育の「積極参加法」の研究に参加した学生が18の選択肢のリストをもとに自分の価値を特定してランクづけした。これはグループ形式で行われ，各自が自分自身の答えを個人的に見ることができた。

　このあとRokeachは実験群に対して，学生は平均して**自由**を非常に重要（1番）とランクづけする傾向がある一方，**平等**はそれほど重要ではない（6番目）とランクづけする，と彼の以前の研究結果を教えた。学生は「一般に他人の自由よりも自分自身の自由のほうにはるかに関心がある」という考察を伝えた（1973, p. 237）。さらに学生たちに，自分自身の価値のランクづけが同じ大学の学生全般と比べてどうか，ひとりでよく考えるようにと勧めた。さらに付け加えて，学生が最初につけたランクづけが学生たち自身の市民権に対する態度を予測することも伝えた。つまり，市民権活動に賛同して参加した人たちは自由と平等を同じようにランクづけした一方で，市民権に反対する学生は他人よりも自分自身の自由のほうをはるかに優先していた。さらにいくつか測定した後，彼は「私はあなた方一人ひとりにあなた自身について——あなたが価値づけしているものについて——考えるように求めました。このことのひとつの結果はあなたの周囲の世界に対するあなたの概念の変化かもしれません。しかし，それはあなた次第です……学生に何を考えるか，何を信じるかを命令できる教師はいません」（1973, p. 239）と言って実験群を解散させた。無作為に統制群に分けられた学生も同じランクづけを行ったが，この付加的情報は何も与えられず，価値の不一致の可能性には何ら注意を引かれなかった。

　実験群と統制群は研究開始前に態度の違いを示していなかったが，後では数項目の測定でかなり異なる反応をした。価値のランクづけを繰り返した際，実験群の参加者は研究から3週間の時点で平等のランクづけを有意

に向上させ，実験から3カ月後と15カ月後でもさらに上昇させていた。一方，統制群の参加者ではこれは起こらなかった。より顕著であったのは，行動の変化であった。3〜5カ月後に，この研究との関係は伏せて，全参加者に市民権運動の組織（全米黒人地位向上協会＝the National Association for the Advancement of Colored People［NAACP］）に参加するように招待する手紙が送られた。この手紙はNAACPの便箋に書かれ，協会長が署名していた。独立した3つの研究をまとめると，実験群の学生はNAACPの追加情報を求め，参加する確率が2倍以上高かった。1件の研究では，学生の表明した専攻科目が21カ月の段階で決定された。実験群の学生は統制群の学生（14％）と比べて，民族関係専攻に登録する割合が2倍（28％）高かった。別の大学では，実験群にいた学生が専攻を変更した場合，自然科学から社会科学あるいは教育学に変更する可能性が高かった（55％）。統制群ではこの割合は15％であった。

　なぜこのような些細な介入が，何年も経ってからでも波及効果を持ちえたのだろうか？　実験群の学生は，価値のランクづけ作業で2項目に与えた相対的な重要性をひとりでよく考えるように，と促されたにすぎない。発生した直面化は自己直面化だけである。個人的な相互作用は存在しなかった。自分の長期的な行動変化を1年生のときの学習と関連づけたり，帰属させたりする学生はいなかったのだが，このグループ間の相違を明らかに説明できるのは実験介入のみであった。もちろん，これは長期的な行動変化を生む短期的介入の唯一の例ではない（Bien, Miller, & Tonigan, 1993; Daeppen, Bertholet, & Gaume, 2010; Erickson, Gerstle, & Feldstein, 2005; Miller, 2000）が，自分の価値を振り返ってみることが持つ潜在的なインパクトを示すよい例である。この場合は治療の文脈で発生したものではなく，参加者が変化を求めていたわけでもなかった。

　では直面化とは何だろうか？　語源的には「直面する」は面と向き合うことを意味している。MIでは，直面化は別の誰かとするものではなく，自分自身とするものなのだ。人は支援的で是認する文脈の中で，脅威や判

> MIのアプローチは人の自律性を大切にし，人が自然に身につけた知恵とポジティブな方向に成長したいという願望を信頼する。

断なしに，自分自身と直面するように招かれる。鏡をのぞいて，自分がそこに見るものが自分自身を変えさせるのだ。これを発生させるために，「人を挑発する」必要はない。実際，このような高圧的な戦略は裏目に出る可能性が高く，変化ではなく，防衛性を吹き込んでしまう（White & Miller, 2007）。MIのアプローチは人の自律性を大切にする。人が自然に身につけた知恵とポジティブな方向に成長したいという願望を信頼する。

キーポイント

- 別人の内的な知識体系を正当に評価する際の鍵は，その人の中核的なゴールと価値を理解することだ。
- 自己実現には自分の自然で，理想的で成熟した状態，換言すればテロス（telos）に向かって動いていくことが含まれる。
- 価値の面接はその人の中核的なゴールを探る。なぜ重要なのか，どのように表現されているかを探るのだ。
- 一貫性を持って生きるということは，自分の中核的な価値と一致した振る舞いをして，それを充足することである。
- 現在の行動と中核的なゴールの間での不一致は，安全で支援的な雰囲気の中で探られると，変化への強力な動機づけになる。
- 自己規制とは，自分自身の計画を明確化して，それを実現するための行動を実施する能力である。
- 「直面化する」ことは面と向き合うという意味であり，自己直面化は通常他の誰かに直面されるよりも強力である。

第Ⅲ部

フォーカスする
戦略的方向性

　ガイドを上手に行うためには，これからどこへ行こうとしているのかをわかっている必要がある。「関わり」の土台が少しでもできあがれば，次のMIのプロセスはふたりが共に向かっていくゴールを明確にすることになる。フォーカスすることはそれから続く2つのプロセス，「引き出す」（第Ⅳ部）と「計画する」（第Ⅴ部）にとって必須の前提条件である。

　第Ⅲ部ではMIのフォーカスのプロセスを扱う。第Ⅰ部と第Ⅱ部で述べた中核的技能は方向性を見いだすことに役立つ。MIはゴール志向的な働きがあり，そのなかで自分は変わりたいのかどうか，変わるとすればなぜ・どのように・いつかが相手にとって明らかになるように支援していく。フォーカスがなければMIはスタートすることもままならない。フォーカスがすぐにクリアになるときもあるが，もしぼやけてきたならば，変化につながるような方向に会話をもっていくのに役立つ手段がある。

第8章

なぜフォーカスするのか？

> どこに行くのか知らないのであれば，どの道をたどってもそこに行ける。
> ——ルイス・キャロル[*1]

> 複雑さの手前にある単純さなどどうでもいいが，複雑さを超えた向こうにある単純さには命もかけるだろう。
> ——オリバー・ウェンデル・ホームズ

「関わる」がMIの2番目のプロセスである「フォーカスする」の礎になる。この2つは互いに絡み合っているが，異なったプロセスである。誰かと仲良く，活発なおしゃべりを楽しんでいるが，明確な方向性はまったく何もないことはありうる。ある面接の始まりの部分を見て検討してみよう。

臨床家：こちらでお役に立てそうなことは何でしょうか？
クライエント：そうですね，仕事そのものはこなせているんですが，どんなに一生懸命隠そうとしても，私が潔癖症だと周囲が気づき始めているんです。よく手を洗いに行くんです。特に昼食の前後に。
臨床家：時々，それでちょっと面倒なことになるわけなんですね。
クライエント：いや，かなり面倒なんですよ，実際。時々プレッシャーに耐えられなくて，仮病を使って仕事を休むときもあるんですが，それ

[*1]（訳注1）ジョージ・ハリスン「エニイ・ロード」より（ルイス・キャロル著『不思議の国のアリス』の言い換え）

にも職場が気づき始めていて，気をつけないと退職させられるかも。その件で来週，上司と面談予定なんです。

臨床家：それが仕事を続けられるかどうかのヤマ場になると。

クライエント：どうも集団行動が苦手で，仲良くするタイプではないですし，皆から変な奴だと思われていると思います。

臨床家：職場に溶け込めていない感じがあるんですね。

クライエント：家では「ちゃんと自立しろ」って親が言いますし，もっと外出を増やして，一人暮らしをしてほしいとも思っていて，私が仕事を休むとイライラするようです。父は私に口をきいてもくれません。

臨床家：今のところ，家でも職場でも，心が落ち着くところがない。

クライエント：それに，よく眠れません。付き合っている彼女は今の状況にあきれているんですが，離婚のあのゴタゴタの後なので，彼女との関係は壊したくないんです。

さて何にフォーカスできるだろうか，あるいはすべきなのだろうか？この男性は精神保健センターの窓口に着いたところかもしれないし，あるいは内科のクリニックやハローワーク，学校・訓練校の職員室に着いたばかりかもしれない。男性は何かの犯罪で受刑し，仮釈放中の人かもしれないし，前の結婚でもうけた子どもの養育権問題にからんでソーシャルワーカーに会いにきたのかもしれない。彼と関わりを持つことは容易であるが，彼が求めているものはいったい何だろうか？　あなたなら何にフォーカスを当てるだろうか？　彼は強迫症なのだろうか？　職場に休職を願い出たいのだろうか？　日々の生活の中で彼が最も前に進めそうなことは何だろうか？　話が堂々巡りになり，どの方向にもっていけば生産的になるのかわからないというのは誰にでもよくある経験だ。それをクライエントのせいだと非難したくなるかもしれないが，フォーカスすることは対人援助職の仕事の一部である。クライエントが目先の日常にとらわれることは珍しいことではない。フォーカスすることはMIにおけるゴールや方向性

を明確にするプロセスであり，後に続く「引き出す」プロセス・「計画する」プロセスへの基盤をつくる。

動機づけ面接におけるフォーカスとは

　ほとんどすべての治療形態には，目指す結果が得られたかどうかを評価する手段がある。面接開始時点でのゴールは不明確かもしれないが，ゴール到達の評価や検討のプロセスは存在しているのが普通である。評価の役割が何であろうとも（第11章参照），MIにおけるフォーカスは変化を中心に置き，狙いを絞った会話を通じて形づくられていく。

　実際，MIにおけるフォーカスとは方向を探索し，決めた方向をぶれずに保ち続けるプロセスである。どのような援助関係でも，少なくともひとりだけははっきりした方向感覚を持っていると役立つ。ガイドと旅行者には行き先についての合意があるように，ふたりが同じ方向を向いているという感覚を共有していることが理想である。MIにおけるフォーカスのプロセスとは，このような方向を探し，定まった方向の中で具体的で達成可能なゴールを見いだしていくことである。これが引き出すプロセス（第Ⅳ部）と計画するプロセス（第Ⅴ部）に無理なく流れ込んでいく。

> MIにおけるフォーカスとは方向を探し，決めた方向を保ち続けることである。

　方向とゴールを明確化するプロセスが一直線に見えている場合もある。ある男性がギャンブル依存症の相談電話にかけてきた場合や，ある女性が家族計画センターに避妊法について知りたいと相談にきた場合などである。ただし，一見単純そうに見えたとしても途中から一気に方向とゴールが複雑になることもある。丁寧に聞いていけば両価性や他の種々の問題，ゴール間の矛盾，他の優先すべき事柄が出てくるかもしれない。カウンセラーや相談機関が持つゴールはクライエントのそれとは違っているかもしれない（第10章でより詳しく扱う）。フォーカスするプロセスには，こう

した複雑な入り江の中で安全な航路を見つけながら，方向は変えずに保つような舵取りも含まれている。途中で針路の調整を行うことは普通のことであり，それがフォーカスは1回きりではなく継続的なプロセスであるとする理由である。カウンセラーが変化を目指して針路を調整した話題がクライエント側の話題とうまくマッチしていれば，会話をし始めて数分のうちにあっさりと的外れなものになり元の話題に戻れないようなことは，まずないだろう。しかし，だからと言って，話題がそのまま変わらず保たれるわけでもない。変化に向かう方向に動きだせば，フォーカスが移るだろうし，一度は合っていた針路にずれが生じて舵取りが再び必要になる。

話題（アジェンダ）

　ここではまず「話題（アジェンダ）」の概念からMIにおけるフォーカスについて考えることにしよう。ここでの話題には変化のゴールを箇条書きしたもの以上の意味がある。クライエントの課題には望みと恐れ，期待，不安が入り混じっているだろう。家庭内暴力事件の後，裁判所から紹介されて治療を受けにきた子持ちの夫婦を想像してみよう。裁判所のゴールはおそらく暴力の再発予防である。しかし，このような状況に置かれたクライエントは次のような話題から治療に入ろうとするだろう。

- 自尊心を保とうとする欲求と恥ずかしさについて
- プライバシー侵害に対する怒り
- 説教や叱責，辱めを受ける予感
- 将来の暴力に対する恐怖
- 一般的な子育ての問題
- 夫婦関係を続けるかどうか
- アルコールや薬物使用について，帰宅後に話し合うことへの躊躇
- 法的な影響や行動制限に対する心配

- 我が子を悪い影響から守りたいという願望
- 親子が引き離されることに対する恐れ

　クライエントが部屋に入ってきたとき，その頭の中にあるものはこのリスト全部でもカバーできず，他にももっとあるだろう。しかし，それでもまだ全体の一部にすぎない。もう片方の親や子ども自身，臨床家，保護観察官など全員がそれぞれの話題を抱えている。明確な方向感覚を持っていなければ，これらの話題の渦中で簡単に無駄な迷走を始めてしまう。方向を探り，それを保つことが臨床家の仕事である。

　このような話題を理解し，扱うことの難しさは医療や福祉，カウンセリング，組織運営のようなさまざまな分野で取り上げられている。MIの場合はフォーカスのプロセスを通じて扱う。話題が変化を促すことに役立つものになるように独特な狙いと技術を用いる。このようなフォーカスがないまま，変化について長時間話し合っても非生産的になるだけだろう。

　異なった話題の間で葛藤が生じることも明らかな問題である。クライエントの願望と臨床家や施設の業務範囲とは必ずしも一致しない。倫理的にも妥当な方向へゴールを導いていくことについては第10章で述べる。

フォーカスのための３つの情報源

　さまざまな話題があるならば，フォーカスと方向性についてもさまざまな情報源が存在することになる。ここで想定される３つの情報源について考察しよう。クライエントと治療場面，臨床家である。

■クライエント

　方向性のために最も一般的な情報源はクライエント本人である。問題と悩みを吐き出すためにドアを開けて入ってくる。

「年を重ねても健康でいられるようにもっと良い体型になりたいです」
「私には禁煙が必要だ」
「子どもたちの養育権を取り戻せるようにしてください」
「ひどいうつ状態がずっと続いているんです」
「血糖値が高すぎるし，食事を調整したいです」
「うちの息子は数学が苦手なので，家庭教師をつけたらいいのではないかと考えています」
「免許証を取り戻し，保護観察官ともおさらばしたいです」

　クライエントが求めているものを治療者も前向きにかつ十分に提供できるのであれば，ふたりの間の相性はぴったりだといえるだろう。旅行者が自分の要求通りのことができる旅行ガイドを見つけたようなものだ。しかし，これはこれから始まる旅行もお気楽だという意味ではなく，進む方向についてふたりが了解し合ったというだけのことである。

■ 治療場面
　相談の方向性は治療場面そのものからも影響を受ける。治療機関に与えられた予算は特定の問題に向けてのものだったり，決められた治療法を提供するためのものだったりする。いくつかの例を挙げよう。

- 禁煙クリニック
- 自殺予防ホットライン
- 飲酒運転加害者向け強制的教育プログラム
- 家庭内暴力の加害者に対する怒りマネージメント・プログラム
- 州政府による雇用促進事業

　こうしたプログラムを受けにくる人は何を話題にするかについて迷う必要がない。プログラムに参加したくてやってきており，それこそが来所の

目的である。ただし，誰か他の人のためにプログラムを受けにやってくることもよくある。例を示す。

「妻が私に煙草をやめろと言うのです」
「裁判官にこのプログラムを受けるか，刑務所行きか，2つに1つだと言われました」
「子どもたちを取り戻すために，このプログラムを受ける必要があるのです」
「先生に私を助けられるとは本当は思っていませんが，牧師様があなたに電話するようにとおっしゃったのです」

　ある意味，こうした状況での「最初のクライエント」はこの場にはいない紹介元であり，彼らの側にも扱ってもらいたい話題がある。まとめると，プログラムのフォーカスは治療場面によって事前に決まっていたり，制限がかかっていたりするということになる。

■臨床上の専門知識

　フォーカスのための3番目の情報源は臨床家である。援助を求めてくる人が思い浮かべるゴールは1つであることがごく一般的である。相談に応じるうちに，臨床家は別の種類の変化が必要ではないかと感じ始める。クライエントの側は，少なくとも自ら取り上げてほしい訴えとして，そんなことは考えてもいない。そこで臨床家にとっての課題は，どうやれば別の変化を話題にできるか，新たに加わったゴールや方向性を探ることに対してクライエントが前向きかどうかを探ることである。この新しく考え出された変化は，クライエントがはじめに言っていたゴールを達成することに役立つかもしれない。臨床家側からみれば，その変化は欠かせないものかもしれない。例を挙げよう。

- 喘息の治療のために母親が子どもを小児科に連れていくが，上気道炎を再三起こしているのが見つかる。医師としては，親の喫煙が病気の一因であることを話題にしたい。
- 失業中の男性が職探しでの支援を求めている。カウンセラーはクライエントの外見と不衛生さが採用されない大きな理由になっていると感じる。
- 断薬したいとはっきり口にするが，コカインの再使用を何度も繰り返す女性がいる。カウンセラーとしては，アルコールもやめればうまくいくように思える。飲酒がコカイン再使用の呼び水になっているからである。
- 抗レトロウイルス薬治療を受けている AIDS 患者の経過をフォローしている看護師は，栄養状態と性的パートナーに HIV を告白する話にもっていきたいと考えている。

クライエント側の訴えとカウンセラー側がフォーカスを当てたいこととの間の関係にクライエントが気づくこともあれば，気づかないでいることもある。この関係を理解したとしても，合わせることには躊躇し，できれば何も変えずに自分のゴールのほうに行きたいと思うかもしれない。カウンセラー側が望むことは，提示したフォーカスとクライエント自身のゴールの間の関係にクライエントが気づけるように援助することであり，この変化への動機づけを強めることである。

フォーカスの3つのスタイル

クライエントと治療場面，臨床家と三者からの話題が出てきたところで，フォーカスや方向性をどのようにして特定すればよいだろうか。第1章では一端が指示スタイルであり，もう一端が追従スタイル，中間にガイドスタイルがある連続体を示した。この同じ連続体を使ってフォーカスに

対する異なったアプローチを説明することができる。

▰指示スタイル

指示的アプローチでは，臨床家自身やその所属する機関が扱うテーマに従って臨床家の側がフォーカスを決定する。表には出さないとしても，これが持つメッセージは「ここでは私が管理者で，何について話すのか，何をするのかは私が決定します」である。あるいは，もう少し穏やかにこれからの進め方について教示し，クライエントの反応を確認するようにするだろう。最初の教示が合わなければ別の教示を試す。方向と解決策の両者を提示するのは臨床家の側の責任である。クライエントが持つジレンマの深刻さによっては，これは相当な負担として感じられるだろう。場面によっては，フォーカスを決めるためには指示スタイルが適切な場合があるのは確かである。しかし，このアプローチをクライエントの変化を促進させるための基本にしてしまうと重大な限界が生じる（Rollnick et al., 2008）。

▰追従スタイル

反対側にあるのは，それがなんであろうとクライエントの求めにフォーカスを合わせることである。「今日は何について話したいですか」のように。追従スタイルに基づくフォーカスとは，クライエントからの話題を理解することにつとめ，会話の方向や勢い，内容をできるかぎりその理解に合わせるようにすることである。もし，クライエントが出してきた話題が適切と思われるものならば，それを掘り下げていくだろう。追従スタイルは関わりを強化する。それ自体が治療的なプロセスでもある。

時には専門的な治療者・クライエント関係を継続しながら，面接のほとんどが支持的で（関わりのスキルだけが使われるという意味），変化のための方向を特定し示唆することをほんのわずかでも出さないよう臨床家が控える場合がある。真に非指示的なクライエント中心カウンセリング・スタイルでは，フォーカスはクライエント側から来るものだけに限定される

ようになり，カウンセラーはクライエントが行く方向にそのままついていくようになる。もしこのようになるとすれば，フォーカスはクライエントから言い出した変化のためのゴールをより明確化する方向に絞られる。これは教育の分野ではよく生じる。学習や就職のゴールを学生が自分自身で決められるようにすることが教師による助言の目的だからだ。

このように自由に方向を模索することは専門家との関わりを継続する間でも生じることがある。プライマリ・ケアの場面では主訴に対する処置の後に「少し間があるので，もしよければ他の気になる点についてもお伺いできます。何か健康について話したいことはありませんか？」と問う。統合失調症の患者のケースワークでは，カウンセラーが自宅を訪問して，「どんな調子ですか。何か心配事は？」と質問するだろう。スタートの時点では何か特定のテーマがあるわけではない。この開かれた質問から新しい方向が生まれる。

■ガイドスタイル

指示スタイルと追従スタイルの中間にガイドスタイルがある。ガイドスタイルとは方向性を協働的に探索することであり，エキスパート同士が会議を開いて治療のフォーカスをすり合わせるようなことである。クライエント側の話題は重視され，治療場面による制限もすべて検討の対象である。臨床家の専門性もゴールを決めるための情報源になるだろう。MIにおけるフォーカスのプロセスは一般には指示と追従の間の中間地点から始まる。この中間地点ではフォーカスと勢い，内容が相互に混じり合う。ガイドスタイルという中間地点で両足に体重を均等にかけていれば，必要なときにいつでも，左右のどちら側にもスタートできるだろう。

> 指示スタイルと追従スタイルの中間にガイドスタイルがある。

フォーカスの3つのシナリオ

■シナリオ1.「決心はできており,フォーカスは明らか」

最初からフォーカスがはっきりしている場面がある。相談機関の機能が狭い範囲に特定されている場合などである。例えば,糖尿病の診断を初めて受けた患者に糖尿病療養指導士が面接する場合,話題を血糖値の管理に絞るだろう。だからと言って,そのゴールに到達するための道が最初から定まっているという意味ではない。さまざまな経路がありうるし,引き出すプロセスと計画するプロセスを通じてひとつの変化のプランが浮き上がってくる。

実際の面接でフォーカスが明確な場合,最初から引き出すプロセスと計画するプロセスに入っていく。フォーカスとは地平線の先に灯る明かりのように向かっていく方向を示してくれるものである。クライエントの動機づけはぶれるだろう。臨床家との間に不協和が時折,生じるだろう。しかし,どこへ向かおうとしているのかは忘れず,MIに一致したスタイルでその方向に舵を保つことになる。

面接開始時にクライエントの変化への動機づけがどの程度あるかによって引き出すことの重要性が変わってくる。クライエントがゴールを明確に述べ,求めるものはそれだと前から決心していて,そのために援助を求めにきたのだと言う場合は,引き出すプロセスはほとんど必要ないだろう。引き出すプロセス——変化に対する動機づけとコミットメントが対象である——の目的はすでに達成されており,最善の策はすぐに計画するプロセスに入ることだろう。それでクライエントが躊躇するようであれば,引き出すプロセスに戻ったり,フォーカスを再考したりもできる。

■シナリオ2.「いくつか選択肢があり,決断する必要がある」

このシナリオではいくつかの選択肢が存在し,どれかにフォーカスを絞ることになる。選択肢AかBかCについて話すことになる。何が起こっ

ても不思議ではない日常の臨床ではこういった展開がよくある。治療場面や臨床家の専門性の幅によって選択可能な方向の幅があらかじめ制限されているかもしれない。しかし，初回面接の中で選択可能なゴールのリストが浮かび上がってくることのほうがずっと多いだろう。クライエント側からいろいろできそうなことをさっと出してくるかもしれないし，臨床家側もいくつかのゴールを思い浮かべているかもしれない。気になることも浮かび上がってくるだろうから，出てきたもののどれか1つにフォーカスを絞って話を始めることになる。

　臨床における最初のフォーカスの選択には時間をかけてよく考えるとよい。次章で述べる話題地図作り（agenda mapping）技法は，クライエントが多様な問題を訴えているときには特に有用だろう。どんなものがリストに挙がっているのか。どれに最初のフォーカスを絞るべきか。あれこれ気になる点は緊急に対処すべきものなのだろうか。気になる点と点同士の間に因果関係が存在するなら，それをもとにして最初のフォーカスを決められるだろうか。ある1つの特定の問題を解決することで，それ以外のより広い範囲での改善を引き起こす結果にはなるだろうか。ここでのフォーカスとは，選択肢を列挙し，並べ直し，スタート地点を決定するというプロセスである。

■シナリオ3．「フォーカスは漠然としており探る必要がある」

　このシナリオはクリアなフォーカスの正反対である。フォーカスはすべてがぼんやりしている。クライエントが最も強く望み，求めているものは何だろうか。クライエント自身にもはっきりとしないまま，何と葛藤しているのかを知るために臨床家の助けを求めにやってくる。クライエントの訴えはとらえどころがなく，そのままではどう変化すればいいのかを示す方向性やゴールにつながらない。「私の人生はとことんぐちゃぐちゃです。今までの全部がひっくり返されて途方にくれています！」このように言うクライエントでも臨床家の支援があればクライエントにとってのべ

ストは何かを見いだすことができるはずだ。クライエントの内側のどこかには臨床家に協力してくれる「セラピスト仲間」がいるのである。

　臨床では，次章で述べる「方向づけ」のプロセスがここで関わってくる。どのような方向であってもクライエントにただ追従していくということではない。進むべき方向を指し示す地平線の明かりのようなものを探しているのだ。「方向づけ」とは，基本的には中核的技能を用いて抽象から具象へと移行しながら，ゴールを見いだしたことを双方が納得するプロセスである。

　この第三のシナリオはケース・フォーミュレーション（見立て，事例定式化）を含んでおり，訴えや問題の間にある関係性を見いだし，変えられそうなところにフォーカスを当てる。第6章から始まり，第7章に続くジュリアの事例は，もっと複雑な方向づけとフォーミュレーションのプロセスの一例である。仮説検証が目的である。すなわち，双方が同意したフォーカスからまず試してみて，それによってクライエントの困り事をきちんと取り上げていることを示すのである。

取引ではない会話

　動機づけ面接におけるフォーカスは調味料を購入したり，感染症の治療のために受診したりすることとは異なる。こうした場合における選択肢は2, 3しかなく，明確な課題に基づいて取引が行われる。変化についての会話はそのようなものではない。関係性が重要であり，願望は変化し揺らぐ。そして行うべきことは，会話という幾重にも枝分かれした流れの中でどの川筋を選ぶかということなのである。

　この章ではMIのフォーカスの枠組みについて展望し，このプロセスの補助となるような概念図を示した。第9章では，向かっていくべき地平線の一点をどのようにして見つければよいかを扱う。次はどこに行くか，どの道を行くのかを迷うたびに，あるいはクライエントとの関係性が損なわ

れたと気づくたびにフォーカスのプロセスにまた戻るべきだろう。変化への道筋がまた見えてくるだろうし，ぼやけていたフォーカスがはっきりして意味あるものに変わることもあるだろう。

キーポイント

- フォーカスのプロセスとは，面接に方向性を与えるために1つ以上のゴールまたは目指すべき結果を具体化することである。
- フォーカスはクライエントや治療場面，臨床家のいずれからも生じうる。
- カウンセリングのスタイルは，フォーカスに対するアプローチの観点から指示的とガイド的，追従的という3つに大雑把に分けることができる。
- フォーカスが明確で1つだけというときもあれば，使える話題が複数あるときもあり，また漠然として探すことが必要なときもある。

第 9 章

地平線を見つける

> 地平線の彼方にはより良い生活，より良い世界があるはずだという希望と信念，確信を我々は常に持っていた。
> ——フランクリン・デラノ・ルーズベルト

> 目標を改めたり，新しい夢を見たりするのには歳を取りすぎた，などということは決して起こらない。
> ——C・S・ルイス

　定義上，MI は変化を志向する会話であり，フォーカスには旅の方向を決めることも含まれている。この章は第 8 章で述べた 3 つのよくあるシナリオを先に進める。

1. フォーカスがクリアである。
2. いくつか選択肢がある。
3. フォーカスが曖昧である。

　3 つのシナリオのそれぞれで，どのようにフォーカスしていくかを考察する。しかし，その前に少し戻り，MI のスピリット，すなわち MI の良い実践における全般的な心構えの側面の重要性と，それがフォーカスのプロセス（他のすべてのプロセスもだが）にどう関わるかについて若干の考察を加える。

フォーカスのプロセスで起こりうるカウンセラーの問題

不確実性に耐える

　間違い指摘反射（第1章）を抑えることはクライエント自らが解決しようとする努力を積極的に支えることであり，クライエントに代わって問題解決することを避けることを意味する。このスタンスには曖昧さに対する一種の耐性，すなわち焦らず，騒がず，落ち着いた精神状態を保つ能力が必要である。不確実性に対する耐性には大きな個人差がある。空が晴れ上がるまで待つのは平気という人がいる。平気すぎて方向が定まらないまま長い間あちこちさまよい，前に行かなくても気にしないのかもしれない。ある人は待つのが嫌である。話題がどのようなものになるのかが曖昧になりがちなフォーカスのプロセスでは先を急ぎたくなるのである。このような人は早く話をまとめて次に行きたいという誘惑に駆られている。しかし，時期尚早のまとめにはリスクも伴う。特定のフォーカスに向かって推し進めていくと，クライエントがついてきていない場合には不協和やケースの中断を引き起こすだろう。

　焦らずにいても，フォーカスのプロセスにかかる時間は必ずしも長くはならない。事実，その反対が正しいこともある――性急さが時期尚早のフォーカスにつながり，それが前進を妨げるのである。これは「急がば回れ」の原則であり，Roberts（2001）は以下のように述べている。「数分しかないかのように振る舞えば，丸一日かかってしまうかもしれない。丸一日あるかのように振る舞えば，たった数分しかかからないかもしれない」と。違いは臨床家が感じている緊迫感にある。不確実性に対する耐性はMIにおけるフォーカスのうまさの証のひとつでもある。

コントロールの共有

　不確実性は面接の舵取りを失ったのではないかという気にさせる。下手な臨床をしているという心配である。ここで必要な心の持ちようは，コントロールをクライエントと共有しようとすることであり，多少の曖昧さはあるとしても，そうすることでいずれはクリアになるだろうという確信である。臨床家が面接の流れの手綱を握りつつ，クライエントにあちこち探る自由を与え，方向性にも関わるようにさせる。MIを使ってみた医療職の知人は，不確実性と舵を失う不安から自分が無理強いをしていたことに気づいた。「長めのサマライズは本当に素晴らしい。患者が自分のゴールについて話している間，私のほうは患者に語るがままにさせる。それから長めのサマライズをする。それで方向性を取り戻すことができ，次に行くべきところも見えてくる」。MIはダンスのように両者が動くものであり，その中で臨床家は穏やかにガイダンスをするのである。1つの方向に導こうとして，不協和が生じたりバランスを欠いたと感じたら，もっとなめらかに流れる他の道を試す必要がある。

変化のための強みと変化のきっかけを探すこと

　日々の臨床ではアセスメントやリスク，問題管理，課題完了に追われていることが多く，変化のチャンスを見落としてしまう。変化に向かう入り口と道筋がないか，常に耳をそばだてて聞き落とさないようにすることもMIに含まれている。ごくごくわずかなチェンジトークでも空気を送ってやりさえすれば赤く燃え上がる石炭になり，変化のための燃料になるのかもしれない。

　フォーカスが当てられている問題から2, 3歩下がってみることで，クライエントの強みや価値観，変化に向けた願望を聞き出すことができる。その人の長所は何か，これからどうなるのかと好奇心を抱くようにしてみよ

う。

３つのフォーカスのシナリオ

これから先に触れた３つのシナリオを取り上げる。会話の方向性を探る際，フォーカスの中に３種類の画像が浮かんでくるだろう。治療場面によるが，３種の中で次が最も一般的だろう。

シナリオ１．クリアな方向性

最初からゴールと気がかりを明確に訴えてくるクライエントもいる。もし，どこに向かって変化するのかが双方にとってはっきりしているのであれば，フォーカスに多くの時間を費やす必要はない。方向について考えを一にしていることを確認し，自律性を尊重することを伝え，許可を求めればよい。「では，これが取り上げるべき話題ですね。それとも他に何か話し合いたいことがありますか？」という具合だ。もし，関わるプロセスが適切であれば，クライエントは通常はそのままついてくるか他の方向も考えたいと言いだすだろう。臨床家は引き出すプロセスに進んでもよいし，クライエントの変化の準備は十分だとみなせるならば，いきなり計画するプロセスに入っていってもよい。

シナリオ１が生じる２つ目の場合は治療場面の性質上，フォーカスがはっきりしている場合である。例えば，患者の運動機能とバランスの回復を図ってほしいという依頼書を受けた理学療法士の場合，そのフォーカスはかなり狭くなるだろう。専門家の援助を求めてやってくる人はあれこれ幅広い気がかりを抱えていることもあるが，治療場面によって会話のフォーカスが規定されている。言い換えれば，やってきたクライエントがフォーカスに同意する程度はさまざまであっても，少なくともサービスを提供する側には明確な方向性がある。このような場面では話し合いの方向性は概

ね明確であり，行うべき課題はクライエントと定められたフォーカスについて共有できるかどうかを探るために引き出すプロセスにほかならない。この方向に共に進む作業同盟を確立できれば，臨床家は引き出すプロセスと計画するプロセスに進めることになる。もし共有できないならば，このまま続ける理由はほとんどない。あるガイドがいて海と釣りの知識が豊富だとしよう。島の中の植物探索だけを楽しみたい人にとっては役に立たないガイドだろう。

　明確なフォーカスが生じる3つ目は，明確な変化の方向性が面接の途中で明らかになる場合だ。この場合でも，クライエント側が臨床家が察知したフォーカスに対して同意することもあればしないこともある。もし，臨床家側に変化についての話題の中で進ませたい決まった方向があるならば，2つのステップが必要になる。許可を得ることと引き出すことである。最初のステップは，話題として取り上げ，掘り下げる許可をクライエントから得ることである。医療従事者から筆者にこんな質問がよく来る。「患者を動揺させないで，ある話題Xを取り上げるためにはどうしたらいいでしょうか？」 例えば，ある女性自身の食習慣だけでなく，彼女の子どもの食習慣も考えることが彼女のためになると臨床家が考えたとしよう。そのテーマは良き母というクライエントの自尊心を脅かしかねず，取り上げるのが難しそうである。この問題が重要だと治療者は考えるが，クライエントからは見えなかったり，避けたいと思っている話題にどうすれば進めるかにチャレンジすることになる。この特殊な課題はこの章の後半で取り上げる。

　考えられるフォーカスを提案し，探り，とりあえずの許可を得ることができたら，次の課題は引き出すことになる。すなわち，その人自身がこの方向へ行きたいという動機に耳を傾けることである（このプロセスについては第Ⅳ部で論じる）。このときに間違い指摘反射の癖が戻ってしまい，変化すべき理由や変化の方法についてクライエントに説教したとすれば，嬉しい結果を得られる見込みは薄い。出されたフォーカスについてクライ

エントが最初から曖昧な態度でいるならば，話し合いの舞台にクライエントを上がらせ，なんであれ変化への動機づけを見つけ出すことがよい。取り上げるべき両価性がまだあることのほうが普通である。クライエントには前に進もうとする動機づけ以外に，他のまだ表に出ていない価値観があるのだ。こうした自発的な変化の動機づけを探ることが引き出すプロセスである（第13章）。もし簡単に見つかりそうにないならば，そのプロセスは矛盾を拡げることにより近くなるだろう（第18章）。

シナリオ2．方向性に複数の選択肢がある場合：話題地図作り

フォーカスについて2番目のよくあるシナリオは，フォーカスの候補になる話題が2つ以上，はっきりと存在している場合である。シナリオ3のように限りない大地のように候補が広がっているわけではないが，シナリオ1のように1つの主要なフォーカスが明確に存在するわけでもない。相談の開始時点で，このようなシナリオに出会うこともあれば，途中から取り上げてもよい話題がいくつかはっきりと浮き上がってくる場合もある。例えば以下のようなケースである。

> 精神病をもつ患者で活発な幻覚があり，仕事が見つからないために困っていて，薬の副作用にも不満があり，最近，大麻を使うことが増えたという。

あるいは

> 最近，脳卒中を起こした女性である。支援する側からみると，一人暮らしであることと新しい歩行補助器具を使えるかどうかが心配である。本人は脳卒中の再発も心配だが，やはり車の運転を再開したいと望んでいる。

さまざまな選択肢がある場合であっても，意識的な見直しや双方の合意形成をしないまま，臨床家の判断によってフォーカスが早めに絞られてしまうことがしばしばある。このような性急さは関わることを妨げ，一方的なフォーカス決定は変化をさらに難しくしてしまう。逆に，方向性の選択にクライエントを巻き込むようにすれば日常臨床に MI を統合することはもっと容易になる。

　フォーカスをスムースにかつ上手に行うために乗り越えるべき障害にはかなりなものがある。クライエントは問題の海に飲み込まれたかのように感じ，変わる気力は失せているかもしれない。そして臨床家の側も落ち着いてゆっくり考えられるような余裕は奪い取られていることがあまりに多い。時間に追われたり，他にもこなさなければならない仕事があったりする。双方がどうしようもない状況で陥りやすい罠がある。例えば，フォーカスが一方的あるいは性急なものになったり，間違った道を進んだり，両者とも行き詰まりを感じながら堂々巡りをしたりなどである。

　話題地図作りは，早くフォーカスするツールとして役立ち，さらに積極的なクライエントの場合には方向性についての無用な混乱を避けることにも役立つ。以前は「課題設定（agenda setting）」(Stott, Rollnick, Rees, & Pill, 1995) と呼んでいたが，今は「話題地図作り（agenda mapping*1）」のほうがよいと考えている。なぜなら，地図とは旅をするときに最初に開いて終わりではなく，進む方向を正すために途中でも繰り返し参照するつもりで使うものだからだ。

　本質的に話題地図作りはメタ会話である。しばしの間，臨床家とクライエントが会話から一歩距離を置き，これからどうすべきか，何を話題にすべきかを考える。端的に言えば，これは「会話についての会話」という形をとる。話題地図は進行形の変化のプロセスの中から一歩離れ，フォーカ

---

*1（原注1）この用語を提案し，最初から考え直すのに力を貸してくれた Nina Gobat に謝意を表する。

> 話題地図作りはメタ会話である。

スを当て直せる位置を見つけることでもある。うまくいけば，問題にがんじがらめにされたように感じていたクライエントに対して解放感をもたらし，いくつかの問題はしばらく棚上げして他にフォーカスすることが可能になる。

　臨床家自身が良いと思うフォーカスを示唆しながら，どう進むか決めるのはまだ先にすることは可能である。臨床家側の理想は，一緒に方向性を選ぶ際に考慮すべき情報の一部にすぎないということになる。

「これから話を進める方向はいろいろあります。あなたにとって意味があるのはどれなのかなと考えています。食事療法と運動を増やすのはどうかとおっしゃっていましたね。私からは喫煙についても少し触れたいのですが，あなたにとってはもっと他のことのほうが大事と思われているかもしれません。ご自身の健康を保つために，何を話し合うのがよいでしょうか？」

　このアプローチは地図を見ながら，行き先を検討している様子に似ている。ヨットに乗るふたりが再び風を捕まえる前のちょっとの間，スピードを落として新しい航路をどうとるかについて意見をすり合わせるような感じである。フォーカスを定めたり，再調整したりするときに，この方法を試すとよい。クライエントが直面する課題が数多く，相互に関連している場合には特に有用になりうる。合意のうえでの決断につながる選択肢を当面の間だけでも好奇の心で探してみることでもある。

　話題地図には順序というものがある。選択肢のリストアップから始まり，フォーカスについての合意形成に向かっていく。その間にさまざまな要素が入ってくる。日々の臨床は柔軟性を必要とし，こうした要素のステップも固定されたものではない。時には，ごく短い間，話題地図について話し合うことでフォーカスがすぐに決まることもあれば，もっと長くかか

る場合もある。どの要素が重要かも状況によって変わる。面接開始時で話題地図作りを初めて行っているのか，治療経過を見直すために行っているのかでも異なってくるだろう。どの場合であっても第5章と第6章で述べた中核的技能はいわば課題を束ねる接着剤になる。話題地図のあり方は状況によっても変わる。例えば，診察の最後の2,3分間に何を話すか考える場合とこれから何カ月もかかる心理療法について話し合う場合とでは異なる。

■構造化（枠決め）

　まず，臨床家が何をしているのかを明確にすることは良いやり方である。要するに現在の会話から一歩身を引いて，方向性について話し合う時間を作るのである。通常，これは枠決め台詞から始まる。話題地図に移るとき，次のような台詞でクライエントからの許可を得るとよい。「どうでしょうか，話し合いのテーマについてあらためて考えるのは煩わしいですか？」や「少しいいですか。2,3分を頂いて，何を話し合ったらよいかに使うことはできますか？」のような前置きの言葉を使って，クライエントの許可を求めるとよい。「どうでしょうか」や「〇〇できますか」のような疑問文を使えば，仮説を生み出すという話題地図の役割を示すこともできるだろう。臨床家側からこの話題について話すぞと告げることはしない。そうではなく，今この段階で話せる可能性のある話題をリストアップするだけである。

　話題地図作りのための短い話し合いの間でも，話し合いを仮説にとどめておくのは難しい。クライエントが取り上げた話題や問題に対し，その場ですぐにもっと探らなければという誘惑にかられるかもしれない。話題地図作りの間はどれか1つの問題に深入りしないことが肝心である。どのようなさまざまな方向に会話を向かわせることができるのかという全体像を得るようにする。クライエントの人生を森に喩えたとすれば，話題地図作りとは，しばらくの間はるか上を舞う鷲になり，その視点から森を眺める

ことなのだ。後になれば森の地面まで下りて鼠の視点から見ることも役立つだろうが，まだ早い。話題地図作りを始めることを知らせる台詞がどのように聞こえるか以下に示してみよう。

「よろしければ，ここでちょっと間をとって，話題を絞るとすれば何が一番大事なことなのかを考えるのはどうかな，と思っています。話の中で気になるとおっしゃったことを私の頭の中でリストにしてみました。このリストをあなたと確認したいと思っています。そして，そのリストのどこから手をつけたらいいか，あなたの考えを聞かせてもらい，私からもアイデアを出したいと思います。よろしいですか？」

■選択肢を考える

　面接構造を知らせる台詞の後，選択肢をリストアップするところから話題地図作りは始まる。どうでしょうか，気になることの中でどれかに絞るとすれば，それはどんなことですか？　面接の最初に行うような，クライエントの主訴をリストアップしてもらうことと同じぐらい簡単にできるだろう。もし，今までの話でかなり聞けているならば臨床家の側からテーマをリストアップしてもよい。話題になりそうな候補のリストがどれだけふくらんでいたとしても，次に示すガイドラインが先に進むために役立つだろう。

1. クライエントに余裕を与えて，好き嫌いや気がかりを考えたり，話したりできるようにする。たとえ沈黙が7秒間続いても，焦って話そうとしなくてよい。ドアを開けたまま何が現れてくるのかをじっと待つようにしよう。
2. 必要に応じて是認と援助を含める。すぐわかるようなクライエントの強みと理想について一言触れる。健康や仕事の選択などクライエントの人生は本人が自律的に決めることであることを強調する。

3. まだ話題にのぼっていない全く新しい別の考えを出してみようとクライエントを誘う。
4. 仮説を意味する台詞を使う。「ひょっとすると〜かもしれません」「（もしかしたら）あなたは〜できるでしょう」などのような仮定法の表現を利用する。グライダーに乗り空から風景を眺めるように，全体像を高いところから見直す。次に着陸するところが話題地図の中で次に話し合うところである。聞き返しは，クライエントの視点を理解するためにも，良いフォーカスを見いだすためにも最も有用で効率的なツールだろう。
5. 臨床家自身の意見も含める。専門家としての意見も重要であり，たいていのクライエントは専門家なら何を検討事項として重要だとするかを知りたいと思っている。動機づけ面接の中では，クライエントの自律性を認め尊重できるように押しつけがましくないスタイルで提案する（第11章参照）。

「私が思いつく別の課題としては，睡眠習慣のことがありますね。というのも，どうも睡眠不足が〇〇さんがおっしゃる困り事に影響しているようですから。その話題を取り上げてもいいし，また別の機会にしてもいいですよ」

■ズームイン

探索可能な範囲全体をカバーした大きな地図を作り，鷲の視点で全体を俯瞰し終えたら，話題地図の次のステップは仮説から青写真に移る。この段階はデリケートで生産的な部分である。会話の中でどこにフォーカスを当てるのか，当面の間だけであっても話し合うべき話題は何にするのかについて双方が納得できる具体案が生まれてくる。スマートフォンの地図（デジタル地図）のように，見たいところにズームインして，より詳しく見るためにプラス（+）ボタンを押すことと似ている。そして，もっと広

い範囲を見たければフォーカスをズームアウトするだろう。

　第8章で述べたようにさまざまな事柄がフォーカス選びに影響を与えるだろう。クライエント側から是非とも取り上げてほしい話題があるかもしれない。他よりも緊急性を要する話題もある。治療場面の性質上，フォーカスできる範囲が限定されていることもある。臨床家側にもまずここから入るべきだというような意見があるだろうし，そう思うのはおそらくクライエントの訴えとの間の因果関係を臨床家が見いだしたからである。地図のどこにフォーカスを当てるかを選ぶとき，クライエントとの関係性に常に留意しながら交渉を進める必要がある。

> クライエントの気が乗らないのに行き先を決めてしまっても，何の役にも立たない。

　つまり，このズームインのステップは何を優先すべきかについての感触をクライエントと臨床家がお互いに持ち寄り，方向性について合意形成することも含んでいる。方向性の共有という感覚が得られるようにしているのだが，これは作業同盟の重要な構成要素でもある (Bordin, 1979)。この方向性とは話題を1つか2つに絞るというようなごく単純なことかもしれないし，達成すべきゴールを明確に定めることかもしれない。

　中核的技能であるサマライズは話題地図作りを締めくくって，また相談の流れに戻ることに役立つ。良いサマライズは以下のような要素を含んでいるだろう。

1. 全体地図：協働して考えた話題やゴールのリスト。これから取り上げる話題や可能性のある話題，また取り上げるつもりのない話題も等しく含める。
2. 詳細地図：会話の旅を始めるスタート地点になる。一個の話題であったり，優先度の高い話題を集めてセットにしたものだったりする。
3. 相談中に必要が生じれば話題地図にまた戻ってこられることを忘

ないように伝える。会話の流れを中断してまた話題地図に戻ってこられることで，一種の参照点があることになる。
4. クライエントの反応を求める。「これに同意できますか？　他にも早めの対応が必要な話題はありますか？　もう先に進んでしまってもかまわないでしょうか？」など。

　以下の例は短いものだが，見れば話題地図の多様性に気づくであろう。これらはあらゆる相談場面で，話題を変えたい場合や行き詰まりを感じたりした場合など，さまざまな理由で使われるものである。メタ会話として話から一歩距離を置いているところだけが唯一の共通点である。

■視覚的補助の使用
　行動の変化を促す会話の中で話題地図を使う最も早い試みとして，クライエントと臨床家の間に図を広げ，それを視覚的プロンプトとして用いた例がある (Stott et al., 1995)。1枚の紙に吹き出しが何個か書いてあり，その中に考えられる話題が記入されている。空白の吹き出しもあり，クライエントに対して話題を記入するように求める（Box 9.1 参照）。特定の治療場面に特化させたシートを作ることもできる。例えば糖尿病の患者教育の場合，血糖値の測定方法を吹き出しに記入しておけばよい。食事療法や運動，経口血糖降下剤，インスリン注射，ストレス対処，セルフモニタリングなども入るだろう。他には全くの白紙を利用して，面接の中で出てきた話題を順次記入していく方法もある。吹き出しを手書きし，その中に話題を書き込んでいき，いくつか中身のない吹き出しも描いておく。こうやってオーダーメイドの話題地図シートができあがる。
　話題地図は面接中だけではなく，次の面接までの間にも活用できる。吹き出しシートは今までの進捗状況を振り返り，現在・将来において選択可能な方向性を思い起こす視覚的補助として使える。次回の面接では地図は変わってくるだろうが，古いルートの痕跡も残っている。

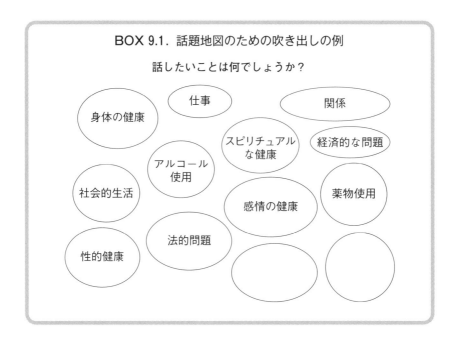

■臨床での話題地図作り

　話題地図作りと広い意味でのフォーカスの上手さのコアにあるものは，自由に動くクライエントと方向性を共にしながら関わることである。話題地図が役立つと思われる状況に以下のようなものがある。

数ある選択肢の中から変化についての話題を選ぶ

　話題を1つに絞ることに合意し臨床家のフォーカスもまさしくそこにあるならば，地図作りは不要かもしれない。嗜癖領域のケアに従事する人はよくこんな指摘をする。「あたりまえじゃないですか。ビルの入り口の上には『物質乱用治療プログラム』と書いてあるんですよ。だから，この下を通って入ってくる人とどんな話をしたらよいのか，考える必要は全くないでしょう」。しかし，提供できるサービスが狭い範囲に限られている場合でも取り上げてよい話題はいくつもある。クライエントがアルコールを

飲み，煙草を吸い，他にも数種類の薬物を使っているのであれば最初のフォーカスはどこになるだろうか？　そのうえ，物質使用障害は通常，他の問題とも絡み合っているし，その中にはクライエントにとって薬物よりも大きな問題になっているものがあるかもしれないし，それが回復を妨げる重大な理由なのかもしれない（Miller, Forcehimes, & Zweben, 2011）。

　このような状況で話題地図を使えば最初のスタートをどこにするかを決めやすくなるだろう。クライエントの変化を求める気持ちが最も強くなる場所か，最低でも変化を考えようという気持ちになる場所である。一度に何もかも変化させようとすると，通常は結果が伴わない。リストの中には数多くの重要な話題が取り上げられているだろうが，話題地図作りの最初のステップはフォーカスを絞ることである。

臨床家：ここには飲酒のことで紹介されていらしたわけですが，他にもっと気にしておられる大事なことがあるようですね……。奥さんとよりを戻し，家に戻りたいとおっしゃっていました。息子さんにも問題がいろいろあって，それがあなたと奥さんとの間で争いの原因にもなっているんですね。私が初めに申し上げたと思いますが，今日のうちにあなたに聞いておかなくてはいけない定型の質問があります。どこから手をつけましょうか？

クライエント：息子のための弁護士費用を私が出すかどうかを決めなければならないのです。息子はトラブルに巻き込まれているんです。

臨床家：それが今日，私と話し合いたいことの中で一番大切なことになりますね。

クライエント：いや，たぶん，そうではないと思う。つまり，そのことがずっと気になっているという意味なんです。金を出さないと，私に会ったときに息子は大声で怒鳴り散らすだろうから。

臨床家：じゃあ，今まさにそのことが気になっていて，そして，今ここで話し合うべきこととしては他に重要なことがあるわけですね。飲酒の

ことで紹介されてこられたので，そのことも話し合ってもかまいませんか？

クライエント：まあ，他から言われているほどひどくはないんですけれど，時々トラブルに巻き込まれるのは本当です。

臨床家：つまり，今日，もうひとつの話題としても取り上げてもよいことになりますね。

クライエント：はい。

臨床家：他には何か？

クライエント：アパートから追い出されるかもしれなくて，他には住むところがないんです。

臨床家：それはどのくらい急を要するのですか？

クライエント：まだ余裕があって，すぐに決める必要はないけど，私は妻のところに戻りたいんです。

臨床家：わかりました。他には？

クライエント：職場の上司が私の働きぶりを問題にしています。遅刻したことを大きく取り上げて，もし仕事を失うと保護観察官ともめるでしょう。

臨床家：それもあなたを悩ませているのですね。

クライエント：ええ。

臨床家：わかりました，ふむ，今日，話し合えることはたっぷりありますね。例の定型の質問をする前に，どこから手をつけましょうか？

クライエント：息子のために弁護士を雇う件だと思います。今日，そのことを私に頼むでしょうから。

臨床家：いいですとも，そこから始めましょう。そのあと飲酒の件を扱ってもかまいませんか？

クライエント：もちろんです。

臨床家：私のほうで終わりの時間はチェックします。他を話せるかどうかはやってみてから，ということでいいですか？

クライエント：ええ，けっこうです．

方向変換

　会話の中で話題が移り変わることは普通にあることだが，MIでは自分がどこに向かっているのかを教えてくれる地平線を視野の中に入れておくことが重要である．経過の中で，特にセッションを繰り返すうちにフォーカスを変えて新しい方向に向かうべきポイントに差し掛かることがあるだろう．2つの可能性のうちどちらを選ぶかを迫られる．そんなとき，ゴールや理想をクリアにするためのメタ会話に少し時間をとることをお勧めする．有能なガイドがやるように，いったん立ち止まって次の目的地について話し合うわけである．次のような言い方でカウンセラー側から話のきっかけを作ればよい．

「もともと，おふたりは関係を改善させるために相談にいらっしゃったわけですよね．特にリンダさんはもっと何でも話せるようになりたいと望んでおられて，カールさんがどう感じているかをもっと聞きたかったのでした．今までに4セッションしました．それで，家でのおふたりの会話が前よりも増えて，ここで学んだような聞き返しの技術もお使いになるようになりました．ここまででわかってきたことは，カールさん，あなたは人を信頼できないように感じ，また自分が弱くなったようにも感じておられます．そして，それが軍隊での経験に根ざしているのかなと思っておられます．そこで，どうでしょうか，ここで2,3分テーマから離れて，これからどの方向にカウンセリングをしていったらいいのか話し合いたいと思います．ひとつの可能性は，おふたりの間のコミュニケーションと関係性を良くする努力をこのまま一緒に続けていくというものです．もうひとつの可能性は，カールさん個人のものです．ご自身の戦場での体験を見直して，それが今のあなたにどう影響しているのかを考えることです．おそらく個人でのカ

ウンセリングになるでしょう。もし，今，壁にぶち当たっているように感じておられるのでしたら，このまま，おふたりの関係性について先に進めていくよりも，このことを先に扱ったほうがよいかもしれません。あるいは，もしかすると他の可能性もご自身で考えておられるかもしれませんね。おふたりのそれぞれから，次にどう進めば一番良いのか，お考えを聞きたいと思います」

会う前のクライエントを活気づける

　話題地図を使ってクライエントに自分の理想を考えるように励ますことができる。それは面接開始前でもかまわない。筆者らの最近の研究のひとつ（McNamara et al., 2010）では，小児糖尿病の患者に話題地図キットを渡し，待合室にいる間に話したいことは何かを考えて書き留めてもらうようにした。以前は全く口を開かなかった子どもがある臨床家を驚かせた。その子は紙に質問をたった1つだけ書いてきたのだ。「私はあとどのくらい生きられますか？」　早い段階からクライエントを元気づけておく工夫は対人援助に関わる組織の文化に影響を与える。これについては第Ⅵ部でさらに述べる。クライエントに準備の時間をもっと与え，そのための枠組みも用意しておけば，セッションの時間の節約になるだけでなく，臨床家と所属する施設がクライエントの理想を大切にしていることを明示していることにもなる。この準備は話題地図作りの始まりであり，終わりではない。その後の進展は臨床家の関わることとフォーカスの技能によって変わるし，それは予想外のクライエントの理想を知ったときにどう対応するかである。

行き詰まりの打破

　相談を進めていくなかで会話が堂々巡りになったり，話題が多くなりすぎたり，出口がないように感じたりしたとしよう。袋小路状態を解決する責任を臨床家ひとりが背負おうとするよりも，ちょっと間をおいて話題か

ら外れてみたいと率直に伝えるのが役立つ。要するにクライエントを臨床家にとっての相談相手とみなすのである。このような状況では，話題地図作りについて前に述べたような段階をすべて踏んで進む必要はなく，以下のような短縮版でもよい。

「話をちょっと止めたいのですが［メタ会話の境界線を引く］，そして，これまでのところで今の話し合いについてどう感じるのか，あなたと確認したいと思います。正直なところ，次にどの話題に進むべきか，何があなたにとって一番役に立つのか迷っています。今までお話しいただいたなかで，一番重要なものとして焦点を当てるべきなのは何だと思いますか？」

少々の迷いがあると正直に伝えながら，相手からの信頼を損なわないようにすることは可能である。短時間でも相手から聞くことには相当な効果がある。他のやり方としては，これまでに出てきた話題をリストにしたサマライズを行ってから，話題地図作りのプロセスを開始したり，最初からやり直したりするというものがある。

「ちょっとの間，私たちがどこに向かっているのかについて，上から眺めながら話してみましょう。あなたが仕事に戻ること，あなたが直面している障壁など，これについてどう感じるか，あなたの毎日のルーティーン，お嬢さんとの間での問題など，さらには10年後にご自分の人生がどうなっていてほしいかについても話しました。これまでの話し合いでどう感じていますか。今の時点でこれらの話題の中で特にフォーカスを当てたいものがあるかどうか，教えてください」

難しい話題を提起する

取り上げるのが難しい話題を始めるためにはどんな質問をすればよいの

かと臨床家が悩むことがある。多くの場合，関わることがうまくいっていないときに感じることであり，関わりを改善できれば，言いたいことを臨床家も率直に伝えられるようになるだろう。しかし，状況が理想から程遠いときもある。最善の努力を尽くしても関わりがうまくいかないときには話題地図が役に立ってくれるだろう。会話から一歩距離を置き，難しいテーマを他のテーマと一緒に取り上げ，クライエントの自律性を強調し，そして前に進むことに対するクライエントの準備性を推し量るのである。アルコール乱用の可能性があるのだが，胃腸の不調とストレスを訴えるばかりで飲酒について責められることには敏感そうな女性に対して，どう話を進めていけばよいのか，次の例を見てみよう。

「これから話をどう進めていいのか，お尋ねしてもかまいませんか。ご自分では胃腸が弱っていると話しておられたし，この件について他にも気になっていることがもしあれば教えてください。ストレスにも触れておられたし，どうしたらましになるか，どう対処したらよいのか話し合ってもかまいません。私としてはお酒のことも心配で，それが胃腸に影響しているのかなと思います。そして，まだ他にも気にしておられることがあるでしょうね。どこから話を始めるかはご本人次第です」

ある特定の話題を話し合うことが重要だと思われるならば，そのことについて許可を得てから話題にすることも可能である。

「胃腸の不調のことを聞いていて，ふと1つ大事かなと思えることを思いつきました。お酒について，ちょっとお話ししてもいいでしょうか？」

評価を話に組み込む

　所属する相談機関によって標準化されたアセスメントを必ず取るように求められているとき，臨床家としてはこれが関わりに影響することを気にするだろう。求められている質問事項にいきなり入っていくのは，クライエントと関わりを作るためには最悪のやり方である。このような場合の対処法のひとつとして，アセスメントに取りかかる前に話題地図作りから始めるという方法がある。初回面接にアセスメントを組み込むことが求められている場合，それをいつ行うかについてクライエントと相談し，同意を得られるようにする。例えば：

「今回が初めての面接ですので，しなければならないことが少なくとも2つあります。あなたに質問をして，この用紙の各項目を埋めていかなければなりません。これはここに来られる方，全員に対して行うものです。そして今日ここへ来られることになった相談内容とどんな援助をここで期待されているのかもお聞きしたいと思っています。2つのうちのどちらから始めてもかまいません。この用紙用の質問は15分ぐらいで終わります。どちらからしましょうか？　相談内容をお聞きすることから始めましょうか，あるいは最初にこの用紙を片づけてしまいたいですか？」

　自分の業務を先に済ませたい人もいれば，質問に答えてもらいやすいようにきちんとした形を作ってからのほうがよいという人もいるだろう。好みがどちらであっても，どちらかを選ばなければならないし，会話の中で両方の課題を取り上げなければならないことを明確にする必要もある。

厳しい状況でのカウンセラーの役割を明確化する

　臨床家によっては2つ以上の世界，いわばパラレル・ワールドに同時にいるつもりでいないといけない義務を持つ。クライエント自身の利益を図

ると同時に，弱い立場の子どもや虐待されているパートナー，地域社会を守る義務もある。後者に従うためには，評価手続きと全体方針の遵守が面接の中で重要になるだろう。同時に，クライアント自身が変わることを促したいとも望んでいるだろうし，そのクライアントは臨床家がどちら側の立場に立っているのかを怪しみながら身構えていたとしても，それは当然である。事実，臨床家は両側に立っている。そのなかで変化にフォーカスした協働的な関係を確立し，続けることは容易なことではない。

　ここでも話題地図によって臨床家の立場（役割）を明確にしやすくなる。ひとつの話題から別の話題へと移り変わる際の舵取りが楽になるのである。途中でメタ会話に移り，役割を明確にし，そして話題地図を適宜進めていく。所属政党のくら替えや演劇での一人二役，たくさんの顔を持つ十一面観音のようなたとえを使って，立場を変えることを伝えるとよい。「もし相手の立場にいるとしたら」「隣家の人だとしたら」のようにする。このようにしてメタ会話の始まりを明確にしておけば，後でまた話題や役割を転換したいときも楽にできる。例えば：

「話題が変わりますが，私の立場についてちょっとお話をさせていただければと思います。いわばお芝居で言えば一人二役のようなもので，私にもいろんな立場があります。私の役割がカウンセラーのときは，私の仕事は，あなたがその気であればですが，あなたの毎日の生活における困ったことを解決したり，希望を叶えたりできるようにお手伝いすることになります。それから，ご存じかもしれませんが，もうひとつの役割があって，それは他の人たちを危険から守るということです。この役割は決して楽なものではないのですが，あなたのお子さんの安全と将来を保証する責任が私にはあります。つまり，私には2つの仕事を持っている，いわば2つの顔があるわけです。あなたの役に立つこととお子さんたちの安全を確保することです。どちらの役割をとっているときでも，あなたと協力しながら一緒に進めていきたいこ

とには変わりがありません。では，ご自身が困っていること，望んでおられることをお聞きするところから始めましょう。ご自身の生活がどう変わったらよいと思っておられますか？」

シナリオ3：不明確な方向性：方向づけ

　話題地図作りの最初はさまざまな可能性のメニューを作ることから始まる——変化のテーマはこのリストの中から選べばよい。しかし，きちんと分類されたリストがない場合がある。地図上のどこにも目的地の候補として印がついた場所がない。クライエントの訴える内容はあまりにも散漫である。気になることはいくつか出てくるが，それらをどう組み合わせればいいのかはっきりせず，どこに変化のフォーカスを置けばよいのかが曖昧である。まるでクライエントが「地図上のいたるところに点在している」ようである。最初のハードルはこの混沌をまとめあげることであろう (Gilmore, 1973)。1つの問題を取り上げてそれを変化のフォーカスにすることは全体像を見失うことになる。

　この場合の臨床家の仕事は，リストを整理し優先順位をつけることよりも複雑である。クライエントの話を聞きながら，深い森から出るルートを探し当てるようなものだ。しばらくは森の中を流れる小川をたどり，そうして一帯の地形を把握しようとするだろう。方向性を決めるプロセスは全体としては一般的なところから具体的なところにいくものである。クライエントをより巻き込むことになるこのプロセスにおいては関わりという基礎がしっかりしていることが何よりも重要になる。

　方向づけの課題の一部はケース・フォーミュレーションでもあることが多い。つまり，クライエントの状況がどのようなもので，どう対処するのが最善かについての共通認識（仮説であってもよい）を明確化することである。クライエント側からはバラバラになったジグソーパズルのピースが提供され，臨床家はクライエントと一緒にパズルをどう組み立てていけば

よいかを考える。面接の開始時からこの方向づけのプロセスが始まっていることもあるので，関わりのプロセスと共存することがある。この場合，第5，6章で述べたOARS技能が関わりとフォーカスの双方で中心的役割を果たす。第6章から始めたジュリアのケースの展開の中から，その具体例を示す。初回セッションのこの部分は，面接の最初に出てきた訴えを臨床家がサマライズすることから始まっている。もし，これが単なる話題地図作りであったなら，問題の中で最初に手をつけるものはどれかを決めるだけで済むだろうが，実際に生じていることはもっと複雑なことである。臨床家は鼠の視点で特定の話題だけにズームインするのではなく，鷲の視点で全体像にフォーカスを合わせている。ジグソーパズルを組み合わせるさまざまなやり方を共同して試してみている。

臨床家：さて，ずいぶんといろんなことがジュリアさんの心を悩ませているようです。いいでしょうか，なぜ悩んでおられるのか，とりあえず程度に私がわかっているかどうか確かめさせてください。レイさんとの別れに対して怒りがあり，傷つき，これから先の恋愛でも同じパターンを繰り返すのじゃないかと思っておられます。あまりよく眠れていなくて，集中力も落ちています。元気がなくて，寂しさを感じ，時にわけもなく突然泣きだしてしまう。でも，一番気になっているのは，「いったい自分がどうなっているのか」ということ。自分の心に何が起こっているのか知りたいし，我を失ったり，気が狂ったりするのではないかと心配している。時々，自分をコントロールできなくなって――叫んだり，物を投げたり，物を壊したりしてしまう。これは以前に前の彼と別れたときにもあったことなのだけど，今回は自傷行為も新たに加わって，それでびっくりしたわけですよね。

クライエント：ぞっとしました。でも，ある意味，安堵感があって，それも怖かったんです。

臨床家：またやってしまいそうで。

クライエント：わかりません。自分のどこがおかしいのかもよくわからないのです。

臨床家：今の時点では，あまりにもたくさんのことがあって，どこから手をつけたものやら，ちっともわからないようになっていて，それで，このクリニックに来たことになりますね。

クライエント：ええ，そうです。こんな私でも治せますか？

臨床家：はい，できますよ。こんなことを言うとちょっと変に感じられるかもしれませんが，ここに来るだけでもそうですから，でも，前にあなたと同じようなことで悩んでいた女性を担当したことがあります。きっとお役に立てると思います。ちょっと考えてみたのですが，まず最初にふたりで一緒に治療を進めていくうえで何を目指すか，ゴールをはっきりさせることから始めたいです。もし，ここでの治療が本当にうまくいったとしたら，あなたの考えでよいです，どんなふうに今とは違っていますか？

クライエント：毎日がずっとつらいというのがなくなっていると思います。薬を飲まなければいけませんか？

臨床家：それもひとつの方法ですが，どうやって治すかを考える前に，どんなふうになったら治ったことになるのか，どうなりたいと思っておられるのかについて考えましょう。今おっしゃったのは，毎日感じていることを変えたいということですね。もう少し詳しく教えてください。

クライエント：もうパニック状態で，しょっちゅう泣いています。眠れなくて，疲れ切っていて，もうボロボロです。

臨床家：なるほど，気持ちの面で落ち着きを取り戻したいし，睡眠を良くしたいし，活力がもっと欲しい。他には？

クライエント：良い彼氏が欲しいわ。

臨床家：というと？

クライエント：そばにくっついてくれる男性が欲しいんです。面白い人

で，話をしてくれる人。セックスも良くて。でも，本当に愛してくれて，一人になりたいからと私を追い出したりしない人が欲しいわ。どうして男の人は一人になりたいとか言いだすのかしら？

臨床家：追い出されるというのは，レイさんと暮らしているとき，あなたの気持ちが抑えられなくなった理由のひとつですね。

クライエント：ええ！　どうして自分で自分の恋愛をぶち壊してばかりいるのか？って思います。私のどこが悪いのかしら？

臨床家：これも気持ちが抑えられなくなるもうひとつの理由でしょうか――なぜこんなに嫌な気持ちになるのか，なぜこんなことになってしまうのかが自分でもわからないということが。だから彼氏との関係がどうなるのかを知りたいし，なぜリストカットをしてしまったかも知りたい。

クライエント：大事なことですよね？　自分をわかるということが。

臨床家：あなたにとっては，それが大事なんだってはっきりしているわけです。自分をコントロールできない，という感じが好きじゃないし，他にもなんだかはっきりしない感じがあります。いい気持ちでいたいし，心の中を平穏に保ちたいし，眠れるようになって集中力もアップしたい。愛し愛され，ぴったりくっついていられるような人間関係が欲しい。そして，自分に何が起こっているのか，なぜそうなっているのかを理解できたら，役に立つだろうと思っている。こんなところからカウンセリングをスタートしてもよいでしょうか？

クライエント：ええ，何が起こっているのか理解することが特に。

臨床家：あなたにとっては優先順位が高いのですね。いいですか，私にアイデアがありますよ。ジグソーパズルのピースをつないでいって1つにまとめるという感じの。もちろん，全部が全部つながるわけではありませんが，あなたが感じていること，経験していることの意味がわかるようになるでしょう。少なくとも私にとってはね。もし，それでもいいとOKしてくださるなら，これから今言ったことをやりまし

よう。

クライエント：もちろん。先生のアイデアって？［第11章に続く］

　ここで起こっていることは何だろうか？　話題地図で行うような，どの問題から取りかかりたいか？とクライエントに対して臨床家が尋ねるようなことはしていない。しかし，クライエントが気にしていることは話題の中心に置かれたままである。ジグソーパズルにたとえれば，全体的にかつバラバラに解くことから，特定部分のパズルにこだわって解くことへやり方がシフトしてきている。臨床家はクライエントが行く方向ならどこへでもついていくというわけではなく，どこに行くべきかを指図しているわけでもない。臨床家が知識豊富なガイドとして振る舞う，協働的なプロセスになっている。時間経過につれて面接のテーマのフォーカスが定まってきている。セグメントの終盤では，この先を示すような治療方針のひとつを臨床家が提案しようとする。ジグソーパズルの完成はまだである。治療方針は推測であり，それは全体像についての仮説である。これを作業仮説とすることにふたりが同意できれば，ジュリアが気にしていることに対して本当に対応できているかどうかをテストする方向に進むことができる。

　本書ではこのようなさらに複雑なプロセスを方向づけとして扱うことにした。特定のフォーカスがかなり早くから浮かんでくるシナリオ1や，可能性のある変化のゴールのリストが用意され，それに順位をつけるシナリオ2ほどには単純ではない。ここでの課題はピースをどうつなげばよいか，共同で作業する以上のことである。臨床家が持つ専門家としての経験とクライエントが持つ自分自身に関する高度な知識が真の意味で調合されている。フォーカスのプロセスの特徴は変わらず有している。一般から具体に移りながら，次に行くべき方向性が明確になる。地平線にもフォーカスを合わせつつ，引き出すことと計画することを通じてようやく動きだせる。

　方向づけはガイドスタイルのよい例である。これほどの混乱状態にある

クライエントは，ただただついていくだけのカウンセラーではうまくいかないだろう。専門的経験を持つガイドを必要としており，横についてくれることで楽になる。ガイド上手なカウンセラーは先へ先へと引っ張っていくだけではない。傾聴に多くの時間を費やし，クライエントの願望や心配，知識にも従おうとする。この先，どのようなルートが可能で，どこに向かっていくべきなのかを言語化するところでは臨床家はその専門性を発揮するわけだが，それでもフォーカスのプロセスは協働的である。

　もちろん，これら3つのフォーカスのシナリオははっきり区別できるものではない。間にはグレーゾーンがある。これらは連続体になっており，一方の端には明確な単一のフォーカスがあり，他方にはカオスと化したジグゾーパズルがあるのだ。ジュリアが置かれた事態に対して話題地図の問題としてアプローチすることもできる。つまり，気になることを並べたリストの中から，最初に対処すべきものを1つ以上選択する作業という意味だ。フォーカスのプロセスに通底するものは明確な方向性の感覚，迷わないための地平線感覚を育むことである。地平線は暫定的なものであり，時間とともにゴールと方向性はシフトするだろう。そしてシフトしたとしても，MIの引き出すプロセスと計画するプロセスで前進するためには，はるかな地平線も視野にはっきりと入れておくことが欠かせない。

キーポイント

- MIにおいて，フォーカスとはお互いが賛同できる方向性を見つける協働的なプロセスである。
- 会話と相談で扱える話題のリストについて，ほぼ明確なものがすでにあるのならば，行うべきことは選んだり順番をつけたりするための話題地図作りである。
- 話題地図はメタ会話である。しばしの間，会話から一歩距離をとり，クライエントと一緒にこれから先の道を考えることである。

- 話題地図は，方向を転換する際や行き詰まりから抜け出すとき，厄介な話題を提起するとき，役割を明確化するときにも有用である。
- 相談のゴールがあまりに散漫に見えるときには，方向づけのプロセスが必要であり，それには明確化――どこからスタートするのかについてとりあえずの仮説を生み出せるように，ジグソーパズルのピースをつなぐこと――が含まれることがある。

第10章

ゴールが違っている場合には

> 自分を変えられてしまうことにもオープンでなければ，他人を変えたいと望む権利は私にはない。
> ——マルティン・ブーバー

　専門家としてカウンセラーがどの程度，指示的に振る舞うことになっているかは治療法ごとに伝統的な違いがある。何か決められた選択や変化，人生のほうへクライエントを臨床家が動かそうとするのはどの程度までよいのだろうか？　例えば，論理情動療法では，クライエントの「非合理的な」信念をセラピストがことさらに探し出して，セラピストが合理的信念とみなすものと置き換えるために「論駁(ろんばく)」を行う (Ellis & MacLaren, 2005)。現実療法 (Glasser, 1975) でも，セラピストのゴールは専門家役割をとり，現実から目を背け自己欺瞞に陥っているクライエントに対して直面化することである。この2つの治療法においては，セラピストとは何が合理的で現実的であるかを決める権威者である。言い換えれば，この2つの方法は，カウンセラーが専門家として指示を出すことを重視している。

　これらとは遠く離れた対極にあるのが，非指示的であることを目指す治療法である。非指示的という概念の元祖は，Carl Rogers (1965) によるクライエント中心療法とされ，建前上はクライエント側が全面的に治療の内容・方向・ゴールを決定するとされている。カウンセラー側はクライエントが自分の経験を安心して探索できるよう，支持的かつ非審判的で価値観にとらわれない自由な雰囲気を作り出し，傾聴の技術を巧みに使って話に

付き合っていくようにする。この視点から見れば，どのような着地点であってもカウンセラーがクライエントを誘導しようとすることはご法度である。人間主義や実存主義を指向するセラピストは，MIが持つ方向性の側面に反対するかもしれない。MIではカウンセラーが適切だと考えたゴールに向かってクライエントは意図的に誘導される。真に非指示的なカウンセリングにおいては治療のゴールはクライエントのみによって決定されるべきものである。

　指示的であることをどの程度まで許容するかは臨床場面によって大幅に違う。矯正施設の職員から見れば，カウンセラーが今後の再犯を減らすことを目指すと知ってもスキャンダルだと思うことはまずないだろう。このような場面での臨床家の仕事は暴力や飲酒運転，性犯罪の再発を防ぐことであり，それは受刑者がその時点でどう考えているかとは無関係である。自殺予防電話相談のスタッフは業務上，電話に出た瞬間から特定の目標を心に描いている。嗜癖治療専門プログラムでのカウンセラーが，物質使用と関連問題を減らすというゴールを心に持っていても驚いたり，呆れたりすることはないだろう。受診するクライエントの大半が強制的に連れてこられていて，カウンセラーのゴールにクライエントが納得していない場合であってもそうだろう。このような場面では，状況自体が臨床家に対して変化のゴールを明確にするように求めるのである。

　フォーカスを特定し，その方向へ行くことが適当かどうかをどのようして決めればよいだろうか？　同僚のTheresa Moyers博士は常識に基づく「ウエイトレス・テスト」を臨床に使うことを提案してくれた。一日忙しく立ち働いているウエイトレスを思い浮かべてほしい。彼女の収入のかなりの部分は所得税に取られていて，その税金のさまざまな使われ方のひとつにある臨床家が行っている公的なカウンセリングがあるとしよう。そのカウンセリングがある特定のゴールに向かっていなかったとしたとき，そのウエイトレスはそれを当然だと思うだろうか？　臨床家の治療の対象が統合失調症や嗜癖，飲酒運転，ドメスティック・バイオレンス，児童虐待

などだったとしたら？　ポジティブな方向への変化を意図していない治療を支援するために血税が使われることを彼女は良いことだと思うだろうか？

　一方，援助する側がある特定の方向に相手を誘導することは明らかに間違いだと言える状況がある。第17章では，そのような状況と臨床家が中立を保とうとする場合にどうすればよいかについて論じる。次のような明白な例を考えてほしい。例えば，契約書や同意書にサインをしてもらう，移植手術のために腎臓を提供する，養子縁組をするなどである。このような状況で，専門的な技術を使って説得し，判断に影響を及ぼすことは筆者から見ると不適切である。

　倫理的に対立する２つの極端な立場（方向性の必要性が明らかな場合と決まった方向性を避けるべき理由が明らかな場合）の間には広いグレーゾーンがあり，変化のゴールを特定して向かうようにすべきかどうかは曖昧になる。ごく単純化したBox 10.1の２×２のゴールの表を考えてほしい。ＡとＤでは一見してわかるような問題はない。クライエントと臨床家のゴールは合致している。大半の臨床家にとってはＡ欄の中での仕事が時間の大半を占める。Ｃ欄では臨床家に共有できないクライエントのゴールが入ってくる。おそらく，そのゴールが臨床家の専門や治療対象から外れているか，倫理的に受け入れがたいことか，そのほかクライエントがそのゴールを目指すことを手助けする気になれない理由があるからだろう。このような場合，臨床家側から，クライエントのゴールに合わせて治療を進めることは難しいと断って，他の適切なところへ紹介するだろう。

　残されるのはＢ欄であり，臨床家の治療意欲にクライエントはまだ乗ってきていないという状況である。前に述べたように，これは裁判所からの命令などの形で治療を強制されたクライエントの状況（例：保護観察中，親に連れてこられた未成年），あるいは受診理由が本来とは全く違う状況（例：飲酒による外傷で，救命救急室を受診）のような状況でより一般的にみられる。MIは元々はＢ欄のために特にクライエントが何らかの

BOX 10.1. クライエントと臨床家の潜在的意欲の一致

	クライエントの現在のゴールか？	
	はい	いいえ
臨床家がクライエントに対して願うことか？ はい	A	B
いいえ	C	D

　特定の変化に対して両価性を抱えている状況のために開発された。クライエントの心の中の内部委員会では変化に賛成する意見と反対する意見の両方がある。もし，アルコール依存症者に「酒をやめる気がありますか？」と質問すると，「いいえ」と答えるかもしれない。断酒はまだクライエントのゴールではない。しかし，その人のこれまでの経験を探っていけば，変化に賛成する意見を何度も聞くことになるだろう（これは第Ⅳ部の主題である）。クライエントの内部委員会の一部は変化すべき時が来たと考えるようになり，また一部は飲酒継続だと言う。両者の意見が拮抗し，結論は将来に持ち越される。新しい決議がなされなければ，現状維持の意見が大勢になる。

　B欄には一見してクライエント側に両価性がない場合が入る——変化する明白な動機が全くない状況（前熟考期）である。それでも専門家には変えるよう努力すべき明確な理由が見えていて見過ごすわけにはいかない。この状況は第18章で，矛盾を拡げる方法に触れながら扱う。

　では，B欄で援助者がすべきことは何だろうか。嗜癖治療における従来からあるアプローチのひとつは「変わる気になってから，また来なさい」と言うことであった。これはこれでひとつの選択肢であるが，選ぶべき選択肢ではないことは火を見るより明らかである。クライエントが「底をつく」とか「やる気になる」まで，意味のある援助を控える必要はない (Meyers & Wolfe, 2004; Miller, Meyers, & Tonigan, 1999; Sellman, Sullivan, Dore, Adamson, & MacEwan, 2001)。クライエントのゴールに対する専門家の態度として，もうひとつの可能性は中立性である。どのような立場にも加担せず，どの選択肢でも他の選択肢との間に差をつけない立場である（第17章参照）。しかし，現状維持によってクライエントまたは他者の生命と福祉に対して害が生じるリスクがはっきりしている場合には，変化に向かう動機を強めるべき理由があり，そしてそれが可能であることが多い。

　ここで，クライエントが両価的だったり，全く関心がなかった方向に変わるようにもっていくことについて倫理的な考察を加えよう。この議論が必要な理由は，人間の動機づけと選択に対して影響を与えることがMIによって可能になるからである。対人関係による影響は心理学者が広範囲にわたって研究しており（Cialdini, 2007），その成果は広告やマーケティング，政治，コーチング，健康増進，組織運営などで日常的に用いられている。カウンセラーや心理療法家は「一定の価値観に染まっていない」，「非指示的」な治療を目指そうとするときがあるが，本当にそのようなことが可能かどうかは議論が分かれる（Bergin, 1980; Truax, 1966）。筆者としては，自分自身の専門家としての倫理基準を明確にし，それに基づいてよく意識して倫理的判断を行うようにすることが重要だと考える。

4つの一般的な倫理規範

　専門家とクライエントの対人関係は互角ではなく，それゆえ専門家には特別な責任がある。専門家団体ごとに業務上の倫理基準を作っている。これらの基盤にはある共通した価値観が存在しており，それは特に臨床研究に参加する被験者の保護において周到に検討されている（Israel & Hay, 2006; National Research Council, 2009）。この価値観は4つの一般的な倫理規範に分けることができる：無害の原則，善行の原則，自律尊重の原則，正義の原則である（Beauchamp & Childress, 2001）。

無害の原則

「第一に，害をなさないこと」は古代からある医療行為についての指針である。伝統的なヒポクラテスの誓いでは，善行の原則（良いことをする）よりも前に置かれている。何があっても，臨床的介入は人を害してはならない。介入しない（何もしない）ことが有害である可能性もある。ある外科医は，救命救急センターでの外傷治療が倫理的に正しいかどうかが気になり，そこから MI にたどり着いた。飲酒が外傷の直接的原因だった患者を診て，酒をそのままにしておけば，将来また負傷するだろうと思えたのである（Schermer, 2005; Schermer, Moyers, Miller, & Bloomfield, 2006; Schermer, Qualls, Brown, & Apodaca, 2001）。

善行の原則

無害かどうかはさておき，臨床的介入の存在理由は利益をもたらすことである。一般的な善行のガイドラインのひとつは，治療上の目標を達成する確率が最も高い治療法をエビデンスに基づいて提供する，というものだ。科学的に証明された有効性のほかに，専門家団体のコンセンサスも考慮することが必要である。善行の原則は，MI のスピリットのひとつである思いやりにも反映されている：カウンセリングの主な目的はクライエントの福祉に貢献することである（第2章参照）。

自律尊重の原則

3つ目の一般的な倫理基準は自律尊重の原則である。人の自由と尊厳への敬意である。クライエントが治療に同意するのは，その治療の性質と潜在的なリスク，利益をはっきり理解し，他の代替手段も知ってからでなければならない。クライエントの自己決定と選択が原則である。変化を求め

> どのようにするのかを決めるのはクライエントであり，その選択権を奪うことは究極的には不可能である．

るのかどうか，どのようにするのかを決めるのはクライエントであり，その選択権を奪うことは究極的には不可能である（Frankl, 2006）。もちろん，薬物依存などのために自己決定ができない場合もある（Miller & Atencio, 2008）。このような場合，本人がその時点では拒否するようなゴールを追求することが自律尊重になることもある。これは強制的な治療などの場合に考慮すべき中心課題になる。

正義の原則

最後に，正義の原則は公正性，すなわち治療の利益とリスクからの保護に関して平等にすべてのクライエントを扱うことにあたる。利害が生じる確率とは無関係な要因によって，治療へのアクセスや治療経過が影響を受けることはあるべきではない。

治療のゴール

治療のゴールを決める際には，研究と臨床実践に関する倫理原則はどのように適用されるのだろうか？ おおよそ一般的には，ゴールはクライエント側が主訴として求めてくるものであり，臨床家はその求めに同意して応じるか（Box 10.1 の A 欄），応じることを拒むか（C 欄）のどちらかである。拒む理由は無害の原則によることが多いだろう。

倫理的議論は B 欄に関することが多い。その時点ではクライエントが求めていないゴールを臨床家が決め，追求する場合である。これは救命救急の場面で起こりうる。例えば，強制入院によって生命保護を図る場合や大量服用し意識不明に陥った患者の蘇生などである。措置を通じて，臨床家が生命を救うための介入をするときなど，危機状況で発生することがあ

る。しかしながら，自律しているクライエント自身の行動変化がゴールに含まれている場合は，本人の承諾と協力がなければ達成不可能である。クライエントが変わるかどうかを決めるのは臨床家ではない。断酒や断薬をすれば，お金がもらえるというような強力な外発的動機づけがある場合であっても（Stitzer & Petry, 2006; Stitzer, Petry, & Peirce, 2010），自発的な治療参加が前提である。社会から隔離するために犯罪者を収監できるが，釈放後の行動の変化は本人の自由である。したがって，クライエントがその時点では受け入れていないゴール（B欄）を追求しようとすることは，クライエントに対してそのゴールに同意させ，追求するようにさせることを意図した介入が必要になる。臨床家が求めることは目指すゴールをクライエントと共有できるようになり，Box 10.1のB欄からA欄に移ることである。これが引き出すプロセスの機能である。

　では，クライエントの欲求や選択を変えるためにMIのような臨床技法を使ってもよいといえるのは，どのような場合だろうか。MIにはクライエントの意思決定と選択，そして関連する行動を変化させるポテンシャルがあるが，それが懸念の理由にもなる（有効性の理由でもある）。クライエントとカウンセラーの願いが一致している場合は特に気にする必要はない。しかし，両者の願いにばらつきがある場合は，クライエントの願いを臨床家のそれにより近づけて一致させようとする方法は，効果があるならば倫理的検討の対象になる。この問題はさらに複雑化することがある。臨床家にとっての実際の"クライエント"（変化を望んでいる人）が，診察室で座っている人ではなく，その人に変わってほしいと願っている第三者（裁判所や親，学校など）である場合などである。

　ここで重要になる倫理規範は善行の原則（その人の福祉を増進する）と無害の原則（クライエントや他者を害しない）である。前に論じたように迷う必要がない状況もある。例えば，自傷他害や傷害罪の再犯を止めようとする気がクライエント側には全くなく，臨床家側がそれを止めようとする場合である。さらにもっと一般的に，クライエント側は現時点でそう思

っていないとしても，臨床家側からはそうすることがクライエントにとって最善の結果につながるとわかっている場合がある。そのような場合，臨床家の狙いはクライエントのそれとは違っており，臨床家はクライエントの願望や選択，方向に対して影響を与えようとする。

　では，この場合，臨床家の狙いは自律性の原則に反するだろうか？　筆者は反しないと考える。なぜなら，行動やライフスタイル，態度などにおけるどのような変化であっても，最終的にはクライエントに合ったものでなければならないからである。MIはクライエントの価値観やゴール，利益に反することをやらせるような説得ではない。変化が何らかの点でクライエント自身のゴールや価値観と一致していなければ，MIを使っても無駄である。

> MIは，クライエントの価値観やゴール，利益に反することをやらせるような説得ではない。

動機づけ面接を使うべきではないとき

　前述したように，誰かの選択に影響を与えようとする試みは社会の中ではごくありふれたことである。広告宣伝は人の欲求に影響を与えよう，選挙運動では投票を得よう，健康増進活動は健康的な行動を増やそうとする。こうした取り組みは「操作的」といえるだろうか。通常「操作的だ」といわれるのは，行動変容の巧妙な戦略が不公平にまたは操作側の利益のために使われた場合である。

　MIの基盤にあるスピリットの重要な要素として，思いやり（compassion，慈愛）を新たに加えた理由はまさにここにある（第2章参照）。MIは臨床家のためではなく，クライエントの利益を最大化するために，「善行の原則」に基づいて実践されるべきである。対人援助の専門職として人に関わる際には通常の人間関係よりも高度な行動基準に従うことが求められる。クライエントは倫理的な配慮がなされることを信じて支援を受けようとする。MIを使うことが倫理的な問題になるのは，クライエントの利

益を最大化することが臨床家側の利益と相反する可能性があるときである（Miller, 1994; Miller & Rollnick, 2002）。

投資（見返りを狙って資金や労力を投じる）

　もっと具体的に言えば，特定の結果を得られれば臨床家に個人的な利益がもたらされるような状況は倫理的に疑わしく，操作的だといえる。クライエントの選択次第で臨床家個人あるいは組織が受けられる利益が増えれば増えるほど，クライエントに影響を与えるために MI を使うことの不適切さも増してくる。このシナリオは「利益相反」と呼ばれることが通例である。2 つの例を考察してみよう。

- ある臨床家がある疾患に対する 2 つの治療法を比べる臨床試験を行っている。2 つの治療法はそれぞれメリットとデメリットがある。被験者の数がまだかなり足りない。そんなとき，ちょうどピッタリの患者がやってきた。この臨床家の給与と外部からの評価は，この臨床試験に何人の患者を登録させられるかにかかっている。2 つの治療法はどちらでも患者の利益になると臨床家は信じている。臨床試験の参加同意書にサインさせるために，患者に対して MI の引き出すプロセスを使ってもよいだろうか？
- ある民間の入所型薬物依存症リハビリ施設で働くカウンセラーは初回面接を担当している。ある父親が息子の薬物使用を心配して電話をかけてきた。この施設の入所プログラムの費用はかなり高額であり，息子を入れるためには父親は自宅を担保にローンを組む必要があるだろう。息子が住む地域には，もっと安い治療施設が他にある。カウンセラーは自分の施設に息子を入所させるように父親を説得するために，MI を使ってもよいだろうか？

筆者としてはこの2例は個人または組織の利害がからんでいる結果，クライエントの選択に影響を与えるような技法を使うことは望ましくないといえるよい例だと考える。クライエントの選択がどうであっても臨床家自身の利益とは無関係な場合に使うものとして，筆者はMIを開発した。もっともMIの研究の知見の中には，狙って得たものではないのだが，中立的な立場をとるべき状況において患者の選択に対する影響を抑える方法も含まれている（第17章参照）。

　ここでいう「クライエントの選択に投資しない」は，気にしないとか思い入れがないという意味ではない。理想的には，臨床家はクライエントの結果を常に気にすべきである。また，選択肢のどれがクライエントにとってのベストであるかについて意見を持つなという意味でもない。「投資」とは見返りを期待しながら，個人ないし組織がクライエントが選ぶ一方向に対して資金（労力）を投じるということである。その結果，クライエントの選択肢の中の特定のものがカウンセラーないし組織の側にとって，はっきりと良い結果につながる。クライエントが2つの選択肢のどれかを選ぼうとするとき，どれがどのような結果を生むかについてカウンセラーが明確な意見を持ち，クライエントにとってのベストを選んでほしいと真心から願い，しかし，一方で個人ないし組織の得失の観点には全く関心がないことは可能である。クライエントの結果に対するカウンセラーの関心を3種類に分けることができる——思いやり，意見，投資である。この3つを区別しておけば，MIに関して生じうる倫理的ジレンマを整理するのに役に立つだろう。これらのジレンマはMIに特有なものではない。どのような対人援助の専門職であっても熟慮すべきことである。

　個人的投資は心理的あるいは倫理的な信念から生じることもある。クライエントが抱えているものと同じ問題を過去に抱えていたカウンセラーは，特に問題から回復してすぐであれば，自分自身の回復プロセスとクライエントのそれを重ね合わせてしまい，狂信的なまでに特定の選択肢（治療法）を勧めようとするだろう。臨床家が自分の成長や技術向上とクライ

エントの治療結果を重ね合わせている場合も，クライエントの選択に対して過度な投資をするだろう。計画外の妊娠やドメスティック・バイオレンス，妊娠中のアルコール・薬物使用などについての相談があったとき，カウンセラーは自身の固い倫理的信念に基づいて，特定の結果に向かって推し進めようとするかもしれない。投資は人間関係から生じる可能性もある。家族同士の間でも利益相反が起こりうる。クライエントの選択と結果はいろいろな形で直接的な影響を家族に及ぼす。通常，心理療法家は自分の身内や職場の同僚などと治療的関係になるのを避けるが，そうする十分な理由がある。

強制力

　クライエントの行動と結果に対してカウンセラーが保持する影響力は，状況次第であり多様である。最低レベルで言えば，初対面のクライエントに対してカウンセラーが，クライエント自身の問題の相談に応じるだけの場合だろう。もちろん，ふたりの間に力の差があるのが常であり，カウンセラーはクライエントの行動に対して何かしらの有益な影響を与えることを期待されている。そうでないならば，相談の意義がなくなる。一方，最高レベルとして，保護観察中の仮釈放者を担当している保護観察官を考えてみよう。保護観察官にはいつでも仮釈放を取り消し，収監を命じる権限がある。このような力を持つ専門職はクライエントを望ましい方向に進むように説得するために権限を使うのか否か，使うならいつかを選ばなければならない。

　強制力があること自体でMIを使うことが不適切になるわけではない。例えば，受刑者に対する更生保護において保護観察官は少なくとも2つの役割を持つ。ひとつは国の行政官として，公共の安全を守るという役割であり，もうひとつは受刑者に対する保護観察者として，ポジティブな変化を支援し増進するという役割である。時として2つの役割は互いに矛盾す

るが，一致することのほうが多い。ポジティブな変化を増進することが公共の安全につながるのである。MIはクライエントを保護する役割の中で有用になりうる。裁判所が出した遵守事項は明確で解釈の余地はない。観察官の義務は遵守事項を守りながら，条件の範囲で，受刑者に何を選べるのか，どれを選ぶかを一緒に探るのである。受刑者には受刑者の内在的自律性があるから，保護観察官でも変化を決めることはできない。しかし，MIを使って影響を与えることで，受刑者の選択をポジティブな方向へ向けることができる。MIの支持的で協働的なスタイルは，保護観察官が持つ公共の福祉を保護すべき義務とは全く矛盾しない。それどころか，受刑者の変化を援助することが社会の安寧を促進することになる（McMurran, 2002, 2009）。

　他人の行動と選択に影響を与える強制力が特定の結果に対する個人的投資と組み合わさったときには，対人関係の倫理的問題が大きくなる。強制力はポジティブなものとネガティブなものがある。報酬や罰がある。普通の親は子に対して親権を持ち，子の成長の結果に個人的投資もしている。したがって，親にとってはMIの引き出すプロセスで必要な冷静な距離を保つことは非常に難しい（愛情なのだが）。新兵の募集担当者は，入隊希望者に対する褒美を用意しているだろうし，同時に入隊者数に応じたボーナスを受け取るなど個人的投資もあるだろう。筆者としては，このような利益相反があるときは，MIは使うべきでないと信じている。

有益であること

　最後に，無害の原則と善行の原則に基づくと，有益である可能性が低いか害を与えそうな場合，MIは使うべきでないということになる。例えば，変わると決断した「実行期」のクライエントに対しては，MIは前進を邪魔するという研究がある（Project MATCH Research Group, 1997b; Rohsenow et al., 2004; Stotts, Schmitz, Rhoades, & Grabowski, 2001）。このエビデンスは筆者が

MIを4つのプロセスに区別する前のものである。もし，クライエントのゴールが最初から明確であり，そこに向かっていく準備もできているのであれば，フォーカスや引き出すプロセスの目的は達成済みで，動機づけに時間を費やすべき理由は見当たらない。この状況では，関わりのプロセスによって作業同盟を十分に形成できれば，一気に計画するプロセスに進むだろう。後から両価性が現れたら，一歩下がって再びフォーカスを見直したり引き出すプロセスへ戻ったりすることがいつでも可能である。

倫理と動機づけ面接の4プロセス

　MIの倫理についての筆者の考え方は，4つのプロセスの区別化に伴って進化してきた。ここまで触れてきた状況の中で禁忌とすべきものはMI全体ではなく，特定のプロセスの使用である。前段で論じたように，クライエント側の変化する準備が十分なときは（初対面のときにそうだった，面接の途中でそうなった，そのどちらでも）引き出すプロセスは不要であり，計画するプロセスを使うべきときなのである。親としての役割の中で，上手に聴くという関わりの技術は子どもとのコミュニケーションにおいて欠かすことのできないものになるだろう（Gordon, 1970）。子どもが特定の問題にフォーカスすることを援助することも，子育ての中では普通である。役割の中での矛盾が起こるのは引き出すプロセスを使うときである，すなわち，子どもの意思決定を特定の方向に向かわせようと技法を戦略的に使うことである。わが子を前にしながら，麻薬の注射や犯罪行為の良い点と悪い点を冷静に探ることができるような平静心を持つ親には私たちはなれないし，なりたくもない（ありがたいことだ！）。

　したがって，倫理上の疑問を正しく持つためには4つのプロセスのそれぞれについて考える必要がある。良い傾聴は害となる可能性が低く，それ自体でもポジティブな変化を促進しうる。フォーカスすることはゴールを探ることであり，倫理的判断が必要になる。引き出すプロセスは決められ

たゴールの存在が前提であり，そのゴールに向けて戦略的に誘導することである。ゴールがクライエント自ら持ってきたものであれば，引き出すプロセスが倫理的な議論の対象になることはほとんどない。一方，クライエントとカウンセラーの願望が異なっているときは倫理的判断が必要になる。最後に，計画するプロセスは前進への準備性ができていることを前提にしている（トランスセオレティカルモデルでは，準備期あるいは実行期）。4つのプロセスのそれぞれにおいて正しいときと間違っているときとがある。

動機づけ面接を実践するための倫理的ガイドライン

MIを倫理的に実践するための実用的なガイドラインを箇条書きしてこの章を締めくくる。

1. MIを構成する要素である特定のプロセスの使用が不適切なときとは，クライエントにとってそうすることが無効であるとか有害であると示された科学的エビデンスが存在するときである。
2. 倫理的な違和感を覚えたり，作業同盟での不協和に気づいたときには，クライエントの願望と臨床家自身の願望を明確にすること。
3. クライエントにとっての最大の利益は何であるかについて，臨床家の意見とクライエントの希望が異なるときには，臨床家側が話題を考え直して再調整し，臨床家自身の懸念と願望を明確にすること。
4. クライエントの特定の結果に対する臨床家の個人的な投資が大きければ大きいほど，引き出すプロセスを戦略的に実践することはより不適切になる。臨床家の個人的な投資がクライエントにとっての最大の利益と一致しそうにないときは明らかに不適切である。
5. 強制力が相手の特定の結果に対する臨床家の個人的な投資と組み合わさっているとき，引き出すプロセスを戦略的に使用することは不

適切である。

キーポイント

- 対人援助における倫理的問題とは，臨床家が両価性を解決しようとするとき，特定の方向に向かうようにしてよいかどうかである。
- 倫理上の懸念は，臨床家や所属する施設がクライエントがまだ共有していない変化への願望を持っている状況で特に生じやすい。
- このような状況での4つの鍵となる倫理的考察事項は，無害の原則，善行の原則，自律尊重の原則，正義の原則である。
- 臨床家がある特定の結果に対して個人的あるいは組織的な投資をしているときに，選択に影響を与えるようにMIを用いることは不適切である。これが強制力と組み合わさっているときには特に不適切である。これは特にMIの引き出すプロセスに関係している。
- MIの4つのプロセスの一つひとつが，クライエントのニーズに合わせて適用されるべきである。例えば，すでに変化すると決めているクライエントでは，引き出すことは不要かもしれないし，有害にさえなりうる。

第11章

情報をやりとりする

> 頼んでいないのに与えられる助言は人生の迷惑メールである。
> ——バーン・ウィリアムズ

> 助言とは,われわれがすでに答えを知っていて,しかし知らなければよかったと思うときに求めるものだ。
> ——エリカ・ジョング（柳瀬尚紀訳）[*1]

ごく当たり前のことではないかと思うだろう：自分の専門領域における知識を蓄えて,必要に応じてクライエントにそれを提供するのが臨床家の仕事である。しかし,どのような情報提供がベストなのかについては,臨床家の訓練の中では不思議なほど無視されている。単なる商取引であれば提供の仕方はあまり関係ないだろうが,変化についての会話におけるやりとりは複雑で,実践には高度な技術が必要である。

この章の目的はクライエントの変化を助けるような情報提供とはどのようなものかを明らかにし,詳述することである。提供される情報の中には臨床家自身からの忠告も含まれるだろうし,それ自体が情報の一種類である。情報提供や助言も実は双方向のやりとりであり,奥深いものになる可能性がある。情報提供の間,クライエントが緘黙を保っている場合でも——この振る舞い自体も情報提供である——臨床家が受け止めるべきクライエントからの情報があり,それが情報交換の中に組み込まれる。

[*1]（訳注1）『あなた自身の生を救うには』エリカ・ジョング著,柳瀬尚紀訳,新潮社,1979,p. 69.

どの程度の情報・助言がクライエントに必要なのかを臨床家は多めに見積もりがちである。たしかに，ほとんどのクライエントは臨床家には専門知識があり，それを与えてもらえると期待している。しかし，必要な情報を豊富に持っているのはクライエント自身のほうである。クライエントのことをクライエント自身ほどよく知っている人はいない。クライエントはいったい，どのくらい知っているのか？　一般に，すでに知っている情報をもらっても喜ぶ人はいない。クライエント自身がすでに聞いている助言は？　今までに何を試したのだろうか？　クライエントがすでに考えていたことや試してみたことをわざわざ提案しても何も役立たない。

> どの程度の情報・助言がクライエントに必要なのかを臨床家は多めに見積もりがちである。

　情報提供と助言を中核的なスキルとしてここで取り上げるのは，カウンセリングの早い段階で必要になる可能性があるからである。関わりという基盤（第Ⅱ部）の上に立って，情報交換は面接を通じてフォーカスをクリアにするため（第Ⅲ部）には必須だろう。引き出すプロセス（第Ⅳ部）でも生じ，計画するプロセス（第Ⅴ部）では中心的な課題になる。情報交換はエンジンのガソリンのようなものである。では，情報提供と助言はどのようにしてMIに組み込まれるのだろうか？

　この章ではまず，良い臨床実践のための原則とよくある隠れた"罠"について考えるための具体例を取り上げることにする。次に，良い実践のための指針として（elicit-provide-elicit；引き出し－与え－引き出す）という枠組みを紹介し，さらに定型的なアセスメントをどう改善するかについて論じる。最後に，変化について助言する場合につまずきやすい課題について扱う。簡単に言えば，敬意と思慮に満ちた双方向的な情報の流れによって，クライエント自身のニーズと自律性をトップに置くことができれば，それは人生を変えるような豊かな経験となり，MIの中核にもなりうる。このような双方向的な交流の反対が一方通行のものであり，それは寝ながらでもできるようなことだ。専門家がクライエントを質問攻めにした

後，何をすべきか教えるやり方である。このアプローチの後に残るものはおそらく「関わりたくない」「不満だらけ」「やる気もない」と考えるようなクライエントだろう。

違いを発見する

　以下の2つの短いやりとりを見てみよう。これは，ある朝，子どもの学校の校門の前で酩酊状態で，過呼吸も起こしていた母親との会話である。彼女は治療を受けるために予約をとることに同意した。以下は初回面接の中で起こりうる，2通りの会話である。サンプルAはよくある落とし穴を強調している。2番目のサンプルBはMIに一致した専門家による情報のやりとりの具体例である。

サンプルA
クライエント：今朝，震えがひどかったので，家を出る前にワインをちょっといただいたんです。
臨床家：かなり飲んでおられるように見えますよ。最近はどのくらい飲んでいるのですか？
クライエント：あら，私はアル中なんかじゃないわ，もしかしてそれを疑っているんですか？　家を出る前に必要だったというだけです。
臨床家：いつもは平均するとどのくらい飲むのですか？　だいたいでいいですが？
クライエント：まあねえ，それはわかりません。たぶん，1日に2, 3杯ぐらいです。もっと多いときもあるけど。気持ちを落ち着けるためには必要なんです。本当ですよ。
臨床家：じゃあ，週末はどうですか？
クライエント：運良く都合が合えば，土曜の夜は外に飲みにいくことがあります。でも，ひとりでもちょっとは飲むかしら。

臨床家：ということは，6〜8杯かそれ以上をほぼ毎日ですね？

クライエント：まあそんなものだと思います。今まで，あまり考えたことはなかったから。

臨床家：それで，その1杯って，どのくらいの大きさのグラスのことなんですかね？

クライエント：普通の水を飲むコップですよ。

臨床家：では，たぶん，だいたい240mlですね。では，週に50杯から60杯ですから，約12〜14ℓのワインですよ。午後にお子さんを迎えにいくときにも飲むのですか？

クライエント：気持ちが落ち着かないときはちょっといただきますけど，本当にそんなにはたくさんじゃないです。

臨床家：わかりました。ではお子さんと一緒のときに，どのくらいの割合でその落ち着きのなさが起こるのですか？

クライエント：まあ，迎えにいくときにいっつもワインを飲むわけじゃないけど，先生は私がどれくらい怖がっているのか全く知らないのよ。すごく怖いのです。

臨床家：では，今日，ここに来る前に何か飲まれたのですか？

クライエント：たぶん，いつもよりちょっと多かったかしら。

臨床家：つまり，ワインを飲むとしばらくは気持ちが楽になるのですね。そういうことはいつからですか？

クライエント：わかりません。たぶん，この1年か2年でしょう。もしかするともっと前からかな……。

臨床家：それで，お子さんたちは，お母さんの飲酒についてどう思っているのでしょうか？

クライエント：そんなことは何も言われたことがないです。

臨床家：ご自分にはアルコールの問題があると自覚していますか？

クライエント：いいえ，あまり。飲むとリラックスして，眠れるんです。

臨床家：ふむ，あなたのお話を聞いて，ほぼはっきりしたことをお伝えし

なければなりません。飲んでおられる量は，医学的に適量とされている量をはるかに上回っていますし，あなたと同年代の女性が飲む量よりもはるかに多いです。震えるというのは，私からすると身体依存の症状だと思います。お酒はあなたの恐怖を和らげるのではなく，悪化させているのです。お子さんも危険にさらされていますし，全面的に断酒することが必要だと思います。やめなければ，悪化し続けるだけでしょう。

クライエント：そう，私はそう思いません。

サンプルB

クライエント：今朝，震えがひどかったので，家を出る前にワインをちょっと頂いたんです。

臨床家：気持ちを落ち着かせるのに役立つし。[聞き返し，パラグラフを続ける]

クライエント：それに，買い物もできるし，子どもたちを学校に迎えにいったり，食べさせたりできるし。

臨床家：忙しいですね。[聞き返し]

クライエント：ええ，子どもたちの世話はそれから何時間も続くんです。あのまあ，食べさせたり，遊ばせたり，宿題させたり，寝かしつけたり……，で大変なんです，いつも大声を出してばかり。

臨床家：相当なストレスを感じながら，これだけたくさんの家事もこなしていますね。[是認する]

クライエント：ええ，正直に言うと，お酒がいると思うときがしょっちゅうなんです。あれやこれやがいつ終わるのかも本当にわからないし，四六時中，気持ちが落ち着かなくて，まるで窒息しそうになるんです。

臨床家：そんなあれやこれやからちょっとの間だけでも離れられたら，と。お酒や周りへの影響について，もし何かご存じなら教えてください。[引き出す]

クライエント：そうですね，とりあえず落ち着かせてくれますけど，でも結局また震えが始まるんです。わかってもらえますか。

臨床家：わかります。震えについてちゃんと考えておられる。アルコールがそれを良くしてくれているのか，悪くしているのか，よくわからない。［聞き返し］

クライエント：そうなんです。つまり，アルコールがあれば気持ちも落ち着いて子どもたちを学校に送り出せて，ほっとするんだけど，でもまた怖くなってくるんです。

臨床家：アルコールが抜け始めるにつれて身体に何かが起こる，その感じが嫌で。［聞き返し］

クライエント：そのとおりです。飲んだら落ち着くのですけども，またダメージが来るんです。嫌ですね。

臨床家：どうかしら，よかったら，アルコールに苦しんでもいる他の人たちのことで私が気づいたことをお話ししましょうか？［許可を求める］

クライエント：いいですよ。

臨床家：［提供する］気持ちを落ち着かせたくて飲酒する人の場合，あなたがおっしゃったような震えは次第に悪化していきます。一時的にはアルコールで良くなるような感じがしますが，実際にはアルコールが震えの原因になっていて，解決ではなく問題を起こしてしまうのです。本当に罠みたいなもので，抜こうとするとひどいパニックみたいになり，飲むとちょっとの間，落ち着かせてくれます。こんな感じですが，どうですか？［引き出す］

クライエント：当てはまっている気がします。つまり，ワインのせいで私はよけいに過敏になっているという意味ですか？

臨床家：ええ，そうだと思います。そんなふうには思えないときもあったのだろうと思います。だって，パニック発作が起きたとき，アルコールで直ちにおさまったように感じられたのだから。でも，後からあな

たを痛い目にあわせるわけです。[提供する]
クライエント：この過敏さに負けない方法が欲しいです。どうやって一日をこなしていったらいいのか，わからないんです。
臨床家：アルコールはそれくらい重要になっているのですね。[聞き返し]
クライエント：でも，間違った方向に進んでいるのがわかりました。他に私は何をしたらいいのでしょう？

　サンプルBの臨床家（臨床家B）の相談にかかった時間はサンプルAの臨床家（臨床家A）の場合とほぼ同じであるが，Bの場合はクライエントから見たフォーカスが明確であり，変化することに対する受け入れも良い。どちらの臨床家も情報を提供しているが，臨床家Bのほうが役立っている。臨床家Aは閉じられた質問ばかりを繰り返し，クライエントが求めていない判断を下している。臨床家Bは聞き返しをたっぷり行い，独特のリズム（引き出し−与え−引き出すというリズム，後で詳しく述べる）を使って同じ情報を伝えている。クライエントが受け入れる可能性がより高くなっている。情報のやりとりがMIと統合されたときの長所と特徴がこの部分にはっきりと現れている。つまり，専門家による情報提供が──この場合はアルコールの離脱症状について──つらい状況を理解しようとする彼女の努力を支え，変える方法とそうすべき理由を示している。クライエントは「この過敏さに負けない方法が欲しい」と言い，ガードをおろして助言を求めている。会話のフォーカスが一気に明確になっている。
　各シナリオに関する以下の質問に，サンプルAとサンプルBを比べながら考察してほしい。

- 変化する方向へ意見を述べているのは誰か？
- 臨床家はどのように感じているだろうか？
- クライエントは何を感じていると思うか？

- 関わりは強くなったか，薄れたか？
- この面接によって，クライエントと臨床家は共通のゴールにたどり着いているか？

質問の答えを考えれば，これから取り上げるありがちな落とし穴と優れた臨床実践における原則について考える材料がそろうだろう。

ありがちな落とし穴

もし臨床家 A に，対人支援において専門家から提供する情報の役割について問うたなら，次のようなありがちな常識が返ってくるだろう。

1.「変化しなければならないのはなぜか，これからどうすべきかについてはプロである私がクライエントに伝えなければならない」「専門家の罠」に陥った臨床家 A はフラストレーションを感じやすい。臨床家は善意からクライエントの知識不足を補い，変化するほうに話をもっていこうとするが（第 1 章で間違い指摘反射と呼んだもの），これは相手を防衛的にさせやすいし（「私はアル中なんかじゃないわ」や「私はそう思いません」），理解してもらえないという感覚（「先生は私がどれくらい怖がっているのか全く知らないのよ」）を引き出しやすい。この臨床家はクライエントに「抵抗的」「否認している」「やる気がない」とレッテルを貼りつけているだろう。そういうときに，指示スタイルが無駄に使われることによって，関わりと話の進行が妨げられている。クライエント側のフラストレーションや恐れ，自尊心を守るための反発が明らかである。情報提供と助言の与え方が MI に準じていない場合，意図とは逆の効果をもたらしやすいとは皮肉である。

2.「私は何が問題なのかを知るために情報を集めているだけだ」臨床家 A は閉じられた質問を主に使って会話のフォーカスを決めている。酒

量とその影響にフォーカスを当て，他の問題（例：落ち着きのなさ）は無視するまでになっている。これはいわゆる"質問と回答の罠"につながる。たいていの場合，問題の深刻さについての証拠固めをするための質問の繰り返しになっており，クライエントの弱点や抵抗，意志薄弱さ，無知についての事前の評価も含まれていることがある。この証拠固めは，最後の宣告につながりがちである。「震えるというのは，私からすると身体依存の症状だと思います……全面的に断酒することが必要だと思います」。まるで探偵小説の結末で犯人が解明されたかのようである。これは救命救急の場面で鑑別診断を下すときには適切な方法だろうし，テレビの医療ドラマでもそうなっている。しかし，行動変容にフォーカスを置くならば効果は低い。

クライエントの苦境の主要な点（アルコール，パニック，子どもなど）について，情報を集めて評価することはMIに準じた方法でも行えるし，そのほうが臨床家にとってもストレスがなく，クライエントにとってはより有用である。質問責めにすることは時間を無駄にし，クライエントのガードを固くするだけでなく（Carl Rogersは，クライエントはすべての情報を言われる前から知っているとした），重要な情報を聞き損ね，関わりと変化の動機づけを強めることもできる協働的な情報交換の可能性をつぶしてしまう。

3.「私は知識のギャップを教えているだけだ」 職務上の義務感や怠慢と批判されるかもしれないという恐れのために，臨床家Aは**大量飲酒**についての情報を集め，その害を教えようとしているように見える。この結果，脇目も振らずに情報収集だけに専念し，クライエントの間違いを正してやろうとしている。最悪な場合——これは健康指導や社会福祉の相談室では珍しいことではない——まるで缶の蓋をあけて中にものをいっぱいになるまで注ぎ込むかのように，臨床家がクライエントの頭の中に情報を注ぎいれ，蓋をしめて中で熟成するのを待っているかのようになる。この罠に陥らずに知識を豊かにする方法がある。クライエントの情報に対する関

心傾向と最初から持っている知識を使えば，関わりが強くなり，最終的な結果も良くなる。

　4.「怖がらせるような情報が役に立つ」　アセスメント結果を伝えるにあたって，恐怖が変化への動機づけになると臨床家Aは思い込んでいるようだ。対人援助の場では，このような脅し戦術が蔓延しているが，もしそれが本当に効果的ならば，MIなどの変化への動機づけを狙ったアプローチが関心を引きつけることはなく，ニーズもなくなるはずだ。望ましくない結果が待っていると警告することにも一定の役割はあるが，変化を促すアプローチの標準になりうるものではない。喫煙による恐ろしい合併症やつらい死に様を知らせることが禁煙や喫煙予防に向けた説得法として十分だと考えている人がいるだろう。これで足りる場合はあるが，たいていの場合，不足する。

　5.「何をすべきかを私はクライエントにはっきり言わねばならない，それだけだ」　臨床家Aの助言は十分に明確であった。つまり，「全面的に断酒することが必要だと思います」だが，この助言には従ってもらえない可能性が高い。関わりが弱く，両者ともにフラストレーションを感じ，哀れなクライエントは自律性を奪われたまま助言に直面させられている。面接の目的は助言の伝達ではなく，変化を育むことである。助言は巧みに行えば効果的である。これからこの話題を取り上げよう。

> 面接の目的は助言の伝達ではなく，変化を育むことである。

優れた臨床実践の原則

　もし，臨床家BにMIと一致した情報の交換について尋ねたなら，臨床家Aのアプローチの背後にあった発想とはほぼちょうど対極にあるものが出てくるだろう。

　1.「私にもプロとしての知識と経験が多少あるが，クライエント本人に

ついては本人自身がプロフェッショナルである」 臨床家Bは情報の交換について，クライエントの困難と強み，必要な情報を理解するための協働的探索だとみなしている。「相当なストレスを感じながら，これだけたくさんの家事もこなしていますね」という是認と「この件について，本当に考えられた」という聞き返しなどの第Ⅰ部で述べた中核的技能が彼女の強みを強調するために使われている。関わりが強められている。次に臨床家Bはクライエントがすでに知っていることを見つけるための時間をとり，情報提供の許可を求め，実際に与え，そしてその情報が自身に対して持つ意味について考えるように彼女を促した。両者が同じところにフォーカスを当て，有用なものを見つけるための情報交換をしている。

　2.「私はクライエントがどのような情報を求め，必要としているのかを見つけようとしている」 相手に対する好奇心がクライエントが必要とする情報を理解しようとする臨床家Bの努力の裏側にある。「お酒や周りへの影響について，もし何かご存じなら教えてください」。好奇心ゆえに，臨床家Bはクライエントが元から知っている情報を言い出すことをしない。その結果，クライエント自身から変化の理由を発言するようになる（第Ⅳ部で論じられた引き出すプロセス）というおまけが付け加わる。良い聞き返しは（「アルコールが抜け始めるにつれて身体に何かが起こる，その感じが嫌で」），さらに情報を引き出し，酒量だけに限らず，離脱症状についても話が及ぶようになった。このように短時間で行われたフォーカスのプロセスで，クライエントが気にしていることの中核をつかむことができ，それが高度な情報交換を可能にする基礎になっている。

　3.「私は情報をクライエントのニーズと強みに合わせる」 情報のニーズを見極めた後，臨床家Bは情報を穏やかに伝える。「アルコールに苦しんでもいる他の人たち」を主語にして，その情報が自身に当てはまるかどうかの判断はクライエントに任せている。「こんな感じですが，どうですか？」 臨床家のゴールはクライエントの力を強めて，自分で問題を明確化し解決を探すようにすることである。

> **BOX 11.1. 情報交換の基本にある MI 一致の想定と不一致の想定**
>
> | MI 不一致の情報のやりとり | MI に一致する情報のやりとり |
> |---|---|
> | 変化しなければならないのはなぜか，これからどうすべきかについてはプロである私がクライエントに伝えなければならない。 | 私にもプロとしての知識と経験が多少あるが，クライエント本人については本人自身がプロフェッショナルである。 |
> | 私は何が問題なのかを知るために情報を集めているだけだ。 | 私はクライエントがどのような情報を求め，必要としているのかを見つけようとしている。 |
> | 私は知識のギャップを教えているだけだ。 | 私は情報をクライエントのニーズと強みに合わせる。 |
> | 怖がらせるような情報が役に立つ。 | どのような情報が役立つかはクライエントが私に話してくれる。 |
> | 何をすべきかを私はクライエントにはっきり言わねばならない，それだけだ。 | クライエントのニーズと自律性を尊重した助言が役に立つ。 |

　4.「どのような情報が役立つかはクライエントが私に話してくれる」驚かせるような情報に対してクライエントがどう反応するか（あるいは反応しないか）について，臨床家Bは先入観を持たない。上手に誘導してクライエントが求めていると思われる情報を提供している。

　5.「クライエントのニーズと自律性を尊重した助言が役に立つ」ここまで，臨床家Bは助言を直接的には提供していなかったが，途中でクライエントから助言を求められた（「他に私は何をしたらいいのでしょう？」）この章の後半で述べるように，クライエントのニーズに対応しながら，その自律性を高めるようなやり方で助言することは可能である。

　Box 11.1 は MI に一致した情報交換と MI 不一致のものとの間の違いを際立たせている。

BOX 11.2. 引き出し–与え–引き出す

	課題	実際のやり方
引き出し	・許可を求める。 ・情報のニーズとギャップを明確化する。	・〜お伝えしてもよろしいですか？　〜について知りたいですか？ ・〜について，どんなことを知っていますか？ ・何についてお知りになりたいですか？ ・私からお伝えできる情報で何か役に立ちそうなことはありますか？
与え	・優先順位をつける。 ・明確にする。 ・引き出し–与え–引き出す。 ・自律性を尊重する。 ・クライエントの反応を前提とはしない。	・相手が知りたいと最も強く望んだり，求めているものは何か？ ・専門用語は避ける；日常用語を使う。 ・提供する情報を少なめにして相手の反応を待つ。 ・反論・無視する自由を相手に認める。 ・クライエントにとってどういう意味があるかを解説したりせず，知ることのみ示す。
引き出す	・クライエント側に解釈と理解，反応を求める。	・開かれた質問をする。 ・目の前で起こったクライエントの反応を聞き返す。 ・情報を処理し，反応する時間の余裕をクライエントに与える。

情報交換のための単純な戦略

　情報交換のアプローチを EPE が覚えやすくしてくれる。これは引き出し–与え–引き出す（elicit-provide-elicit）の頭文字である（Box 11.2 参照）。このアプローチを使用するときは，どのような情報の「ハム」を提供するにしても，健全な質問という二切れのパンではさんでサンドイッチ状にしなければならない。EPE は直線的な前進のように見えるが，実際にはしばしば聞き返しをたくさん用いて，より循環的なプロセスとな

る。本質的にこれがサンプルBで臨床家が行っていたことだ。

引き出す

　情報提供の前に引き出す。引き出すことには3つの機能がある：許可を求める，クライエントの既存の知識を探る，臨床家が提供できる情報の中で何に興味を示すか調べる，である。最初の質問は次に示すうちのどれでもよいだろう。

- 許可を求める
  「他の人の場合で役立ったことを2，3お伝えするのはかまいませんか？」
  「ここにあるリストの中で，どれでも何か取り上げてほしいと思われる項目はありますか？」
  「〜してもいいですか？」
  「〜について知りたいですか？」
  「〜について何を知りたいですか？」
- 既存の知識を探る
  「高血圧が健康に及ぼす影響について，すでに何をご存じなのか，教えてください」
  「定期的に運動をすることで，一番大きなメリットとはあなたにとってはどんなものでしょうか？」
- 興味・関心を問う
  「この病気の治療に一番知りたい，興味があることは何でしょうか？」
  「もっと詳しく，わかりやすく説明してほしいことがあるとしたら，どんなことをお聞きになりたいですか？」

なぜ最初に引き出すのだろうか？ なぜ臨床家が与えようとする情報から始めないのか？ 最初に引き出すことが持つ3つの機能にはそれ自体に意味がある。情報を提供する許可をクライエントに求めるのは敬意を表する行為であり，臨床家の言い分を聞こうというクライエントの気持ちを高める。既存の知識を確認することで，相手が知っていることと重複することを防げるし，もしズレがあればそれを埋められる。興味・関心について聞けば，相手が最も知りたいことがわかる。相手の知りたいことは臨床家が伝えたいと思っていたことと大きく異なっているかもしれないのだ。相手の興味を引く情報を提供すれば，注目してくれるし，受け入れてもくれるだろう。もし，クライエントにどうしても伝えなければならない別のことがあるならば，機会を見つけて後でする手がある。この方法は本章の後のほうで説明する。引き出すことによって，どんな情報が最も重要なのかに臨床家のフォーカスが絞られる。それによって，クライエントが臨床家の話を聞いてくれる可能性が高くなる。

上述の臨床家Bの会話の中で，引き出す部分が最初にみられる部分はどこだろうか？

「お酒や周りへの影響について，もし何かご存じなら教えてください」
「どうかしら，よかったら，アルコールに苦しんでもいる他の人たちのことで私が気づいたことをお話ししましょうか？」

■許可を求める

情報提供や助言の許可を得る方法は少なくとも3つある。1つ目はクライエントから臨床家に情報や助言を求めてきた場合である。

「先生は私が何をすべきだとお考えですか？」
「他の人はどうやって禁煙するんですか？」
「どのような治療法が利用できますか？」

このようなクライエントの質問は，臨床家に情報提供を許すことを意味している。これは情報を提供せねばならないという意味ではない。
　時には臨床家の知識やアイデアを示す前に，まずクライエント自身の知識やアイデアを探ってみることもある：

クライエント：この辺りではみんなはどうやって仕事を見つけているのでしょうか？
臨床家：そうですね，私も職探しについてあなたがどう思っているのか考えていました——過去にご自身がやってみてうまくいった場合とか，お知り合いでうまくいった人とか。今回はどんなところからやってみようかと？

　だからといって，次の例のように情報提供をためらったり，避けたりする必要もない。

クライエント：この辺りではみんなはどうやって仕事を見つけているのでしょうか？
臨床家：本当に職探しのことを考えておられるんですね。
クライエント：そうです。
臨床家：他の人がどうやって仕事を見つけるのかに関心をお持ちです。
クライエント：ええ，ありますよ。
臨床家：それで，誰かがあなたに何かいいアイデアを与えてくれたらいいな，と望んでいるのですよね。
クライエント：はい！　先生には何か考えがありますか？
臨床家：私にアイデアがあるかどうかを知りたいわけです。

　クライエントが情報を求めてきたとき，それにすぐ応じるのか，クライ

エント自身の経験をまず探るのか，どちらが良いのかは臨床家がすべき決断である。どちらかが常に正しいというわけではない。

　クライエントが直接的には情報を求めていないときに先に進む第二の方法は，情報を提供する許可を求めることだ：

「他の人ではうまくいった方法についてお話ししてもいいでしょうか？」
「治療法について，どんなことを知りたいですか？」
「もし関心をお持ちならば，うつをどうやり過ごすかについて少しお話しできますよ。お話ししましょうか？」
「今日のカウンセリングの時間も残り数分になりました。よかったら最後に体重について少しお話ししたいのですが，そちらに話を進めてもいいでしょうか？」

　対人援助の場面で関係性が十分であれば，このような敬意のこもった許可の求めに対して，ほぼどのクライエントであっても「はい」と答えるだろう。

　しかし，許可の求めに対してクライエントから「いらないです」と断られてしまったとしても，情報提供や助言に対する倫理的義務感ゆえに臨床家としては提供するしかないという場合はどうだろう？　ここに許可を得る第三の方法がある。閉じられた質問で直接，許可を求めることはしないが，自律性を保証する言葉を用いる。すなわち，同意または反対する権利や助言を受容または拒否する権利，何を考えるのか何をするのか選ぶ権利を認めるのである。この自律性は誰にも奪うことはできないものなのだから，認めたほうがよいし，そうすることで相手の情報に対する受容性も良くなる方向に行くだろう。例をいくつか挙げよう。

「このことをあなたも気にしておられるかどうか，私にはわかりません……」

「これらのうちのどれが自分にも当てはまるとあなたが思うのだろうか？と，それを知りたくて……」

「このことはあなたから見れば関心があるかもしれませんし，ないのかもしれません……」

「これについて，あなたがどう考えるのか知りたいのです」

「この考えには反対されるかもしれません。もちろん，それはあなた次第です」

与える

EPEの枠組みの2番目のステップは情報提供や助言である。ここでは情報提供に焦点を当てる。後で，助言の与え方を扱う。以下に，いったん許可を得た後に情報提供するためのガイドラインを示す。

■ 優先順位をつける：その人が最も知りたがっているか，知る必要があることにフォーカスする

前に述べたように，クライエントがすでに知っていることは伝えないというのはおおよそ一般的な原則である。それゆえに，相手の既知の情報を把握したり，一番知りたいことが何なのかを質問したりすることが役に立つ。それができてから，相手の知識のギャップや誤解を補正することができる。クライエントが最も知りたがっていること，最も必要としていることを優先するようにしよう。特に，情報が感情を引き出すようなものである場合は，臨床家のメッセージの核心部分が他の細かな情報に埋もれてしまうかもしれない。

■ 情報は明確に，量は手頃に

相手に理解可能な言葉で情報提供しよう。臨床家にとっては専門用語を使うほうが楽であり，使うことが第二の天性になっていることもある。し

かし，専門用語は聞き手を混乱させる。聞き手にとっての日常用語で情報を説明しよう。

　わかりやすさには，ちょうどシチューにスパイスを加えるときのように情報を少量ずつ提供することも入っている。独演会にならないようにしよう：クライエントが話についてきていることを確認しよう。EPEの枠組みが手助けとなる。情報を少量で提供して，相手が理解できているか，質問がないかを確認しよう（引き出す）。提供すべき情報量が多い場合，EPEの枠組みは次の例のようになる。

臨床家：では，この診断はあなたにとって初耳なのですね。糖尿病のような病気について，あなたが一番知りたいことは何でしょうか？　教えてください。[引き出す]
クライエント：えーと，私の身体のどこが悪いのでしょう？
臨床家：糖は私たちの身体にとって基本的な燃料になっているのですが，それは膵臓という臓器がつくるインスリンで分解されます。[提供する] この話は聞いたことがありますか？　[引き出す]
クライエント：インスリン──それは糖尿病の患者が注射しないといけないものですよね？　違いますか？
臨床家：そういうときもあります。糖尿病ではインスリンに問題が生じます。膵臓がインスリンを十分に分泌できていない場合と，分泌は問題ないけれども，身体が体内にあるインスリンを使うことができない場合とがあります。どちらにしても，何が起こるかと言えば，血中の糖が多くなり過ぎて，たまってしまうわけです。[提供する] これについてもっと知りたいことはどんなことですか？　[引き出す]
クライエント：それでどうして問題になるのですか？　燃料が多すぎるのが？
臨床家：いい質問ですね。ひとつには，糖は血液を濃くし，ねばつかせてしまい，血を送るポンプである心臓はもっと頑張らなくてはなりませ

ん。それで血液の流れが悪くなります。血糖値が高いままだと内臓や目，手足にダメージが生じるわけです。［提供する］今の説明でよかったですか？　他にお聞きになりたいことは？［引き出す］

自律性を保証する言葉の使い方

　臨床家が出す情報がクライエントの変化に関わるのであれば，どんな前置きから始めるか，どう示すか，言葉はどうか，さらには声の調子も，情報が聞いてもらえるかどうか，どう受け取られるかに大きく影響する。臨床家の言葉によってクライエントの自律性を保証するのか，損なうのかが決まってくる。

　どのようなカウンセラーの言葉がクライエントの自律性を損なうのだろうか？　1つはクライエントに対して見下げるような家父長的な言い方をすることである。2つ目は，許可を得ないで助言することだ。3つ目は強制的な言葉である。「〜ねばならないです」「〜するのはダメです」「〜するしかないです」「〜する以外には方法はありません」などと伝えることである。多くの場合，このような発言は事実と異なる。そして，クライエントに対して「気に入らないなら（臨床家の発言が）間違っていることを証明してみろ」と挑みかかっているようなものである。抵抗の現象は以前からよく知られている (Brehm & Brehm, 1981; Dillard & Shen, 2005; Karno & Longabaugh, 2005a, 2005b)。人は自分の自由が脅かされると，取り戻そうとする傾向が自然に起こる。第2章で論じたように，アルコールに依存している人に対して「アルコールはもう飲めません」と伝えることは，実際には飲ませるようにしているのである。同じように保護観察官が「あなたは市内から出てはならない」と言うことも相手の自律性を損なっている。一般的にはこのような発言が意味することは将来起こりうる結果である。つまり，「もし，あなたが……するならば……が起こる」である。しかし，このような結果は——たとえ，その結果が厳しく，確実に直後に生じるものであっても——そのことについての相手の選択権を奪うものではない。筆

者としては，クライエントの選択権を認めたうえで，どう選ぶのかを話し合うのがよいと考えている。

　わが子に当たってしまう親に対するカウンセリングを考えてみよう。あなたは微妙な状況に置かれている。対人援助の専門職として小児虐待を知った場合には当局へ報告するという法的な義務がある。通報義務について前もってクライエントに知らせることも義務である。あなたなら，どのようにしてこの情報を提供するだろうか？　以下に一例を挙げる。

「さて，よく聞いてください。法律によって明確に定められていることがあります。あなたも知っておかなければなりません。もし，あなたが子どもに危害を加えていると私に言ったとすれば，つまり身体的な虐待を加えているという意味ですが，私はそれを然るべき行政機関に報告せねばなりません。これがどういうことになるかというと，あなたは事情聴取を受けることになり，次にどうするかはそこで決定されます。ですから，私に話すとき，今話したことを心に留めておいていただかねばならないのです」

　この言い方からは明らかに家父長的かつ威圧的，脅迫的なものが感じられる。頻繁に「あなた」が入った言明があり，「せねばならない」と「しなければならない」という言葉が使われていることに注目してほしい。カウンセリングでは，こういう言い方を決してしてはならない！（どうですか？──筆者の言いたいことがおわかりでしょう）

　同じ重要な情報を与えるにしても，もっと協働的で自律性を尊重するような方法はどのようなものだろうか？

「［引き出す］私からご説明する必要がある話があります。私としてはそれを聞いてあなたがどう思われるのかが気になるわけです。［提供する］ご承知のように，カウンセリングの内容が外に漏れることはあり

ません。しかし，法律上の例外があります。子どもを保護する法律があり，私が児童虐待を知った場合は行政機関に通報せよとなっています。その結果，事情聴取になることがあります。私としてはあなたに協力して，少しでもお役に立ちたいと思っています。同時に私に課せられている法律上の義務についても知っておいていただきたいです。［引き出す］どうでしょうか，今の時点で，どう進めるのがお互いにベストだと思われますか？ おそらく，今の話について奥様と話し合うか，そのまま私と話すか，あるいはもっと質問してもらってからでもかまいません。どれが一番役に立ちそうだと思われますか？」

こちらでも法律を明確にしているが，口調は全く異なっている。EPEの枠組みがある（「あなたがどう考えられるか，知りたいと思います……」「どれが一番役に立ちそうだと思われますか？」）。「あなた」の使用はより柔らかく，より協働的な「お互いに」という言葉が存在している。自律性を尊重し，敬意のこもった口調が臨床家が提供しようとする情報を覆っている。MI全体でそうだが，このアプローチの有効性は相手の反応の仕方で決まる。クライエントが防衛的にはならず，自発的に話を続けたり，質問をしてきたりした場合に，初めて臨床家は自分がうまくやれているとわかる。

■クライエントの反応を規制しない

情報を与えることはできるが，クライエントがどう反応するのかを事前に決めておくことはできない。提供された情報に対してどう反応すべきか，どう解釈すべきかについてクライエントには何も言わないほうがよいだろう。質問するほうがよい。

引き出す

　ここまで読めば，引き出し – 与え – 引き出すプロセスの第3ステップはすぐわかるだろう。これはクライエントに対する問いかけに戻ることであり，臨床家が言ったことに対するクライエントの理解や解釈，反応を確認することである。EPEの枠組みの中で確認作業はひとまとまりの情報が提供されるたびに，定期的に行われる。「与える」に続いて現れる「引き出す」を意味する実際の言葉は多種多様である。

「それで今の話をあなたとしてはどう捉えますか？」
「今までの話はわかりやすかったですか？」
「困っておられるように見えます」
「今の話で意味が通じますか？」
「他に何を知りたいですか？」
「この件について，どう考えますか？」
「今の話は当てはまりますか？　どのように？」
「今の話全体は，あなたにとってどういう意味を持つのだろうか，とあれこれ考えています」
「どう言い換えたら，今の話がもっとわかりやすくなりますか？」
「私が今お伝えしたことをあなた自身の言葉で言ってみてください」
「あなたにとっての次のステップを何にしようと思われますか？」

　この「引き出す」の部分は聞き返しの形になりうることに気をつけてほしい。クライエントが反応し，そこで見えるものと聞こえるものを表情のような非言語的な面も含めて聞き返すようにしよう。他の聞き返しと同様で，相手の反応は何を意味しているのかについて初めは間違った推測をしていたとしても気にする必要はない。大事なのは臨床家が提供した情報を処理し，反応するための余裕をクライエントに与えることである。

ジュリアのケース

　第9章でのフォーカスについての解説で使ったジュリアの事例を続ける。ここではEPEの枠組みが生じる様子がわかる一例になっている。

臨床家：自分に何か起こっていることをわかろうとする努力は本物ですね。よかったら，うつ病についてどんなことをジュリアさんがすでにご存じか，教えてください。［引き出す］

クライエント：悲しくて悲しくて落ち込んでいるときに感じるようなものだと思っています。たぶん，何をするエネルギーもなくなる。先生は私をうつだと思いますか？

臨床家：えーと，よかったら，うつ病にかかった人がどんなふうになるのか説明させてください。それから，私の説明した部分でどこがご自身とマッチしているか教えてくれますか？［許可を求める］

クライエント：ええ，いいです。

臨床家：うつ病というのは，実際にはいろんな雑多な症状を一緒に集めただけのもので，一人の人が全部の症状をもっているわけではありません。悲しい気持ちがないけどうつ病，というのもあります。風邪をひいたときに似たところがあります；同じ風邪でも人によって症状が違うのです。咳やくしゃみが止まらない人もいれば，熱が出る人もいて，体がだるくてたまらないという人もいます。のどが痛かったり，声が出なくなったりする人もいれば，平気な人もいます。うつ病もそんなふうです。症状のセットであって，一部の症状はあり，別の症状はない。［提供する］この説明でわかりますか？［引き出す］

クライエント：ええ。どんな症状があるのですか？

臨床家：ひとつは，あなたが言ったように，悲しい気持ち，落ち込み，よく泣くというものです。それから通常なら楽しめたことへの興味をな

くす人が多いです。［提供する］

クライエント：それ私に合ってます。最近は楽しいことがないです。

臨床家：わかりました。もうひとつの症状は睡眠パターンの変化です。眠るのに苦労する人もいれば，いつもよりずっと多く寝る人もいます。それに，食欲も変化します。太る人もいれば，痩せる人もいるのです。そういうのは？［提供する－引き出す］

クライエント：確かに，よく眠れていませんが，体重はほとんど変わっていません。食べる量は同じくらいだと思います。

臨床家：なるほど。お話ししたように，人によって症状は違います。集中力が落ちたというのもおっしゃっていましたが，それもうつ病ではよくあります。一日のほとんどの時間，体がだるいというのも。自分自身を悪く考える，無価値だとか罪悪感というのはどうですか？

クライエント：図星です。それ私です。

臨床家：それにもうひとつ，うつ病になった人は死についてずっと考えたり，自分の命を断つことを考えたりすることがあります。これはどうですか？

クライエント：自殺はあまり考えないです。自分がすることはまずないと思いますが，でも，死んだらどうなるのかというのは時々考えます。死ねば今の惨めさも終わるんだなって。このごろはお墓とかは怖いです。

臨床家：わかりました——そうですね，おっしゃったことはうつ病にはよくある症状ですし，ご自身もある程度症状をお持ちです。お伝えしたことでわかりにくいところはありました？　うつ病について他に何か聞きたいことは？　［引き出す］

クライエント：うつの症状が私に合っているみたいです。［第13章に続く］

3つの特殊な話題

　臨床場面でよく起こる特殊な情報の交換として3つの話題を取り上げよう。(1) 助言，(2) カウンセラーの自己開示，(3) 評価とフィードバック，である。

助言する

　助言もある意味，情報の中の特殊な一形態にすぎない。臨床家が考えて，クライエントにはこうすべきだと推奨したいことを伝えることが助言である。この点で，情報の交換に関わるすべての条件が助言の際に適用される。最初に許可を得ることは3つの方法のひとつとして前に述べた。明確かつ具体的にして，どの助言も小出しにして，クライエントの反応を欠かさず確認し耳を傾けるようにする。自律性を尊重する言葉を使う。相手が臨床家の助言に従うしかない，従うはずだなどの思い込みをしてはいけない。

　とはいえ，助言には単なる情報の伝達を超える他の側面がある。助言には"せよ"という要素，すなわち個人的な変化の推奨がある。そのため，助言は反発を引き出す潜在的な可能性を高める。助言が強引であったり，権威的であったりすればするほど，反発を引き出す可能性が高くなる。ほとんどの人は求めてもいない助言をもらうことを嫌がる。一方，助言を与えることを嫌がる人ははるかに少ない。求めの有無にかかわらず，助言は臨床家を専門家の罠に陥れやすい。臨床家は変化すべきだ，クライエントは反対だとなるわけである。よくありそうなシナリオを考えてみよう。

クライエント：子どもたちにはひどく手を焼いているんです。私が言ったとおりにしようとしないのです。

臨床家：タイムアウトという手法を使うことについて話したことを覚えていますか……

クライエント：それ試しましたけど，子どもたちはタイムアウトなんてやってくれません。

臨床家：子ども部屋に入れて，ドアを閉めるだけですよ。

クライエント：うちの子たちは部屋にいるのが大好きなんですから！　部屋にはおもちゃやゲームがあるし，いま以上に部屋で時間を過ごさせたら大変です。それに，ドアを閉めたら，部屋で何しているかこちらから見えないじゃないですか。

臨床家：では，椅子を壁だけで何もない部屋の隅に向くように置いて，その椅子に子どもたちを座らせることもできますよ——長い時間ではなく，短いタイムアウトの時間だけ。これなら目も行き届くし，悪い行動を強化せずにおくことができます。

クライエント：先生から前にそう言われて，私も試したのですけど，子どもたちは椅子の向きを変えて話しかけてくるんですよ。

　たとえこの前には巧みなMIがあったとしても，この会話が始まった途端，臨床家は提案を次々と出す変化の旗振り役になり，クライエントは一つひとつにダメを出す人になっている。このような提案‐却下の悪循環に陥ることは容易である。変化の計画を作るプロセスは第Ⅴ部で詳しく取り上げる。ここでは助言する際の具体的な注意事項を示すことにする。

■まずは関わる

　関わりという土台がしっかりしていれば，助言も受け入れられやすい。クライエントとの作業同盟がうまくいっていれば，助言によって共感や敬意，希望までも伝えることができる。

■少しずつ使う

助言はMIのメインではない。MIは解決策を与えることよりも，クライエントから引き出すことを重要視している。筆者としては，助言と指示のスタイルがさまざまな対人援助の場面で使われ過ぎていると感じている。情報提供のタイミングについては，すぐに解決策を与えたいという間違い指摘反射に用心しよう。代わりにクライエントの話を丁寧に聞くようにしよう。実際に助言する際には，クライエントの反応に注目しよう。うつろな眼つきだったり，防衛的だったり，臨床家の助言に対してうまくいかない理由の説明（維持トーク）をする場合，臨床家が的外れなことをしているサインと見てよいだろう。

■許可を求める

クライエントが助言をしてほしいと頼んだのでなければ，助言する許可を求めよう。

■個人の選択を強調する

クライエント側から，何をすべきかと臨床家の意見を求めてきたときでも，自律性を確認したり，再度許可を求めるほうがうまくいくだろう。

クライエント：それで，先生は私が何をすべきだとお考えですか？
臨床家：他の人で効果があったことをいくつか提案してもよいのですが，一番大切なことはあなた自身にとって効果があることを見つけることです。そして効果の有無を判断できる人はあなた以外にはありません。どうですか，アイデアを聞いてみたいですか？

助言と相乗りのようにして使える自律性をサポートする言葉の例をいくつか挙げる。

「実際には○○さん次第ですが,こちらからいくつかお勧めを説明してもいいですよ」
「今の助言は○○さんにとってはぴったりとはいかないかもしれません」
「あなたがこれで納得されるかどうかは私にはわかりませんが……」
「私の案に賛成されるか却下されるか……」
「私から○○さんに何をしろとは言えませんが,他の人がどうしたのかを説明することはできますよ」
「もし自分でもやってみようかなと思われるなら,こんなやり方も……」

要するに,クライエントに対して臨床家の助言を無視する許可を与えるわけである。もちろん,わざわざ言うまでもなく,無視することはクライエントが常に持つ特権である。この自由を認めることには逆説的な効果がある。クライエントが助言に耳を傾け,注意を払う可能性が高まるのである。

■複数の選択肢をメニューとして提供する

　提案－却下の悪循環を回避する具体的な方法のひとつは,1つずつ提案するのではなく,さまざまな選択肢を提供することである。提案1つだけでは(先述した子育ての例のように)維持トークを招くようである。選択可能なメニューになると違う精神状態を起こすようだ。これだけある選択肢のどれが一番良いですか? 単独の提案に対して反対するのではなく,広範囲の可能性を考察し,その中から選ぶことがクライエントの課題になる。複数の案の中から行動方針を1つ,自分で自由に選んだのだと感じると選んだものにコミットしてやり遂げる可能性が高くなる。
　まとめると,許可を得ており,少なめであり,クライエント自身の解決策を引き出すことを優先していて,複数の選択肢の中から選ぶ自律性も認めていれば,助言はMIと一致したものになる。

自己開示

　従来，MIの中ではカウンセラーの自己開示の役割を扱うことはなかった。クライエント中心カウンセリングにおいてRogers（1959, 1965）はカウンセラーが示す「純粋性」あるいは「一致性」の重要性を強調し，これが変化が起こるための決定的前提条件であるとした。のちにこれを「今この瞬間の自分の経験が自分の意識の中に存在しているとき，そしてかつ意識の中にあることがコミュニケーションの中にも存在しているとき」（Rogers, 1980b, p. 15）として定義した。言い換えれば，第2章で述べたMIの構成要素と同様に，純粋性には意識と表現という2つのレベルがある。Rogersによれば，意識のレベルではクライエントとの作業中に臨床家自身に起こる反応にチューニングし，何を経験しつつあるのかを意識することが欠かせない。表現のレベルで言えば，純粋性には自分の反応をクライエントに伝えることが含まれる。

　Rogersが述べたことはクライエントに臨床家の昔話をすることとは全く違うことに気をつけてほしい。「自己開示」という用語は，臨床家自身の人生経験の中でクライエントの状況に関連しそうなものを相手に伝えることだと受け取られかねない。Rogersが言っていることは，クライエントと話している瞬間に臨床家が経験していることを意識し，取り扱うことである。

　もちろん，コンサルテーションの間に心に浮かんだすべてをクライエントに言うべきだと勧めているわけではなく，筆者の知るかぎりそうしている臨床家はいない。MIのフォーカスはカウンセラーの経験と幸福ではなく，クライエントのそれにある。カウンセリング中に臨床家が思いついたことすべてを伝える必要はないし，メリットもない。また，その究極の反対である，距離を保って自分自身のことは一切おもてに出そうとしないやり方を——これに対してRogersも反応した——良しとしているわけでもない。古典的精神分析では，治療者は横たわったクライエントの背後に座

り，非言語的なサインまでも隠すようにしていた（Viscott, 1972）。

この両極端の間に，メリットがありそうなときには自己開示をするという中庸がある。では，臨床家自身の過去も現在もある経験の中で開示するものはどうやって決めるのだろうか？　次にテストをいくつか挙げる。

■それは真実か？

純粋性を保つためには，伝えようとする臨床家自身の経験が真実でなければならない（ただし，すべての真実を伝える必要はない）。過去や現在の経験について作り話をすることはできるが，著者としては勧めない。さらに臨床家自身が実際に経験していることを否定しても（「いいえ，いいえ，いや本当に――気分を悪くしたりなんてしていません。反対しているわけではないのです」），ある程度まではクライエントに嘘がばれてしまっているだろう。

■それは有害になりうるか？

「第一に，害をなさないこと」という指針がある。もうひとつのテストは自己開示が害になるかどうかである。害になるもののリストの中でランクが高いのは批判のように（Simon, 1978），クライエントの能力や意図，努力，外見などについて否定的なコメントをすることだ。

■なぜメリットが生じるのか，その理由は確かか？

親友同士の間での自己開示はごく当たり前のことであり，相互的に生じる。しかし，対人援助の専門職にいる場合，自己開示には具体的な理由があるべきだと著者としては考える。賢明な自己開示（詳細さのレベルは適切に保たれ，クライエントにフォーカスが当たったままである）と臨床家にフォーカスが移ってしまうような過度な自己開示（Rachman, 1990）との間には違いがある。臨床家自身の現在あるいは過去の経験を伝える前に，そうすることが役立つと思う理由を自分自身に問いかけてみよう。次に理

由になりそうなものを例挙する。

- 信頼と関わりを向上させる（Cozby, 1973）。
- 率直な態度のモデルを示して、お互いの自己開示が進むようにする（Sullivan, 1970）。
- クライエントの質問に答える。（「先生にもお子さんはおられるのですか？」「こんな気持ちになることは先生にもありましたか？」）
- 是認する：是認はクライエントの性質や行為に対するその場での純粋な高評価だから、自己開示の一形態ともいえる。

所定のアセスメントとフィードバック

■インテークの実用性

定められた手順に従って行われる所定のアセスメントは、何時間もかけて行われる構造化面接からカウンセリングの間に所定の質問を2, 3するだけのものまで多様な形式で行われる。相談業務の中では優先順位が高い傾向がある。治療プログラムや臨床家側からみて有用な情報を一方的に収集していることも多い*2。相談に訪れたときの最初の経験がアセスメントの集中砲火であった場合に、クライエントがどう反応するかを考えてみるのは有意義だろう。関わりを促進することはまずない。なかには受動的になり、初回の後はもう二度と受診しないというクライエントもいる。

多様な場面でMIはクライエントの治療継続率を向上させるという報告がある（例：Grote, Swartz, & Zuckoff, 2008; Heffner et al., 2010; Klag, O'Callaghan, Creed, & Zimmer-Gembeck, 2009; McMurran, 2009; Secades-Villa, Fernánde-Hermi-

---

＊2（原注1）刑務所内で依存症治療を専門にしているカウンセラーに会ったことがある。彼の仕事は、飲酒運転のために初回逮捕された人たちに対して治療プログラムへの参加を促すことだった。彼が相手と話せる時間は平均20分で、使っていた所定のインテーク・シートはなんと17ページだった。これを作った誰かは臨床家とクライエントのメリットを全く視野に入れなかったのだろう。

da, & Arnáez-Montaraz, 2004; Sinclair et al., 2010; Wulfert, Blanchard, Freidenberg, & Martell, 2006）。このことを考えると，MI をインテークに統合することで，プログラム側とクライエント側の双方にメリットが生じる可能性がある。両方の欲求にかなう可能性がある。筆者としては評価に先立って最低でも 10 分間，MI をすることを推奨する。開かれた質問で開始し，聞き返しでフォローするシンプルなことだけでよい。

「ちょっと後で，○○さんにたくさんの質問をさせてもらいますが，その前に最初に，今日あなたがここに来られることになった理由と，ここでどんなことをしてほしいと期待しておられるのかを教えてほしいと思います」

これはまた，インテーク面接を事務仕事とみなすべきではなく，技能ある臨床家によって行うべき仕事であることも意味している。インテークとは関わりと治療のスタートであり，経験豊富な専門家が関心を持つべきところである。

フォーカスと書類作成のために必要な最低限の情報を収集することも推奨する。保健指導・健康相談のようなサービスの中には，インテーク・アセスメントだけでも 2 回以上のセッションを必要とするところがある。このようなアセスメントの内容は，臨床現場からは遠く離れた人間によって命じられたものなのだろう。本当に必要な情報はどれくらいなのだろうか？ 一部は，待合室にいる間にクライエントが自分で書き込めるような問診票程度のものにならないだろうか？ セッションとセッションの間に自宅で記入できないだろうか？ 後回しにできるのではないか？ クライエントとの関わりを危うくしてしまうようなアセスメントは無駄な努力になりかねない。良い管理者であれば，いつどうやって必須データを集めるのかをスタッフと協力して工夫し，クライエントとの関わりを強めることのほうを目指すだろう。柔軟にする余地はあるのが普通である。筆者のひ

とりが所長を務めた嗜癖治療プログラムでは，初回の来院で絶対に落とせない質問に必要な時間は 20 分ほどだった。初回面接には最も経験豊かなカウンセラーを担当させ，アセスメントを開始する前に 30 分間，話を聞くだけでまとめることはしない MI を行わせることにした。実際にやってみると，担当したカウンセラーはアセスメントを開始しようとしたときには必要な情報の大半をすでに聞いていることに偶然，気づいた。またクライエントが以前よりもはるかに正直に答えるようになっており，アセスメントの後でドロップアウトするクライエントの割合も大幅に減った。

■アセスメントの結果を分かち合う

　よくありがちなこととして，最初に行ったアセスメント情報はファイリングされて片づけられてしまい，クライエントや治療スタッフにも使われないことがある。臨床家が集めた情報をクライエントの関わりと変化への動機づけを高めるために使うにはどうしたらよいだろうか？

　実はこれは MI の実験的応用の一番最初である。当初は「飲酒と健康チェック」(Miller & Sovereign, 1989; Miller, Sovereign, & Krege, 1988) と呼ばれ，最終的には動機づけ強化療法（motivational enhancement therapy: MET）(Miller, Zweben, Diclemente, & Rychtarik, 1992; Project MATCH Research Group, 1993) へと発展したものである。この方法の中核的な要素は EPE の枠組み（引き出し-与え-引き出す）のきっかけになったものであり，カウンセラーが飲酒アセスメントの結果を伝えることとクライエント自身の反応を引き出すための開かれた質問と傾聴の組み合わせである。端的に言えば，カウンセラーはクライエントに対して結果をどう解釈すべきかを伝えることなく，クライエント自身の解釈や懸念を引き出すようにする。ソクラテス式の情報提示によって，クライエントが自分自身で結論と変化への動機づけに到達するようにしている。このチェックアップのやり方はマリファナ使用（Swan et al., 2008）や，回復管理（Rush, Dennis, Scott, Castel, & Funk, 2008; Scott & Dennis, 2009），学校授業管理（Reinke et al., 2011），夫婦介入（Morrill et al., 2011），家族介入（Slavet et al., 2005; Uebelacker, Hecht, & Miller, 2006），ドメスティック・バイオレンス（Roffman, Edleson, Neighbors, Mbilinyi, & Walker, 2008）にも応用されている。

　このプロセスをシンプルにすれば，最初のアセスメントが終わった後に開かれた質問をして，出てきたチェンジトークを聞き返し，傾聴することだけになる。

「さて，今日，私がお聞きしたかったことは今ので全部です。いろいろたくさん教えてくださってありがとう。次に先に進む前に，お話ししている間にお気づきになったこととか，どんなことを考えておられましたか？［閉じられた質問よりもこのように開かれた質問が良い。『何か考えていることはありますか？』のようなイエス／ノーの質問では『ありません』という反応を引き出しがちである］」

　METではEPEの枠組みに沿ってクライエント自身の反応を誘い，チェンジトークを集めて聞き返し，サマライズする。情報がこのように提示されると，臨床家が想定していた結論と同じ結論にクライエントも至ることが多い。もちろん，違いはクライエントが自分のやり方で時間もかけて同じ結論に到達したということである。

　まとめると，クライエントを受動的な立場に置き，一方通行の情報収集作業としてアセスメントを行うことには警戒してほしい。実務上・管理上の目的で必要な情報はあるだろうが，片務的な事実収集はクライエントの立場から見れば，関わりを損ねかねない。コミュニケーション上のリスクもある。「○○さんからは十分に情報を頂いたので，次にこちらからお答えを提供します」。クライエントの変化が目標である場合に，専門家が主導して情報をもらって答えを出すというモデルが有効なことはめったにない。したがって，アセスメントは必要最小限にとどめて変化促進というより大きな課題に対して役立つように統合するのがベストである。

巧妙さが必要

　この章の狙いはあらゆる種類のケアの場面で幅広くみられるパターンを逆転させることである。クライエントから大規模にデータを吸い取り，事実をクライエントに送り込むというパターンには生き生きとした人間的な性質が全く欠けている。無粋な情報のやりとりは無反応なクライエントを生み出す。EPEの枠組みの中でMIの中核的な技能を使えるようになれば，情報交換は巧妙な技に変わり，面接の時間を効率的に使えるようになり，クライエントの願望と情報を溶け込ませることができるようになる。この意味で情報のやりとりは今後の研究の深化と臨床家の訓練，クライエントとの話し合いを必要とする課題なのである。

キーポイント

- MIの中では，情報と助言はクライエントの許可を得てから提供される。
- 引き出し–与え–引き出すという枠組みは，クライエントの知識と自律性を尊重する情報交換の手順である。
- 助言に関しては最初に関わりをし，少しずつ提供し，クライエントの選択を強調し，複数の選択肢をメニューとして提供する。
- 自己開示には臨床家自身の真実を共有しようという意思が含まれている。クライエントを害することなく，メリットが生じると期待できる十分な理由があるときに行う。
- どのように必要なアセスメントであっても，関わりを強められるような文脈で行われるべきである。また，臨床家と施設・組織にとって有用なだけでなく，クライエントにとっても有益なプロセスになるようにすべきである。

第IV部

引き出す
変化への準備

　クライエントと臨床家との作業関係が成立しはじめ，フォーカスが明確になったら，変化への動機づけを引き出し，強化する第3段階への準備が整う。関わりとフォーカスのプロセスは他の多くの治療的介入法とも共通するが，引き出すプロセスはカウンセリングがMIとなる特徴的な部分である。これを構成する技術には，チェンジトークを聞いたときに認識することと，引き出し方と出現したときの反応の仕方を知っていることが含まれる。上手なMIではクライエントのチェンジトークを明確に強めており，それが後の変化を予測する。ここに第IV部の最大のフォーカスがある。

　第IV部では，クライエントとの間での不協和や維持トークに気づくことと対処法も扱う（第15章）。クライエントが希望を持つことは変化する要因のひとつとして広く認められている。希望を引き出し強めることをMIに準じて行うことができる（第16章）。これを踏まえながら，第17章ではクライエントの選択の方向性に影響を与えたくないとき，中立性を保ちながらカウンセリングを行う方法という話題に戻る。第IV部の結論（第18章）では，「前熟考期」にあるクライエントに変化への動機を引き出す方法や，両価性がはっきりしないときにそれを際立たせる方法を考察する。

第12章

両価性
チェンジトークと維持トーク

"アンビバレンス"はダンスをするには素晴らしい曲だ。独特のリズムをもっている。
　　　　　　　　　　　——エリカ・ジョング（柳瀬尚紀訳）[*1]

私は生まれつき，疑問が1つあるとそのあらゆる面を見なければ気がすまない類の人間である。そんな因果な性を抱えた人間にとって疑問は増えるばかりで，最後はすべてが疑問になり，答えは消える。
　　　　　　　　　　　　　　　　　　　——ユージン・オニール

　両価性は変化の途上での当たり前の過程である。実際，それ以前の段階（トランスセオレティカルモデルでは「前熟考期」と命名されている）では，変わる理由など全く気づいていないのだから，それから見れば進歩といえる。両価性には矛盾する動機が同時に存在するため，居心地の悪い状態である。「Torn Between Two Lovers（二人の恋人の間で引き裂かれ）」[*2]だったり，手に入れても後悔するだけだとわかっていながら，やはり死ぬほど欲しいものがあったりするときの心の乱れ方について考えてほしい。張り詰めた宙づり状態自体だけでも十分に不快であり，変えようとする原

[*1]（訳注1）『飛ぶのが怖い』エリカ・ジョング著，柳瀬尚紀訳，新潮文庫，1973，p. 315.
[*2]（訳注2）「過ぎし日の想い出」（原題："Torn Between Two Lovers"）は，メアリー・マクレガーが1976年に発表した楽曲。「二人の恋人の間で引き裂かれ／まるでばかみたいね／あなたたち二人を愛することは／完全な規則破り」

動力になるだろう。

　しかし，一方で両価性は長い間どっちつかずのままで抜け出せない泥沼状態にもなる。葛藤の力動から見ればこのジレンマを理解できるだろう。両価性の対立は概念的には4つに分けられる（Box 12.1 参照）。4つのいずれも2つの相反する方向に対して，同時に行こうとするか，逃げようとするかである。一方向を選び，そちらに行けば行くほど，その方向のデメリットがはっきりしてきて，反対方向の魅力が増してくる。両価性を意識して不快感が生じると，人はそれについて考えるのをやめようとしたり，現状のままでも実はそれほど悪くはないと考え解消させることを諦めたりする。そこまでいかなくても，今はまだできることがないと思うことはよくある。こうなると現状維持が続くことになる。

　変化について思いを巡らすことには考えられる選択肢それぞれについて長所と短所を自分の心の中で言葉にすることが入っている。言葉は声に出すこともできるし，人相手に言うこともでき，それがMIをする理由になる。葛藤があるとき，人は変化を良しとする意見とその逆の意見の2つを述べるのが普通である。両価性が存在するとは，人の内面に2つの動機が同時に存在するという意味である。第2章で論じたように，もし他の誰かが変化に賛成する意見を述べれば，それを聞いた人は自分自身が持つ両価性の反対側に基づいて変化に反対する意見を述べる可能性が高くなる。変化に反対する意見を出し続けることは，自分自身に対しても変化反対の立場に立つように説得することである。同じことが変化賛成に対してもいえる。変化に賛成する意見を出し続けることによって，変化賛成の立場に立つように自分自身を説得できる。

チェンジトーク

　本書の第1版では，このような変化に賛成する意見を「自己動機づけ発言」と記述していた。第2版ではこれを「チェンジトーク」と呼びかえ，

BOX 12.1. 両価性の４種

接近／接近　　X ⇐ ☺ ⇒ Y

　２つの好きな選択肢の間に引き裂かれている状況である。「お菓子屋さんでの悩み」である。魅力的な選択肢が２つあるが，１つだけしか選べない。１つ（X）について考え，その方向に行くともう片方（Y）の魅力が強まる。逆もまた真である。しかし，これは両価性の中では一番ストレスの少ないタイプである。ウィン・ウィンの中での選択であり，どっちを選んでも結果は良い。もちろん，「でも，もう一方を選んでいたらどうだっただろう……？」と，決断後に後悔が残ることがあるだろう。

回避／回避　　X ⇐ ☹ ⇒ Y

　２つの不快な選択肢の間での選択である。どちらも悪いがその中でましなほうを選ぶことである。「前門の虎，後門の狼」，「進むも地獄，退くも地獄」というにっちもさっちもいかない状態である。選択肢（X）のほうに行こうとすると，Xの不快さを強く感じるが，Xから離れると今度はYに近づき，Yのデメリットについて考えだしてしまう。

接近／回避　　😐 ⇔ X

　このタイプの葛藤では選択肢は１つだけである。その選択肢には明確なプラス面と見過ごせないマイナス面の両面がある。これは「君を追い出してひどく惨めだ，まるで君がまだここにいるみたいだ」という，Billy Ray Cyrusの歌詞*にうまく捉えられている。Xのほうに行くことでXのマイナス面がより明確になるが，離れていくと今度はプラス面がより露わになる。

二重接近／回避　　X ⇔ 😐 ⇔ Y

　二重接近／回避の葛藤は４つの中で最も悩ましいものとして知られている。ここでは，XとYという２つの選択肢があり，それぞれに強力なプラス面と見過ごせないマイナス面がある。Xのほうに行こうとすると，Xのマイナス面がより明確になる一方で，Yのほうに行きたくなる気持ちが高まる。けれども，いざYのほうに行こうとすると，Yのマイナス面がより際立ってきて，今度はXが魅力的に感じられる。

*（訳注）アルバム "Some Gave All"（1992）の９曲目 "I'm So Miserable"。B・R・サイラス，コーキー・ホルブルック作。元の歌詞は恋人が他に男をつくって，出て行き，取り残された男の嘆きの歌。

変化を良しとするすべての発言をまとめて含むものとした。これはチェンジトークの包括的な定義でもある。つまり，本人自身が表明する変化に賛成するすべての言語である。

> チェンジトークとは本人自身が表明する変化に賛成するすべての言語である。

その後，筆者はPaul Amrheinと出会い，共同研究するという幸運に恵まれた。彼は動機づけとコミットメントの言語を専門にする心理言語学者である。自然な会話の中である特定の行為を望んだり，約束したりするために使われる言語を研究していた。望みや約束を示すサインを察知するすべを知っていることは大事な社会的スキルである。例えば，ある大学生が教授に対して，論文の下書きを読んでコメントするように依頼するとする。学生は依頼に対して教授が発する言動に細かな注意を払うであろう。なぜなら，コメントをすぐにもらえる確率についての情報は言動の中に入っているからである。教授の返事のパターンをいくつか考えてみよう。

「申し訳ないね。コメントしてあげたいけれど，本当にとっても忙しいのでね」
「できるように努力はしましょう」
「来週なら読めるかもしれない」
「朝までにコメントを用意すると約束するよ」

こうした返事は確実なコミットメントから，ほぼあてにならないコミットメントまで幅の広い対人シグナルになっている。Amrheinによる観察研究では，求める側の言葉の中に含まれる要求言語のレベルが相手側のやる気のレベルよりも高すぎると，交渉がうまくいかなかった。筆者もカウンセリングや病院の診察で同様なことが起こることに前から気づいていた。そして臨床家に対して，クライエントの現時点での動機づけレベルに合わせて話すように，相手側の変化への準備レベルよりも先走らないよう

にすべきだと助言してきた。

　筆者によるチェンジトークという概念を聞かされたとき，Amrheinはチェンジトークには雑多な言語行動が混在していると指摘し，分類することを勧めた。彼は4つの下位分類，願望，能力，理由，ニーズを提案した。現在，筆者はこれを準備チェンジトークとしてまとめている。

準備チェンジトーク

■願望

　願望には言語普遍性がある：地球上のどの言語でも，話者が何かを望んでいることを意味する言葉を必ず持っている（Goddard & Wierzbicka, 1994）。このような言語は変化についての会話の中にしばしば出現する。

「私は痩せたいです」
「もっと良い仕事に就きたいなあ」
「もっと遠慮せずにみんなと一緒にいられたらいいのにな」
「来年はもっと良い成績をとれますように」

「○○したい」は変化への動機づけを構成する1つ目の要素である。それがあれば変化したい気持ちは本物ということになるが，変化に必須というわけではない。したくなくても，やってしまうことがある。

■能力

　動機づけを構成する2つ目の要素は，変化を達成する能力の自覚である。自分には不可能だと信じていれば動機づけは高まらない。「マラソンを走りたいです［願望］が，決してできないと思います［能力］」。この言語は変化についての話し合いの中で変わってくる。「○○できる」や「○○する能力がある」のようになる。これは変化の可能性は感じているが変

化にコミットしていないときにも，仮説的な仮定法の文型で現れる。「もしかすると○○できるかもしれない」や「先々○○できるようになるかもしれない」である。能力の言語は変化の可能性のサインになるだけである。

■理由

Amrheinによる3つ目の要素は，変化する理由の具体的な陳述である。定期的な運動を始める理由について話すときは次のように言うだろう。

「やればおそらく体力がもっとつくだろう」
「夜にもっとよく眠れるかもしれない」
「糖尿病の管理に役立ちそうだ」
「私はもっと素敵になって，異性を魅惑できるでしょう」
「孫を見るころまでは長生きしたい」

このような理由の陳述は能力や願望を意味しない。変化する理由が十分にあっても，そうはしたくない，できないと感じる人もいるだろう。意思決定バランスのエクササイズ（第17章参照）では変化に対する賛成と反対の理由を具体的に挙げていくのが普通である。この陳述には「もし○○ならば××になる」という文型が裏側にある。例えば「もし，運動を定期的にしたら，私はもっと魅力的になるだろう」というようになる。

■ニーズ

動機づけの4つ目の要素は，変化の一般的重要性あるいは緊急性を強調するような命令形の言葉がつかわれているものである。ニーズの陳述では変化が重要である理由を特定しない（もし特定しているならば，理由に分類するのがよいだろう）。

「○○する必要がある」

「○○すべきである」

「○○しなければならない」

「○○するしかない」

「こんなことを続けるなんてもう無理だ」

「何か変えないといけない」

　繰り返しになるが，このタイプの命令言語は変化の願望や能力を含まない。このような言葉を聞いた後にクライエントに少し尋ねれば，命令形の背景にある理由を特定することもできるだろう。しかし，これらの陳述自体にはクライエントがなぜ変化しなければならないのか，必要があるのか，変化すべきなのかについての理由は入っていない。

　英語の4つの頭文字をとってDARN（願望 = Desire，能力 = Ability，理由 = Reason，ニーズ = Need）として記憶しやすくした。この4つを準備チェンジトークと呼ぶ。どれも単独でも一緒になっても，それだけでは変化が起こることのサインにはならないからである。「痩せたいです」（願望）と発言することは「痩せます」と同じではない。酒をやめられる／やめられるだろう（能力）と発言することは，断酒のコミットメントではない。変化の立派な理由をリストにしたとしても，それだけでは実際に変化する気があるということにはならないし，「○○すべきである」（ニーズ）と言う場合でも「今から○○します」と同じではない。DARNそれ自体ではこれから述べる，筆者が実行チェンジトークと呼ぶものの一部にはならない。

実行チェンジトーク

　準備チェンジトークが両価性の変化に賛成する側を反映する一方，実行チェンジトークは変化を良しとする両価性の解決に向かう動くサインにな

る。この最も明らかな例はコミットメントの言語である。

■コミットメント

　変化しなければならない，変化できる，変化したい，変化する十分な理由があると言うことは変化しますという意味ではない。コミットメント言語は実際に実行することのサインである。この章のはじめに取り上げた教授と学生の例はコミットメント言語に関するものである。他人に何かをしてほしいと求めるとき，誰でも相手の反応を注意深く聞く。本当にしてくれるだろうか？

> 変化しなければならない，変化できる，変化したい，変化する十分な理由があると言うことは変化しますという意味ではない。

　コミットメント言語は人々がお互いに約束を交わすために使うものである。契約書はコミットメント言語で書かれている。結婚の誓いもそうである。米国の法廷で証言台に立つ者は「あなたは真実を，すべての真実を，真実のみを証言することを誓いますか？」と質問され，イエスと答えることで「宣誓」する。では，この質問に次のように答えたとしたらどんなことになるだろうか？

「そうしたいです」
「できるでしょう」
「そうする立派な理由があります」
「そうする必要があります」

　どれも法廷では満足な答えにはならないだろう[*3]。なぜだろうか？　それは証人が本当に真実を述べるとは言っていないからだ。どれもコミットメントにはなっていない。

＊3（原注1）このわかりやすい実例は Theresa Moyers のおかげである。

コミットメント言語はさまざまな形をとりうる。おそらく，最も明確なものは「○○します」である。強調した言い方には「約束します」「誓う」「保証する」などがある。「私の言葉を信じてください」はやや格式張った言い方だろう。「○○するつもりです」はするという決断を反映しているが，本当にするかどうか疑う余地を残している。

■活性化

実行に向かおうとする動きを示すが，コミットメントまでには至らない言葉がある。このような言語は拘束力のある契約の一部にはならないが，クライエントが実行する方向に向いていることのサインになる。

「○○する気がある」
「○○する用意がある」
「○○することに備えている」

誰かに「○○すると約束しますか？」と質問したときの答えがこのようなものだとしたら，いささか受け入れがたい答えだと思うだろう。活性化言語は「あと一歩」というものであり，コミットメントを含意しているが，まだ口にはしていないものだ。日々の会話でこのような答えを聞いたとき，普通の次のステップはより具体的に答えの内容を尋ねることになる。「いつやるのですか？」「正確にはどんな用意をしているのですか？」

■段階を踏む

活性化言語の3つ目は，カウンセリング中にチェンジトークを探して聞こうとするとはっきりしてくる。段階を踏むとは，人が変化に向かう何かをすでにやりだしたことを示す形式の言葉である。前回のカウンセリングの後，クライエントが変化のゴールを目指して何か具体的な行為をしたと報告するときの言語がそのよい例である。

「運動できるようにランニングシューズを買いました」
「今週は夜に間食しませんでした」
「サポートグループの集会に行きました」
「就職できそうなところ3カ所に電話をしました」

例えば，AA（アルコーリクス・アノニマス，匿名のアルコール依存症者たち）の集会に出席したからといって，必ずしも断酒にコミットしたことにはならないが，断酒への一歩にはなる。

実行チェンジトークの頭文字を取って覚えやすくしたものがCATs（キャッツ）である。コミットメント = Commitment，活性化 = Activation，段階を踏む = Taking stepsである。DARNとCATsはチェンジトークのすべてを網羅したものではなく，一般的な例を示したにすぎない。大切なことは，変化の方向に向かっていることを示す言葉を探して聞くことである。

丘の両側

チェンジトークの分類に無用な心配をしなくてもよい。大切なのはチェンジトークに気づくことである。人は社会的動物であるがゆえに，言葉の機能についての直観的な感覚を最初から持っているはずだ。チェンジトークに関する理解を助けるために，筆者は丘を上るときと下るときの様子をメタファーとして使うようにしている。

上り坂はDARNのような準備チェンジトークである。下りはCATsのような実行チェンジトークである。カウンセリングの間に臨床家が自分自身に問いかけるべきことは，「今は丘のどの辺りにいるか」である。クライエントと臨床家双方にとって，準備チェンジトークを引き出す過程とは上り坂をコツコツと歩み続けるようなものである。滑りやすい両価性の斜

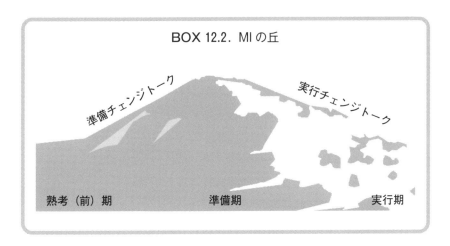

面を工夫と努力で一歩一歩，上っていく。準備チェンジトークが強まるにつれて，実行チェンジトークを聞くことが増えはじめ，いずれは下り坂を下りるような感じのプロセスになる。もちろん，下り道にも危険があり，転んだり，クライエントより先走りしないようにするためには技術が必要である。斜面を下るとき，クライエントが不安になり，あまりに早く進み過ぎるのではないかと疑いだすこともある。計画するプロセスを扱う第V部で，この下り坂について考察する。チェンジトークの深化とProchaskaとDiClemente（1984）による変化のトランスセオレティカルモデルのステージの間の類似性に注目してほしい（Box 12.2）。

維持トーク

　変化のために表出される言葉は，どのようなものでも，現状維持のために反対方向に等しい力を持った反動として表出されることがある。両価性とは第1章で触れたようにクライエントの心の中の委員会で，左右の両派が議論を戦わせているようなものだ。先述のDARNとCATsに従って，以下に維持トークの例を挙げる。

願望

「煙草を吸っているときの感覚がとにかく大好きなのです」
「運動はしたくないです」
「食べたいものを食べたいときに食べるのが私のやりたいことです」

能力

「試してはみましたが，自分には禁煙できるとは思えません」
「運動しなくても私の健康には全く問題ないだろうと思います」
「助けてもらわなくても私だけでやっていけます」

理由

「煙草でリラックスできますね」
「運動するような暇は全然ありません」
「体重を減らそうとしても，また元に戻ってしまうだけです」

ニーズ

「私は煙草が必要なのです。吸わないと一日を乗り切れません」
「時間とエネルギーは他のことに集中させないといけません」
「これが今の私なんだと受け入れなければいけません」

コミットメント

「私は喫煙を続けます」
「運動する気はありません。それだけです」
「ダイエットはもうたくさんです——もう勘弁！」

活性化

「喫煙のリスクはわかっているし，覚悟もしています」

「運動を考えるところまではまだいっていないですね」
「そのために必要なことをする気持ちはありません」

段階を踏む
「今週，また吸い始めてしまいました」
「ランニングシューズを買ったけど返品しました」
「先生が渡してくれたダイエット記録用紙は燃やしました」

　維持トークとチェンジトークは概念としては対照的であり――1人の個人の中での変化反対論と賛成論――，この2つが予測するアウトカムも違う。維持トークが優勢か，チェンジトークと維持トークが同量，混じっている状態の場合は現状維持になりやすい。一方，チェンジトークが優勢の場合は行動変容が起こりやすい（Moyers, Martin, Houck, Christopher, & Tonigan, 2009）。またこの2つの言語では司る中枢神経部位が異なることを示唆する予備的研究もある。ある神経イメージ画像の研究では，飲酒についての自発的な維持トークは重要なドーパミン作動性報酬経路の活性化に関連していた。一方，自発的なチェンジトークは関連していなかったことがわかった（Feldstein Ewing, Filbey, Sabbineni, Chandler, & Hutchinson, 2011）。すなわち，維持トークを出しているとき，飲酒の継続を良しとするような欲求の神経伝達が活性化されているのかもしれない。神経系の活性化パターンは協働的な関係スタイルと不協和なものからそれぞれ異なった影響を受ける（Boyatzis et al., 2012）。
　維持トークとチェンジトークは概念としては対照的である――1人の個人の中での変化反対論と賛成論である。

両価性の森

　第1章で論じたように，チェンジトークと維持トークが相互に絡み合っ

た1つの文を聞くことはごく普通のことである。このことそのものが両価性が持つ性質である。両方の動機が1人の個人内委員会で同時に表明されているのだ。

> 「僕はクリスティーンを愛している。少なくともそう思っている。一緒にいないときには寂しくて，ずっと彼女のことを思っているのだけど，他の女性のことも考えないわけではない。彼女と一緒にいるのは好きだけれども，彼女はとっても焼きもち焼きで，縛られているように感じるときがある。どうしたらいいんだろう。彼女と一緒にいたいけれども，彼女のせいで僕の頭はどうかなりそうだ」

内的葛藤は疲れる議論にもなる。1点を指摘すればやり返される。両価性は理屈のうえでの議論だけでなく，感情的なものも引き出してくる。特定の行動を選ぶことが人生の意味とアイデンティティーのような深い部分と結びついていることもある。禁煙は非喫煙者になることとは同じではない。違法性薬物を使う言い訳には思春期の自由奔放な反抗を諦めることに対する葛藤を反映しているかもしれない。

　どうすればこのような泥沼から人を救い出せるのだろうか？　深い森の中で，そこから抜け出す道を探そうとしているとき，堂々巡りをして同じ場所に舞い戻ってしまう危険がある。これを避けるためには直線的に動かなくてはならない。こういうとき，もしコンパスがないならば，ボーイスカウトは一直線上にある3本の木に照準を合わせるようにと教わる。1本はすぐ近くの木，もう1本は少し離れた木，そして3本目は遠く離れた木である。3本目の木を視線の先に保ちながら，2本目の木に向かって歩く。2本目の木に接近したら，先にある3本目の木を再び見て，さらに同じ直線上で遠くにある4本目の木を見つけるのだ。この方法を使えば，森の先は見えなくてもまっすぐに進んで森を抜けることが可能になる。

　MIのプロセスもこれに似ている。本人の考えだけに任せていると堂々

巡りしてスタート地点に何度も戻ってしまうような状況でも，MIの助けがあれば木から木へまっすぐに進むことができ，森を抜け出すことができる。

キーポイント

- 両価性とは相反する動機が同時に存在することで，変化に向かう過程ではよくある正常な状態である。
- 日常会話では両価性はチェンジトークと維持トークが混在した形で表出される。
- 準備チェンジトーク（例：願望，能力，理由，ニーズ）は実行チェンジトーク（例：コミットメント，活性化，段階を踏む）より前に現れる傾向がある。
- 引き出すプロセスの役割は変化に向けて両価性の解消を援助することである。

第13章

本人自身の動機づけを引き出す

> 与えられた治療ではなく，自分自身で語る真実こそが私たちを癒やす。
> ──O・ホーバート・マウラー

> ことばは死んだ　口にされた時，という人がいる。
> わたしはいう　ことばは生き始める　まさにその日に。
> ──エミリー・ディキンソン（亀井俊介訳）[*1]

変化へと向かわせる言葉

　MIをする間に起こる変化のプロセスはMIだけの特別なものではない。人が変化に向かって進むときのごく普通のプロセスである。両価性（熟考期）は変化派にバランスが偏れば解消する。意識の中にある変化のメリット（賛成論）がデメリット（反対論）を圧倒し始める。「あ，そうか！」というようなはっきりとした変化の瞬間を自覚する場合も時にはあるが，ほとんどは段階的なプロセスで行きつ戻りつになる。クライエントに対してMIができる援助とは，森を抜ける方向に前進し続けられるように両価性を自然に解消していけるように促していくことだ。

　このプロセスがMIの中で明確に生じるのは，クライエントが自分で自分自身に対して文字通り動機づけるときだ。人は自分が話したことを聞か

---

*1（訳注1）『対訳ディキンソン詩集』ディキンソン著，亀井俊介編訳，岩波書店，1998，p. 161. エミリー・ディキンソン，第4回「言葉は死んだ」A word is dead（1212番 1872年頃）

されると，そのとおり実行しようとするコミットメントが強まりやすい。通常の両価性とは心の中の内部委員会で沈黙したまま議論することであり，容易に脇道に逸れてしまう。こうならない方法として例えば，Benjamin

> クライエントに対してMIができる援助とは，前進し続けられるように両価性を自然に解消していけるように促していくことだ。

Franklin は変化に賛成の理由と反対の理由をリストにして書き出すことを勧めている。そうすればより体系的に考えることができる。しかし，もし賛成論と反対論がちょうど拮抗していたならば，両価性のまま継続してしまうだろう。MIは変化の方向に向かう言語を通じて，人が森から脱出できる方向に動き続けるように援助する。

　他人の前で自身の動機づけを声に出して言ってみることには重要な意味がある。「今日，ジョギングに行く」や「父を許す」のような発言についてどう受け止められるか，その違いを考察してみよう。

- 黙って静かに心の中で言う
- 書き留める
- ひとりだけのときに鏡の前に立ち，鏡の中の人に向かって，声に出して言う
- 誰か他人に対して言う

　対人関係の文脈も影響する。強制的な文脈は正直さを損なう。一方，受容的かつ肯定的，傾聴的，非審判的な対人関係の中で自身の動機づけを声に出して言うならば，その影響は特別なものになるだろう。これが理由でMIはチェンジトークを引き出し，探ることに特に注目する。

　これは維持トークを無視すべきだという意味ではない。それでは受容の精神に反する。維持トークが出てきたなら，それを聞き尊重し，たびたび聞き返し，そして全体像の中に含めるようにする（第15章参照）。しかし，MIではチェンジトークを引き出し探れるようにするために会話を意

図的にアレンジしていく。最初のステップはチェンジトークを聞いたらすぐ気づくことである（第12章）。この章ではチェンジトークが生じる可能性を高めるための戦略を論じる。

別の言い方をすれば，クライエントが話すチェンジトークの量に対する臨床家の影響はかなりのものである。通常のMIのセッションでは，チェンジトークの頻度と強さは面接経過に伴い増えていく。心理言語学者のPaul AmrheinにMIのセッションを録音したテープを渡して分析を頼んだときの話である。彼にとっては初めて聞くMIだった。最初，本物のクライエントではなく，役者が演じていると思ったというのが彼の感想だった。彼によれば，コミットメント言語がMIのように短時間のあいだで増加していくことは（第21章参照），日常会話では起こりえないことだった。彼は，筆者が理想的な筋書きを書いて，そのとおりに役者に言わせたと思ったのだ。しかし，大量のMIのセッションを分析していくうちに，AmrheinはこれがMIにとっての普通であることに気づいたのだった。Box 13.1は，結果的に非合法薬物を断薬した61人のクライエントについて，MIのセッション中でのチェンジトークの強度の平均の変化を示している（Amrhein et al., 2003）。横軸の目盛はセッション開始からおおよそ5分ごと（時間を10等分した点）を示している。依存症治療プログラムにこれから入ろうとするクライエントである。セッションを開始した時点での平均では薬物使用継続に対するコミットメントを表出していた（縦軸のチェンジトークの強度の値が0であることは，両価性＝中立を意味する。マイナスは使用継続になる）。セッション終了時にはクライエントは断薬に対してより強いコミットメントを口にしていた。この右肩上がりの折れ線グラフが――MIセッション中にチェンジトークの強度が上がった量を示す――断薬の成功を予測した。つまり，MIが通常は起こらないようなチェンジトークのシフトをセッション中に生じさせ，それが結果としての行動の変化を予測した。

このようなチェンジトークの増加が演技ではないMIのセッションで生

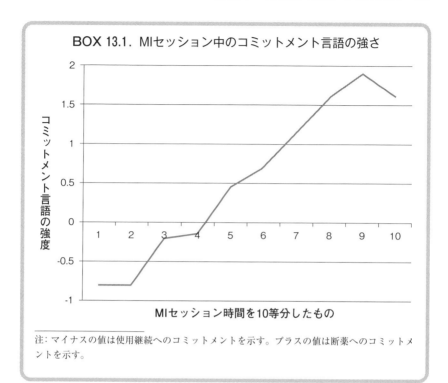

BOX 13.1. MIセッション中のコミットメント言語の強さ

注:マイナスの値は使用継続へのコミットメントを示す。プラスの値は断薬へのコミットメントを示す。

じるとすれば，臨床家がする何かに原因があるのだろうか？　この疑問に答えるため，GlynnとMoyers（2010）は別のタイプの研究を行った。臨床家に対して，クライエントにはわからないように同一セッション内で12分ごとにカウンセリングのスタイルを交代するように教示した。2つの異なった条件（AとB）を交互に使う，ABAB研究計画である（Patterson & Forgatch, 1985参照）。条件Aでは，臨床家はクライエントからアルコールに関するチェンジトークを引き出し，強化しようと試みた（CT）。条件Bでは，行動療法でよく使われる技法である機能分析（functional analysis: FA）を行った。飲酒行動の先行事象と結果を理解しようとするものである。両者とも共感的な傾聴を含んでいたが，条件Aのみ，臨床家は意図的にチェンジトークを引き出し，強化しようと試みた。条件の順序はラン

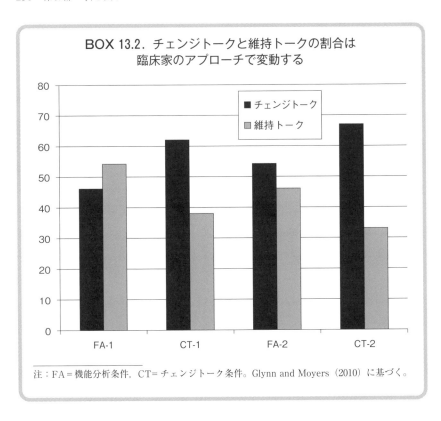

BOX 13.2. チェンジトークと維持トークの割合は臨床家のアプローチで変動する

注：FA＝機能分析条件，CT＝チェンジトーク条件。Glynn and Moyers (2010) に基づく。

ダムで，時には機能分析が先，時にはチェンジトーク強化が先になるようにした。臨床家はクライエントが発するチェンジトークの量を変えられただろうか？　結果をBox 13.2に示す。CT条件ではチェンジトークの明らかな増加と維持トークの減少があった。FA条件では，その逆パターンであった。特に，CT部分とFA部分におけるチェンジトークと維持トークの相対的な割合の変動に注目してほしい。

MoyersとMartin (2006) による別の研究では，MIセッション内での臨床家の反応とクライエントのチェンジトークの間の関連を継時的に調べた。チェンジトークが生じる確率はMIに準拠した臨床家反応の後にのみ上昇し，他の臨床家行動では生じないことがわかった。

さらにニュージーランドで Douglas Sellman らが別のデザインによる研究を実施した。問題飲酒者を MI またはクライエント中心のカウンセリングにランダムに割りつけた。後者は MI のようなゴール志向性を外した聞き返し（第5章）を行った。MI 群だけが統制群に比べて優位に大量飲酒を減らした（Sellman, MacEwan, Deering, & Adamson, 2007; Sellman et al., 2001）。

これらの研究をまとめると，クライエントがセッション中に述べることの重要性を示している。維持トークに対して相対的にチェンジトークが増えることは，後で生じる変化に関連する。さらに，臨床家の行動も重要である。チェンジトークと維持トークはカウンセリングのスタイルに左右されやすく，それぞれをどのぐらい聞き出せるかは臨床家側の影響力によるところがかなりある。このようなチェンジトークと結果としての変化を上下させる効果は，クライエントに対して単に「親切にする」ことや傾聴することとは相関せず，チェンジトークを引き出す戦略的なアプローチの結果として生じる。

チェンジトークを引き出す

では，どのようにクライエントのチェンジトークを増やしていけばいいのだろうか。言うまでもなく，増やすことは可能であり，戦略もこれ1つだけということではない。臨床家がうまくやれているなら，クライエントが臨床家にそうだと教えてくれる。もしチェンジトークが聞こえたなら，それまでにしていたことをもっとすべきである。維持トークの増加や不協和が耳に入ったら，違うことを試す。MI 学習のメリットのひとつは，何を聞き取るべきなのかが一度わかれば，クライエントが即座にフィードバックを続けて与えてくれることであり，それが臨床家のスキルアップにつながる。

> MI 学習では，何を聞き取るべきなのかが一度わかれば，クライエントが即座にフィードバックを続けて与えてくれる。そしてそれが臨床家のスキルアップにつながる。

引き出す質問をする

　おそらく，最も単純で最も直接的なチェンジトークの引き出し方は，チェンジトークを求めることである。チェンジトークが答えになるような開かれた質問をする。臨床家の仕事とは究極的には心の中の内部委員会の変化賛成派に発言を促すことだ。

　DARNとCATsという頭文字を使うと，2種類のチェンジトークを引き出す質問をするときに便利である。すべてを聞く必要はない。ただチェンジトークを引き出すプロセスを始めればよいのである。Box 12.2 に示された丘の手前側（準備チェンジトーク）を上ることから始めるのが普通である。それを忘れないようにしよう。引き出すプロセスを始めたばかりの段階では，実行チェンジトークを聞き出すような質問は避けたほうがよい。最初からクライエントが変化を望んでいるような場合を除いて（この場合は，引き出すプロセスを飛ばして，すぐに計画のプロセスに進める），準備チェンジトークが十分に集まってくるのを待ってから，実行チェンジトークが自然に出てくるのを聞き出すようにしたほうがよい。丘の向こう側（実行チェンジトーク）をあれこれ探るのはそれが済んでからである。

　では，準備チェンジトークを引き出す質問とはどのようなものだろうか？　アイデアを出すためにDARNを使って考えてみよう。

願　望

　願望を聞き出す質問は，欲しい／したい，望む，好む，といった動詞を含むことが他の質問よりも多い。多種多様な質問で変化の願望を聞き出せる。

「事態がどう変わってほしいですか？」

「このカウンセリングでは，どんなことが達成できたらいいと思いますか？」
「現状について，嫌だなと思うことを教えてください」
「今から1年後，ご自身の人生はどのように変わっていてほしいですか？」
「結婚にはどんなことがあったらいいなと思いますか？」
「このプログラムに何を求めていますか？」

能　力

　能力を聞き出す質問は，相手ができること，能力があること，あるいはもっと優しく，仮にしようと思えばできそうなことについて質問する。実際にするとコミットメントするまではいかないものである。

「もし減量するぞと真剣に決心したとしたら，どうやればできそうですかね？」
「何だったら，ご自身の力で変えられそうかなと思いますか？」
「○○できるとしたら，どうやってそうするか，何かアイデアがありますか？」
「もし，○○すると決心したとすれば，実際にそれをやれる自信はどのくらいありますか？」
「ご自身で考えたいろいろな選択肢の中で，最もやれそうなのはどれですか？」
「○○をできそうな見込みはどれくらい？」

理　由

　理由を聞き出す質問はそうする理由を特定するものである。「もし○○

したならば，それから何が起こるか？」という変化の理由を探る。

「どうして，運動をもっとしたいのですか？」
「今の状況の悪い面は何ですか？」
「断酒すると良いことは何でしょうか？」
「何があれば，○○をしてもよいと思いますか？」
「○○にはどのような利点があるのでしょうか？」
「次の文章を完成してください。『このままでいくわけにはいかない，なぜなら○○だからである』」
「そうしたらよい理由を3つ挙げるとしたら？」

もうひとつの直接的なアプローチは両価性をノーマライズすること，つまり，誰にでもある普通のこととみなすことによってチェンジトークを引き出すことである[*2]。

「何か変えないといけないかもしれない，そういう変化の節目ではほとんどの人が矛盾を抱えています。ご自身も今のままでいいんだという理由をたぶんお持ちでしょう。そして変える理由もやはり少しはあるでしょう。そんな変える理由というのにはどんなものがあるでしょうか？」

ニーズ

　ニーズの言語は変えねばならないという切迫感を表すものである。そうすべき具体的な理由は伴わなくてもよい。ニーズを聞き出す質問が理由を引き出すこともあるが，それはそれで良いことである。これにも多種多様

＊2（原注1）Carolina Yahne 博士による。

な質問がある。

「何が起こらないと困るのですか？」
「○○は，あなたにとってはどのくらい**重要**ですか？」
「このことはどれくらい重大というか,緊急性を感じられるのですか？」
「何を変えないとまずいと思いますか？」
「次の文章を完成してください。『私は本当に○○せねばならない』」

第14章で論じるように，チェンジトークを引き出すことは単なる質問だけでは終わらない。チェンジトークが生じたら，それを聞き返して強化するためのプロセスも必要である。だがしかし，正しい質問をするだけでも驚くほどの量のチェンジトークを引き出せる。

不適切な質問

さて，では何が不適切な質問になるだろうか？ 次に示すものは開かれた質問だが，MIの中では普通はお勧めしない。

「なぜ，今まで変えてこなかったのですか？」
「それを続けているのはどうしてですか？」
「なぜ，煙草を吸わなくていけないのですか？」
「失敗したとき，何を考えていたのですか？」
「なぜ，もっと一生懸命やろうとしないのですか？」
「治療プログラムをやめてしまう最大の理由を3つ挙げるとしたら，何ですか？」
「あなたはどうしてしまったのですか？」
「なぜまた○○に戻りたいなどと思うのですか？」
「どうして○○できないのですか？」

どうして，MIの視点から見たとき，これらは思慮の足りない質問とされるのだろうか？ それは，相手がこの質問に聞かれたとおり答えたとすれば，その結果は維持トークになるからである。また，質問の中に相手を貶めるニュアンスも含まれているものがある。ラポールを傷つけ，不協和を生み出す可能性がある。

ただし，維持トークの答えを引き出しやすい質問をすることが，どんな場合でも不適切だと言っているわけではない。筆者自身でも使うことがある。大切なことは，このような質問をする前によく考えることである。「この質問の答えはチェンジトークになるだろうか，あるいは維持トークになるだろうか？」 もし，後者であれば，この質問をする理由や戦略は何だろうか？ 以下に理由になりそうなものを挙げる。

- 計画するプロセスの中で出てくる変化への障壁を探る。「では，あなたがやりたいことをしようとするときに邪魔するものは何でしょうか？」
- チェンジトークがいずれ出てくることを期待しながら，維持側の肩を持つ。「ということは，ご自身としても禁煙なんてどうしたって無理だと考えますよね？」
- チェンジトークが出てこないとき，機先を制する（維持トークを先に聞き出す）（第15章参照）。「そうですね，教えてください。コカインを使うのはどのようなメリットがあなたにはあるのですか？ 何が好きなのですか？［その後，しばらく続けてから］「それで，デメリットは何ですか？ あなたから見て，それを好ましくないと感じるのはどんなことですか？」

一般的な進め方としては，まずチェンジトークを引き出す開かれた質問をしよう。そのときに反対側を聞き出す戦略的な理由もありうることを心

に留めておこう。維持トークに対するチェンジトークの割合が，変化が実際に起こることを予測する因子であることも覚えておいてほしい。

> チェンジトークを引き出す開かれた質問をしよう。

重要性尺度を使う

　今までに挙げた引き出す質問のひとつに（ニーズのところで例示した）「○○は，あなたにとってはどのくらい**重要**ですか？」があった。これの別バージョンのひとつとして，本人が自覚している重要性のレベルを尺度で評価してもらうものがある（Butler, Rollnick, Cohen, Russell, Bachmann, & Stott, 1999）。筆者は0から10までの尺度をよく使っている。

> 「0が『全く重要ではない』，10が『今すぐしなければならない，最高に重要なこと』を意味するとしたら，あなたにとって○○することは0から10までの尺度のどこに当たりますか？」

　答えは0から10までの数字になるだろう。この質問自体が持つ有用性は限られている。チェンジトークを引き出せるのは，クライエントが答えてくれた数字についてさらに詳しく聞くからである。

> 「それでは，今，○と答えて，0［あるいは2や3などクライエントの答えよりも小さな数］ではないのはどうしてなのでしょうか？」

　間違い指摘反射が生じると，「10ではなくて6なのはどうしてなのですか？」のような反対の質問をしたくなることに注意してほしい。このような質問に対する答えは維持トークになる。一方で，「2ではなく，6なのはどうしてですか？」のように質問すれば，チェンジトーク——変化が**重要**

である理由——を引き出せる可能性が高くなる。

　では仮に，重要性について質問されたとき相手が「ゼロ」と答えたときは？　めったに起こらないが，そうなる可能性はある。答えがゼロであったとしても，これは情報として使える。真のゼロは（少なくとも現時点での重要性に関して）両価性が全くないことを意味しており，ニーズ以外の他のDARを探るか，両価性を生じさせるために矛盾を拡げる戦略（第18章）を使ったほうがよいだろう。

　この尺度技法は「準備性の尺度」と呼ばれることも多いが，「0から10までの尺度で，変化への**準備性**はどのくらいですか？」と尋ねることはほぼない。準備性はMIの丘の頂上を越えた側にある実行チェンジトークであり，そのうえ自然な会話の中でよく使われる言葉ではない（Amrhein et al., 2003）。変化する**準備・用意**があるかどうかを問うこと自体が変化へのプレッシャーをかけることである。筆者がニーズ（重要性）の自覚を質問するほうを選ぶのはそれが理由である。

　この尺度を準備チェンジトークの他の側面を聞くために使うことも可能である。例えば，第16章では自信の尺度を使って自己効力感を強化することを解説する。「変化を望む程度はどのくらいですか？」と質問することもできる。ただし，筆者としては答えが低めの値になる可能性が高いため，この質問はめったにしない。さらに，願望がゼロでも変化を決意することはよくあることである（例えば，そうする特別な理由がある，または，正しいことだからするなど）。おそらく，尺度は1つあれば，チェンジトークを引き出すのに十分だろう。筆者としては1つのテーマの中で尺度を3つ以上用いることは勧めない。冗長になるからである[*3, 4]。

　チェンジトークを引き出すのに使える追加質問のひとつに「［現在の数値］から，例えば［より高い数値］に上げるためには，何が必要になるでしょうか？」というものがある。言い換えれば，何が起これば変化の重要性が増すのだろうか？　さらに，配偶者のような関わりの深い他者は，クライエントが変わることの重要性に対してどのぐらいの数値をつけるだろ

うか？と質問することもできる。この場合は追加質問で「では，なぜ，奥さん（夫や子ども，親など）がつける数値はそれほどまで高いだろうと考えるのですか？」と聞くことができる。

　もし，数値による評価がクライエントあるいは扱っている対象群にはマッチしていないようであれば，尺度をクライエントに応じたものにすればよい。言葉や絵，動物などさまざまなものを使って尺度を構成することができる。VAS（ビジュアル・アナログ・スケール）のように一本の直線だけで何も印がないものを使ってもよい。片方の端に「極めて重要」と書かれ，もう一方には「全く重要ではない」と書かれたシンプルな直線である。クライエントには現在の位置を示す点に鉛筆でマークしてもらう。後で臨床家は定規で測ればよい。ノギスのように手で評価点を左右にスライドさせられる器具も便利である。器具の裏側に目盛りをつけておけば，数値が直ちに得られて，データとして残しておくことがやりやすくなる。Amrhein は小さなシーソーのような秤を作った。一方の極から反対の極までどこにでも支点を置くことができ，後ろ側につけた分度器がシーソーの傾きの角度を表示してくれる。どのタイプの尺度であっても，追加質問として，低い点ではなく，その点を選んだのはなぜなのかを問うことができる。

＊3（原注2）筆者はチェンジトークの次元について日常語で答えてもらう自記式尺度を開発している（Miller & Johnson, 2008）。
＊4（訳注2）以下の6項目について0から10で答えるものである。
　1　変化を起こしたい
　2　変化できる
　3　変化すべき理由がある
　4　変化しなければならない
　5　変化を起こす気がある
　6　変化しようと努力している

極端を尋ねる

　現時点では変化の願望が乏しいようなときにチェンジトークを引き出すまた別の方法として，クライエント本人（あるいは他人）が気にしていることを極端にするとどうなるかを質問することができる。最悪の結果を想像してもらうわけである。

「長い目で見た場合，高血圧について一番心配になることは何ですか？」
「今までどおり変わらずに続けていくと想定しましょう。その場合に起こりうる最悪のことは何だと想像しますか？」
「妊娠中の飲酒でどんなことが起こりうるか，知っておられることはどのぐらいありますか？　もちろん，ご自身には起こるはずがないと思っておられるものでかまいません」

　反対に，変化を求めていった場合に起こりうるベストの結果を想像することも有用だろう。

「実際にこのように変えたとした場合，起こりうる最善の結果を考えたとしたら，どのようになりますか？」
「望んでおられる変化を完璧に成し遂げたとしたら，あれこれいろんなことはどんなふうになっているでしょうか？」
「2，3分の間でも○○に成功したと想像してください。その結果，生じる良いこととはどのようなものでしょうか？」

振り返る

　クライエントに対して，問題が出現する以前のことを思い出させ，当時

と現状を比較させると，チェンジトークを引き出せる場合がある。

「物事がうまくいっていた当時のことを覚えていますか？　それから何が変わりましたか？」
「薬物使用を始める前は，どういう状況でしたか？　その当時，ご自身はどんなふうでしたか？」
「どのようにあなた方ふたりが出会ったのか，そしてその当時にお互いを引きつけあったものは何だったのか，教えてください」
「10年前のあなたと今日のあなたの間の違いは何ですか？」
「痛みのせいで，人間としてのあなたはどう変わったのでしょうか？　キャリアを伸ばし，前向きに生きていくことができなくなったことで，どうなったのでしょうか？」

　昔を振り返ることによって問題が起こる前のことを思い出せることがある。そして，現状と過去との矛盾と人生を再び良いものにできる可能性の両方に光が当たるようになる。もし，振り返ることで問題がもっと悪かった時期のことが浮かび上がってきたならば，それから現在に至るまでに何が起こって良くなってきたのかを探ることができる。

先を見る

　変化した将来を思い描けるように促すこともチェンジトークを引き出すアプローチになる。クライエントに対して，変化した後はどのようになっているかを考えてもらい，答えを教えてもらうようにする。

「この変化をすると決心したとしたなら，将来はどのように変わってくるはずだと思われますか？」
「よかったら，5年先の未来はどんなふうに変わっていてほしいのか，

あなた自身がどう望むのか教えてください」
「もし，ご自身の症状・問題が１週間のあいだ，全くないとしたら，最初に何をしますか？」[*5]
「今現在はひどくフラストレーションを感じておられるのがわかります。将来はどのように様子が変わっていてほしいのですか？」

同様に何も変わらなかった場合には，先がどうなるかを思い描いてもらうように促すこともできる。

「あなたが何も変わらず，ただ今までどおりに続けていくと想定しましょう。今から５年先のご自身の人生はどのようになっていると思われますか？」
「今までに起こったことを前提にして考えると，このままあなたが自身からは何も変わらないとしたならば，先に何が起こるだろうと予想しますか？」

「極端を尋ねる」と重なっているところがある。しかし，「先を見る」では，変化がない場合の現実的な将来予測または変化した後の将来はこうあってほしいという望みについて尋ねている。

ゴールと価値観を探る

いろいろ挙げてきたなかで筆者が頻繁に使うようになってきたアプローチは，クライエントが持つ幅広いゴールと価値を探ることである。この人が自分の人生で最も大切にしているものは何だろうか？　結局のところ，完全に「動機づけゼロ」な人はいない。クライエントの優先順位は臨床家

＊5（原注3）Moria Golan による。

の優先順位とはかなり違っているのかもしれないが，それはそれでどんな人にも必ず本人自身のゴールと優先順位がある。このような価値観を探ることで現状を評価するための比較参照点が見えてくる。

　第7章で論じたように，クライエントにとって何が大切なのかを探ることはラポールを確立する良いやり方になる。最初の関わりのプロセスのうちに始めておいてもよいことだろう。この話し合いは定められた変化から生じるメリットだけに限定されるものではない。価値観を探るときは，変化のフォーカスを決めておく必要すらない。価値観を探るプロセスとは人が何を最も大切にし，自分の人生を決める道しるべに何を選んでいるかを探ることである。価値観は願望なので，現状と言葉として表現されたゴールとの間にはかなりの矛盾があるだろう。しかし，同時に信頼と敬意によって結ばれた対人関係の中で話し合った場合には，このような矛盾は変化への動機づけの重要な部分をもたらしてくれる。価値観を探ることは，変化のゴールを特定するために行うフォーカスのプロセスの間にも使える。引き出すプロセスでは，現状または現在とっている行動とクライエントが選んだ価値観とゴールの間の矛盾からチェンジトークと動機づけが生じてくる。

　引き出すプロセスでのゴールはクライエント自身の変化の動機づけを引き出すことであることを忘れないでほしい。大事なはずのゴールと価値観がクライエントの現在の行動との間で起こしている矛盾というテーマを取り上げることが重要な手がかりになる。これを尋ねることで不協和や防衛性を引き出すなら，しつこくしてはいけない。クライエントの反応のほうがプロセスを完了させることよりも重要である。

チェンジトークと維持トークのバランス

　上手なMIのセッションでは時間経過とともに維持トークに対するチェンジトークの比がシフトしていくことを覚えておいてほしい。いったんチ

ェンジトークを聞き出せれば，そこから先では維持トークはほとんど出てこなくなり，そのままなめらかに先に進めると考える臨床家がいる。通常は維持トークは後からも生じ続けるが，チェンジトークと混じり合うことが多く，チェンジトークと比較すると頻度が減ってくる。MIのセッションの最初の部分では，維持トークの中から一筋の細い光のようなチェンジトークを見つけ出す技能が必要である。時化(しけ)に見舞われた船が嵐の中で灯台を発見することや，雑音の中に埋もれた信号音を感知するようなことに似ている。嵐や雑音を除去する必要はない。光と信号を追跡すればよい[*6]。

疑わしいチェンジトークはどうする？

　臨床家が聞きたいことだけを言うような，本気ではないのにチェンジトークを発言する迎合的なクライエントのことはどうなのかと気にする臨床家もいるだろう。似たような心配に，クライエントは熱いチェンジトークを言っているのだが，臨床家側から見れば内容が浅はかで非現実的に見える場合がある。このようなケースでも，チェンジトークには「意味がある」のだろうか？　クライエントのチェンジトークが不誠実，考えが甘すぎる，と感じられるとき，どう対応すべきだろうか？
　筆者は次のような言葉で反応するような直面化には賛成しないが，それは当然だと思うだろう。

「あなたがおっしゃることは信じません！」
「私が聞きたいことをおっしゃっているだけですね」
「非現実的です。現実を見て！」

　このような反応はラポールを害し，不協和を生む。では，代わりに何を

[*6]（原注4）この比喩はTheresa Moyersによる。

するのか？

　両者（不誠実あるいは表面的）の問題点は，チェンジトークが具体的な内容よりも一般論にフォーカスを当てていることだ。人は相手の言葉をまずは額面通りに受け取り，次に具体面に関心を示すのが普通である。漠然として表面的なチェンジトークには本来あるはずの深みが（まだ）欠けている。理由と方法について詳しく述べてもらうことで，より具体的なチェンジトークが出てくる可能性が高くなり，漠然とした一般論が具体的な意図に変わっていくだろう。この探るプロセスは，冷笑的な態度やクライエントの虚偽や自己欺瞞を捕まえてやるぞという姿勢ではなく，支援的好奇心と呼ばれる心構えで行われる。

クライエント：いいえ，本当に断酒します。そうしたいんです。
臨床家：断酒したいのはどうしてですか？［誘う質問：理由］
クライエント：とにかく断酒します。それだけです。
臨床家：素晴らしい。私が不思議だなと思うのは，飲酒がご自身にとってはかなり大切なことなのに，そこまで断酒にも熱心である理由です。
クライエント：それは，家族がやめてほしがっているからですよ。子どもたちが「お父さん，お願い，今夜は飲まないで！」と言うと，ぐっときてしまいます。本当に引き裂かれる思いです。
臨床家：そんなふうにお願いをしてくるお子さんに無理だと言うのは簡単じゃないですね。お子さんのことを大切にしておられる。［聞き返し］他に何か？　他には酒を断つ理由は？　［誘う質問］
クライエント：まあ，医者からも酒をやめろと言われました。
臨床家：あなたはどう考えますか？
クライエント：医者が心配してくれているのはわかります。血液検査とか，いろいろしたので。肝臓は休ませてくれと悲鳴をあげていると言っていました。
臨床家：それはどのくらい大きなことなのですか？［誘う質問：ニーズ］

クライエント：そうですね，あまり知らないですけど，肝臓をつぶしてしまったら，元には戻らないし，まあ，本当にひどいことになるんだろうなと思います。
臨床家：健康でいたいんですね。［聞き返し］
クライエント：もちろんです。ですから断酒するのです。
臨床家：最初のステップは何になるでしょう？

　ここで鍵となるのは，クライエントが自分の願望と能力，理由，ニーズ，計画についてもっと具体的に言えるように援助することだ。具体的なことを言えれば，変化が起こる可能性が高まる。臨床家がクライエントのチェンジトークを額面通りに受け取っているように振る舞えば，変化のための具体的な選択肢もクライエントにとってもより説得力のあるものになるだろう。漠然とした誓いから始まり，最終的には変化に向かう具体的な行動のステップに変わり，コミットメントに終わる。具体的になれば結果を報告する責任が増えてくる。大まかな動機づけと意図は具体的なものと比べたら，変化を起こす力は弱い。

　相手の言っていることが迎合的かどうかの判断は，臨床家が不協和のサインを聞き取ることとよく似ている。これはクライエントの誓い・断言の中に虚ろな響きがあるという気づきである。本質的には，この気づきは関係性に問題が生じていることを示している。したがって，このような気づきが生じたときには，クライエントが正直になれるように安心でき，臨床家を喜ばせたりだましたりする必要を感じなくてすむように，関わりを強めるようにすることが１つのやり方だろう。

ジュリアのケース（続き）

　引き出すプロセスを具体的に説明するために，以前に第６章，第９章，第11章で論じたジュリアの症例に戻る。この時点では，関わりが深まり

つつあり，うつに対するフォーカスもとりあえず決まっている。しかし，ジュリアの変化への動機づけはどうだろうか？

臨床家：前回はうつ病についての一般的な話をしました。実際にうつ病はここのクリニックを受診される人の中では最も多くみられる心の病です。前回はうつ病の症状をひと通りチェックしてみて，あなたにも当てはまるものがいくつかあるのがわかりましたね。次は，こうした症状がどう変わればいいか，それについて話し合えたらいいのかな，と思います。［誘う質問：願望］

クライエント：手を切ってしまうほど，自分のことが嫌いになってしまうのはやめたいです。［チェンジトーク：願望］

臨床家：それがすごく気になっていますね。こういう考え方，感じ方はしたくない，というのははっきりしているわけだ。どんな感じ方ならしたいのですか？

クライエント：普通に感じることかしら。幸せとか。元気が出ていろんなことをまたやれるようになる。［チェンジトーク：願望］レイに振られたとき，私は変になってしまった。自分のどこかに悪いところがあると思うようになって，それでいつも異性関係で失敗していると思うようになってしまいました。

臨床家：幸せを感じたいし，自分を否定しないようになりたい。他には？［選択的なチェンジトークの聞き返し］

クライエント：私を愛してくれる男性と一緒になりたいです。［チェンジトーク］私に寄ってくる男性はなんだか気持ちを私にうまく伝えられない人ばかりみたいです。お互いにお話ができる人が欲しいわ。［チェンジトーク］

臨床家：そういう異性関係はどのくらい大切なことですか？［誘う質問：ニーズ］

クライエント：とっても重要。ひとりぼっちは嫌。愛されたいの。［チェ

ンジトーク：ニーズ]
臨床家：ないと生きていけない。
クライエント：そう！　関係を壊してばかりいるのは本当はしたくないのです。［チェンジトーク：願望］どうして壊してしまうのか自分でもわかりません。
臨床家：普通に幸せを感じたいのはなぜか，もう少し教えてください。
　　　［誘う質問：理由］
クライエント：何か重たいおもりを後ろにつけて四六時中引きずっているみたいに感じるんです。楽しくしていたいのに，私はすっかり"重たい女"になってしまいました。同性の友人も私を避けているみたい。
　　　［チェンジトーク：理由］
臨床家：陽気に人生を楽しみ，友人と一緒にいられたらいいのに。
クライエント：ええ，そうです。［チェンジトーク］そんなことが私に起こる可能性があると先生は思いますか？
臨床家：ええ，まあ，ちょうどジュリアさんにその点について尋ねるつもりでした。ご自身の強みは何でしょうか？　お友達があなたについて，こんなところが勝っていると言いそうなことは？［誘う質問：能力］
クライエント：わかりません。たぶん，頑固だと言いそう。
臨床家：つまり，何かをすると心を決めたら，そうすると。
クライエント：そんな感じです。今はそういうふうには思いませんけど，昔はかなり根気があるほうでした。そういう性格は持っていると思います。［チェンジトーク：能力］
臨床家：何か具体例はありますか？　これまで生きてきたなかで，自分で本当に努力して何か成し遂げたとか，自分を変えたとか？　何か最初はできるわけがないと思われていたようなことで？
クライエント：アメリカに移住したことです。ずっとアイルランドにいて，実家や姉妹と近くに住んでいました。渡米したのは私ひとりだけ

です。
臨床家：そんなに遠くから。勇気がいることだったでしょうね。［是認］
クライエント：何か変えたくて，離れたくて，ひとりになりたいと思っただけです。でも今はひとりでいるのがつらい感じですね。
臨床家：ひとりだけで新しい所に移住するのはたいへんなことです。どうやってやったのですか？
クライエント：ここで仕事を見つけないといけなかったし，大学にも通い始めました。異文化にも慣れなければいけなかったし，買い物や銀行のシステムも理解しないといけなくて，友達も作らないといけなかった。
臨床家：そして，やり遂げた。大変化をこなした。
クライエント：今までは移住のことを振り返ることがなかったわ。十分に重要なことなら，私にもできるんだわ。［チェンジトーク：能力］
臨床家：では，ここで，あなたの想像力を使ってみましょう。先を想像してみましょう。ここでの私との治療がうまくいって，希望されたようにご自身が変わったとします。今から5年後，あなたの生活はどんなふうになっているでしょうか？［先を見る］
クライエント：結婚していて，おそらく子どももいるでしょう。もっとやりがいのある，今よりもいい仕事に就いているでしょう。今みたいに一日中ストレスに押しつぶされていることもなくて。落ち着いた生活です。［チェンジトーク］　［第19章に続く］

　この章では，チェンジトークを引き出すための豊富なアイデアを取り上げた。しかし，この裏にはもっと根源的な課題がある。臨床家の課題とは，あれこれ小賢しい技法を覚えて，クライエントに使うことではない。人自身に内在する変化への動機づけを好奇心を持って聞くことである。引き出すことは生まれるプロセスであり，瞬間と瞬間に起こる相互作用に敏感である。クライエント自身から変化発言を引き出すことに強いパワーが

あるのは「もとから存在していた心的状態（すなわち，既存の変化への願望など）に言及しているからではなく……変化発言が指し示す変化を促し，生み出すからである」(Carr, 2011, p. 236)。引き出すことは共同創造的なプロセスであり，これを通じてクライエントの変化へのポテンシャルが解き放たれるのである。変化への動機づけはクライエントと臨床家が一緒に話している間でも生まれてくる。

キーポイント

- クライエントのチェンジトークと維持トークのバランスは将来の変化を予測する。そして臨床家からの影響をかなり受ける。
- 一番単純な引き出す方法は，チェンジトークを聞き出すような開かれた質問をすることである。
- クライエント自身から変化の動機づけを引き出すために他にも多様な戦略が使える。
- MIではルーティーンとして維持トークを引き出したり，探ったりすることはない。ただし，戦略上の理由からそうすることはある。

第14章

チェンジトークに反応する

> 真実を話すには二人の人間がいる——話す人と聞く人である。
> ——ヘンリー・デビッド・ソロー

> 結局のところ，誰かにアドバイスを求める理由は，その人からのアドバイスが欲しいからではないことは確かだ。自分自身に対して話しかけている間，誰かにその場にいてほしいだけなのだ。
> ——テリー・プラチェット

　チェンジトークを聞いたならすぐに反応しなければならない。MIには，チェンジトークを強化するための特別な対応が存在する。「他には？……他には？」と，ただチェンジトークを集めるだけでは，変化の動機を強固にする重要なチャンスを逃してしまう。

　もちろん最初のステップはチェンジトークを聞いたらすぐに認識することであり，気づかないままスルーしてしまわないようにすることだ（第12章）。チェンジトークを引き出すための特別な方法というのが存在する（第13章）が，臨床家の対応の仕方によって，耳にするチェンジトークの量と質を大いに左右することができる。

OARS：チェンジトークへの4つの対応

　臨床家のMIのセッションをチェックする場合，筆者はチェンジトークに対して臨床家が4つの特異的な反応を示しているかどうかを聞くようにしている。これらを頭文字にしたものは第3章で紹介したものと同じ

OARS である。

Open question ── 開かれた質問
Affirmation ── 是認
Reflection ── 聞き返し
Summary ── サマライズ

4つの反応のどれかで対応すれば，チェンジトークがさらに出てきたり，もっと詳しい内容のものになったりする。

開かれた質問

チェンジトークに反応するときは，ある種の開かれた質問をするとよい。それは，詳しく述べさせたり，例を挙げてもらうような質問である。チェンジトークが聞こえたら，それについてもっと問いかけてみよう。それに関心と好奇心を持ってみよう。もっとたくさん教えてほしいのである。詳細な情報や例示をもっと求めよう。これは現状のマイナス面と変化することの利点の両方に用いることができる。

> チェンジトークが聞こえたら，それについてもっと問いかけてみよう。それに関心と好奇心を持ってみよう。

クライエント：ええと，飲んだあと翌朝，目が覚めたときにあまり気分が良くない日も時々あります。
　詳述：気分が悪いというのはどういうふうになのですか？
　例：そうなってしまったときのことを，一番最近の例で教えてください。

詳しく聞く・具体例を聞くのどちらであっても，クライエントはチェン

ジトークをもっと出してくれるはずである。

クライエント：私が仕事する時間が減れば，家族は喜んでくれると思います。
　詳述：それで良くなるだろうと思われるのはどんなことから？
　例：家族と一緒にいて本当に楽しいと思ったときのことを話してもらえますか。

要するに，答えがチェンジトークになるような開かれた質問をするとよい。

是　認

チェンジトークに反応する良いやり方の2つ目は是認である。変化について話していると認識し，賞賛するのである。相手が述べたことにポジティブな一言を言うという単純なものでよい。

クライエント：運動のために今週は2回ジムに行く計画です。[コミットメント]
　是認：素晴らしい！
クライエント：私がもっと家にいるようにすれば，家族が喜ぶと思います。[理由]
　是認：本当に家族思いなのですね。
クライエント：体重についてはどうにかしなければならないのです。[ニーズ]
　是認：ご自分の健康は大事なのですね。
クライエント：本当に決心すれば禁煙できるだろうと思います。[能力]
　是認：何かをすると心を決めたなら，あなたならやり遂げる。

聞き返し

　MIの基本技能である聞き返しもまた，チェンジトークを強化する良い方法のひとつである。単純な聞き返しと複雑な聞き返しのどちらでもよい。

クライエント：四六時中，こんなに不安を感じなくてすむといいのですが。［願望］
聞き返し：そうしたいんですね。［単純な聞き返し］
クライエント：本気で頑張ればもっと良い仕事を見つけられるでしょう。［能力］
聞き返し：そして，実際に見つける方法もすでに考えているし。［複雑な聞き返し，パラグラフを続ける］
クライエント：兄に勝とうとするのはやめます。［コミットメント］
聞き返し：決めたわけです。［単純な聞き返し］

　臨床家がチェンジトークを聞き返せば，クライエントがさらにチェンジトークを言う可能性が高くなる。以下はギャンブラー（博打打ち）との面接例で，チェンジトークに対する反応としてO（開かれた質問），A（是認），R（聞き返し）が組み合わされている。

臨床家：ギャンブルのせいで起こったトラブルではどんなものがありますか？
クライエント：はっきりしているのは金銭問題ですね。
臨床家：金銭問題でどのようになったのですか？［O：開かれた質問］
クライエント：まあ，そうですねえ，とにかく大金をギャンブルにつぎ込んでしまっていて。いろんな支払いも全部は払えていなくて。
臨床家：よかったらごく最近の話をしてもらえますか？［O：開かれた質

問]

クライエント：つい先週なんですが，600ドルほど使いきってしまって……。これだけにしようと上限を設けて始めたけれど，でも，その額のぶん負けたら，それを勝って取り戻さなくてはと気が変わってしまいました。

臨床家：そういうことを長い間繰り返して積み重なってきた。[R：聞き返し]

クライエント：そうなんですよ。この半年で2万ドル以上負け越してます。

臨床家：それはあなたにとっては大金で。[R：聞き返し]

クライエント：そうなんです！　うちにはそんなお金はないんです。少なくとも，今は。

臨床家：大金をすってしまった……。[R：聞き返し] この金の問題で困っているというのは，どのくらい大きなことなのですか？ [O：開かれた質問]

クライエント：問題が大きくなってきていて，四六時中，心配ですね。いきなりドアをノックして取り立てにくるやつらがいて，電話もかけてくるし，脅すような手紙も送ってきます。何とかせねばなりません。

臨床家：やっぱり自分の責任だと思っているし，請求がくれば支払いはしたい。[A：是認]

クライエント：そういうふうに育てられましたから。

臨床家：それだけの大金をすってしまうと，具体的にはどんな影響が出てきているのですか？ [O：開かれた質問]

クライエント：うちにお金を貸してくれるところはなくなりました。カジノだけが貸してくれます。夫がとうとう高額の引き出しに気づいて，今は，ほとんど口をきいてくれません。

臨床家：では，夫婦関係にもヒビが入ってきているわけですね。[R：聞き返し] 他には何か？ [O：開かれた質問]

クライエント：夫はもちろん老後の心配をしています。それに私は欲しいものも買えません。

臨床家：例えば……［O：開かれた質問］

クライエント：先日，ちょうどサイズがぴったりの素敵な服を見つけたのに，買えませんでした。クレジットカードは全部とめられています。それで私は逆ギレしてしまって，バカなことをしてしまいます。

チェンジトークを耳にしたら，聞き返すようにしよう。まだ言葉になっていないが，あってもよさそうなチェンジトークを聞き返すことも可能である。これはTheresa Moyersが「チェンジトークの貸し出し」と呼ぶもので，パラグラフを続ける（第5章）の1パターンである。以下の大量飲酒者との対話の一部を見てほしい。

> チェンジトークを耳にしたら，聞き返すようにしよう。

臨床家：かなり飲んできたようですね。［クライエントが言ったばかりのことを聞き返す］

クライエント：それほど多いとは思いません。たくさん飲めるほうですし，酔った感じはないんですよ。

臨床家：人よりたくさん飲めると。［R：聞き返し］

クライエント：はい。たいていの人には飲み比べで勝ちます。

臨床家：そして，それが心配の理由なのですね。［R：聞き返し，チェンジトークでパラグラフを続ける］

クライエント：まあ，それと身体の感じですね。飲んだ翌朝はたいてい不調で。そわそわした感じがしていて，午前中の大半はずっと頭が働いていないんです。

臨床家：それでいいやとは思っていない。［R：聞き返し，チェンジトークでパラグラフを続ける］

太めのゴシック体で示したものが「チェンジトークの貸し出し」の聞き返しである。クライエントはまだ直接的には口にしていないが，これから言いそうなことを今までの発言から推測すれば，その中のひとつにチェンジトークが入ってくる。クライエントは臨床家の推測に同意してチェンジトークを続けてくれるかもしれない。臨床家の推測が間違っていてクライエントが訂正したならば，クライエントが本当に言わんとしていたことを即時に聞き返すか，間違えたと謝罪してもよい。MIにおける他の聞き返しと同様だが，懐疑的あるいは皮肉っぽい調子にしたり，あまりにも何でも正確に言い当ててしまったりしないことも大切である。素直な好奇心と思いやりを保っていれば，それがいざという時の救命ボートになり，沈没から救ってくれるだろう。
　聞き返し技能のもうひとつに筆者が「両価性のドアが開いたときに中からチェンジトークを摑み取る」と呼んでいるものがある。チェンジトークが維持トークと一緒に1つの文や1つのパラグラフの中に混在しているのは普通のことである。例えば，誰か知り合いと運動不足について話す場面を想像してほしい。

> チェンジトークが維持トークと一緒に1つの文や1つのパラグラフの中に混在しているのは普通のことである。

「仕事を終えて帰宅するころには疲れ果ててしまっているんです。夕食の支度をして，子どもの宿題を手伝い，寝かしつけるころには疲労困憊状態です。もっと運動しなくちゃいけないとはわかっていますが，どうにも運動できるような時間がとれないんです！」

　援助する側によくある間違い指摘反射には身体を動かすことの重要性を説明したり，多忙な生活の中に階段を使うなどちょっとした運動を組み込む方法について提案したりといったことがあるだろう。これをすれば，さらに維持トークが返ってくる。しかし見方を変えれば，変化すべきだとい

う主張が最初から相手の発言の中に含まれていることに気づくだろう。相手の心の中の内部委員会では賛成論と反対論の両方がすでに出てきている。大切なことは，埋没しているチェンジトークを聞き出し，それを聞き返すことである。「運動を増やすことはあなたにとって大切ですね」のようにである。チェンジトークを詳しく述べるように求めたり（「もっと運動しなくちゃと考えるときは，何をしているところを想像するのですか？」）や是認（「家族のためにも自分の身体の健康維持を考えているのですね」）もできるだろう。両価性の中からチェンジトークを聞き取って，光を当てるようにしよう。

　他にも例を挙げよう。クライエントの発言1つに対して3つの聞き返しが例示されている。維持トークを強調するものが2つとチェンジトークに光を当てたものが1つである。

クライエント：最初は心配しましたが，今は本当の糖尿病ではないと思っています。先生は「境界型」とかそんな言い方でした。自分自身の体調は良いのです。
　維持トーク：体調が良いと感じているんですね。
　維持トーク：本当の糖尿病だとは思わないのですね。
　チェンジトーク：糖尿病にはなりたくないのですね。それで心配していたわけです。

クライエント：ええ，もちろん，できるだけ健康でありたいですが，何と言っても68歳ですからね。この年になったら，少しぐらいは悪い癖でも，そのままほっといてもいいだろうと思いまして。今さら，悪化したってお迎えのほうが先にくるでしょうし。
　維持トーク：今の年齢では，失うものはないのですね。
　維持トーク：68歳は今を楽しめばいい時期だからと。
　チェンジトーク：できるかぎり健康でありたいのですね。

クライエント：私は何も悪いことはしていません！　ただドライブについていっただけで，奴らが女性の財布をとるなんて知らなかったんです。今回，私は保護観察規定に違反したんだと言われています。深夜2時に車を乗り回すのが良くなかったのでしょうけれど，あっと言う間に起こったことで，自分にはどうしようもなかったんです。私は何の法律にも違反していません。このせいで刑務所に戻るなんてありえない。

維持トーク：あなたのせいではないのですね。

維持トーク：何も悪いことはしなかったのですね。

チェンジトーク：深夜2時に車を乗り回したのは良くなかった。

クライエント：全部の薬を飲むのはどうにも面倒なんです。1日に4回，忘れずに飲むことになっていますが，2回に1回は薬を家に置き忘れています。それに，薬を飲んだ後の感覚が嫌いなんです。薬にはちゃんとした理由があるだろうとは思っていますが，言われたとおり飲むのは私にはどうにも無理です。

維持トーク：どうしてもできないのですね。

維持トーク：全部の薬を服用するのは本当に面倒なんですね。

チェンジトーク：薬を飲むべき重要性はわかっているのですね。

　一般に，何であれ聞き返したものをさらに受け取ることになるであろう。維持トークを聞き返せば維持トークが返ってくる可能性が高い（チェンジトークを返してくるクライエントもいるが）。チェンジトークを聞き返せばチェンジトークが返ってくるだろう。両面を持った聞き返し（一方では〜，他方では〜）では，最後に述べた部分が返ってくる可能性が高い。

　維持トークを聞き返すことが有用なときもある。第15章では戦略的に

そうする場合を扱う。状況によっては，維持トーク側を聞き返されたクライエントは，それを相殺するようなチェンジトークを返してくる。そのような場合でも，維持トークに埋もれてしまっているチェンジトークをきちんと聞き分けるようにしよう。それがクライエント自身が持つ変化賛成論を表している。両価性のサンドイッチ（維持トーク／チェンジトーク／維持トーク）を聞いたときには，チェンジトークを聞き返すようにしよう。

サマライズ

　MIの中核的なカウンセリング技能のひとつはクライエントが述べたことを聞き返しつつ要約することである。一方，クライエント中心カウンセリングでは，サマライズに何を含め何を外すかについて，ほとんど何も教えていない場合が多い。クライエントが述べたことのすべてを含めることはできないのは言うまでもない。まとめるためには相手が述べたすべてから，どれかの内容を特定して選ぶことが必然になる。

　MIに一致したサマライズを行うためのテクニックは数多い。解説が長くなるが付き合ってほしい。最初に，初回のMIセッションの逐語を示す。これをサマライズするやり方を4つ示して，比較してみよう。

■クラーク医師の紹介

　以下は，MIのスタイルで行われた健康指導の一例である[*1]。定期健康診断の後，クラーク医師は患者のシルビアの飲酒の問題に気づき，行動の問題を扱う臨床家に彼女を紹介した。診察中，患者の口からアルコール臭がするのに気づいて，医師は検査項目にアルコールのスクリーニングを加えたのである。検査結果は，血中アルコール濃度が90mg%で，GGT値がやや上昇していた。

＊1（原注1）本書の他の症例と同様に，匿名性と秘密性を保護するためにクライエントの名前と身元を特定するような詳細は変更されている。詳細の一部は多数の症例を複合したものである。

このスクリプトを読んだ後に，同じ対話について4種類のサマライズを示す。どう思うか考えてほしい。

臨床家：紹介状にはあまり書いてありません。クラーク先生がシルビアさんに私との面談が必要だと判断されたのは，どういうことでなのか，もしよかったらご本人の口から聞かせていただけるとありがたいです。

クライエント：先生からカウンセリングを受けろと言われたとき，驚きました。職場の健康診断の後，先生がいきなり電話をしてきて，心配だから行きなさいと言いだしたんです。

臨床家：クラーク先生が個人的な電話をしてきたんですね。

クライエント：ええ。実はそれはちょっとびっくりというか，怖かったんですよ。検査が何か悪いものだったらどうしようとか。

臨床家：それで先生は何と？

クライエント：えっと，午前中に健康診断を受けにいったのですが，先生の診察を受けるときに，アルコール臭がするわよと指摘されたんです。私は，その日の朝に使ったマウスウォッシュのにおいだろうと思ったので，そう伝えました。それ以上は何も聞かれなかったんです。

臨床家：そうしたら電話があった。

クライエント：私の知らないうちに，勝手にアルコールの検査もされていたのかもしれません。とにかく，先生は「血中アルコールのレベルが，酒気帯び運転の基準値を超えていた」と伝えてきたの。神に誓って，私は飲んでいません。

臨床家：検査結果には驚かされた。

クライエント：ええ。朝から飲んでるなんてことはしたことないです。あと，いくつか受けた検査のうち肝臓の数値が悪かったみたいで。アルコールと肝臓のことで臨床家と話してみるように勧めたんじゃないかと思います。

臨床家：なぜ，どうしてというのがずっと心のわだかまりとしてあったのでしょうね。今日，今の時点ではクラーク先生がおっしゃったことについて，どう思われますか？

クライエント：まぁ，正直に言って，もう早く帰りたいですね。あんなふうに隠れて検査されるのは嫌だし，私の体調については，クラーク先生にも心理の先生にも関係のないことです。ここには来たくなかったんです。

臨床家：よく来られましたね。

クライエント：ちょっと怖かったのはあるんです。クラーク先生は，飲み過ぎだということ以外には，検査結果について詳しく説明してくれなかったので。ジョン先生はご存じなんですか？

臨床家：クラーク先生から検査結果が送られてきています。GGTの値が高かったとのことです。これは肝機能検査の一種で，シルビアさんが気づいているように，かなりの量を飲み続けると値が上昇します。警告ランプのようなものです。何か思い当たるものはありますか？

クライエント：良くはないですね。クラーク先生が心配していたのはそれなんでしょうね。先生が言いたいことはわかっています。

臨床家：クラーク先生も気にしているのですよ。それで，アルコールが体内にまだ残っているかどうか調べたくなったのでしょうね。健康診断を受けたのは何時ごろですか？

クライエント：仕事の日の朝一番に受けたんです。朝，起きて，シャワーを浴びて，用意して，家を出ました。血液検査があるので朝食も抜きました。

臨床家：なので，まるで謎ですよね，どうやってアルコールが朝に残っていたのか？

クライエント：二日酔いのせいじゃないかしら。そういうことはありますか？ そんなに飲むことなんて本当にないんですよ。

臨床家：そうですね，肝臓がアルコールを分解するのには時間がかかりま

す。しばらく身体に残っている可能性はあります。
クライエント：しかし，クラーク先生は飲酒運転のレベルに達していると言ったんですよ。私の家はこの町の西はずれで，職場は駅前，だから毎朝の通勤では，道路の渋滞がすごいんです。運転のときは全く普通でしたよ。
臨床家：普段と違ったところは何もなかった。
クライエント：はい，何も。しかし，クラーク先生は，もし警察が検問していたら，逮捕されたかもって。
臨床家：それでショックを受けたわけで。
クライエント：市役所で，しかも市長室で働いているんですよ。もしそんなことにでもなったら——たぶん，仕事を辞めさせられるかも。
臨床家：なるほど。なぜここにシルビアさんが来られることになったのかわかってきました。本当によく来られたと思います。あれもこれも初めてのことだし，ここに来るのは気が進まなかった。でも，クラーク先生の話したことはあなたの心にひっかかった。ちょっとこのことについて話し合ってもいいですか？
クライエント：ええ，まあ。だけど飲酒についてのお説教を受けるのはゴメンです。
臨床家：説教するつもりはありません。本当に。よければ，普段の一日の中でお酒がどんなふうに使われているのか，教えてください。
クライエント：普通の日は，丸一日働いて，家に帰り着くときには，疲れ切っていて，あとは身体を休めるだけになっています。夕食を作っている間にワインを飲むことが普通です。子どもたちが家にいないときには，何か簡単なものを温めるぐらいにして，それから，リビングのソファーでまったりとするかしら。
臨床家：お子さんたちがいるかどうかで違いがある。
クライエント：まあ，どちらにしても夕食のときにはワインも一緒にが普通だし，料理中にもちょっとずつは飲むかしら。だけど，子どもたち

がいるときにはもうちょっと手がかかったものを作ったりします。実は離婚していて，別れた夫のところに子どもたちが行っているほうが多いのです。こうなるはずじゃあなかったんだけど，前の夫はなんでもしっかりやる人なんです。

臨床家：そして食事の後にはソファーでまったりとして，リラックスするわけですね。

クライエント：そうです。普通はテレビを見ているだけです。それ以上は何かするだけのエネルギーがないわ。

臨床家：そして，お酒が絡んでくるのはどんなふうにですか？

クライエント：お酒があれば，リラックスしやすいし，なにかスイッチをオフにする感じですね。もうちょっとワインを飲んで，テレビドラマを見ているときにマティーニを飲むかな。そしてああ，疲れたなとなるとベッドに入って，また起きて，ソファーに座って，テレビをつけて，繰り返しです。子どもたちがいないときはこんな感じです。

臨床家：つまり，子どもたちがいるときには？

クライエント：子どもたちに宿題が出ていないときは一緒にテレビを見たり，学校の宿題があれば私も一緒にみてやったりします。だから，子どもたちがいるときはそれほどまで飲まないかな。朝になると，仕事に行く前に子どもたちを学校に送らなくちゃいけなくて，まるで戦争状態。子どもたちがいてくれるのは嬉しいんですけどね。

臨床家：前のご主人と話はつけてある。

クライエント：別れた夫とは共同親権になっているのです。月曜日から水曜日，隔週で週末には私が子どもたちの面倒をみることになっているんです。だけど，そうならなくて。前に言ったみたいに夫はなんでもしっかりやりたがるほうです。妻も自分の思うようにしないと気が済まないし，結局そうなっちゃいます。子どもたちが来ようとしないと彼が言うときは，実際に子どもたちは来ないし。だから，子どもたちはいないときのほうが多いんです。

第14章　チェンジトークに反応する　285

臨床家：つまり家庭裁判所が決めたとおりになっていない。
クライエント：そのとおり。だけど裁判所に訴えることもできないんです。腕利きの弁護士を雇うお金はないし，それにもし私が訴えでもしたら，夫は「妻は酒飲みだ，と訴える」と言うし，そうなれば共同親権も取り上げられるというんです。夫には逆らえません。（間，涙）子どもたちのことを愛しているんです。子どもたちがいるときは本来の自分でいられるし。子どもたちを私が産んだのに。
臨床家：子どもたちがいるときは本来の自分，とはどういう意味ですか？
クライエント：もっと元気で明るくいられます。やりたいことも見つかるし。普段，朝に目が覚めると，どん底のような気分になっているんです。不安で身体も重くて。まるでベッドから起き上がるのが嫌みたいで。だけど，起きなくちゃいけないし。子どもたちがいるときは，ちょうど起きる理由がそこにあるという感じ。
臨床家：だから，そういう日はお酒の量が少ない日わけですね。子どもたちがいるときは。
クライエント：あら，先生が言おうとしていることがわかってきたわ。健康診断の日に私の調子が悪かった理由のひとつは，お酒を飲み過ぎたから，と思っておられるんですね。
臨床家：ご自分でもその可能性がありそうと思うんですね。
クライエント：まあ，それもあるかもしれないけど，でも子どもたちがいないのでつらいんです。
臨床家：気持ちが落ち込みますね。子どもたちがいないというのは。同時に，前の晩に飲み過ぎたせいで，朝の気分が悪いこともありそうだと思っている。
クライエント：本当に二日酔いがあるとは思っていませんけど，気分が悪いのはあります。頭痛なんかがある。そうかもしれないし。でもアル中というか，そこまではとてもいっていません。

MIに一致するように上手にサマライズすることは課題のひとつになる。ここで試してみよう。先を読む前に，この面接で起こったことを読者ならどのようにサマライズするか，考えてみてほしい。シルビアに集めのサマライズを話すとしたら，何を含めるようにするだろうか？　その理由は？　7文以内でサマライズをまとめ，最後にプロセスを前に進めるような質問を書いてほしい。読者自身によるサマライズを完成した後で，次に示す4つの例を読んでほしい。

■ サマライズ1

　これは先述の対話のサマライズ4例のうちの1つ目である。どれもシルビアの助けになることを目指している。それぞれが強調しているポイントは何だろうか？　サマライズに何を入れて，何を外すか，臨床家はその判断を何に基づいて行ったのだろうか？　それぞれのサマライズについて，MIのスピリットとスタイルとの一致はどうだろう？　そう考えた理由は？　クライエントがそれぞれのサマライズに対してどのように感じ，反応する可能性が高いかも考えてほしい。

「ふむ，あなたの日常はストレスだらけなのですね。朝起きたときからたいてい気分が悪い。通勤時には交通渋滞につかまるし，働く時間は長い。帰宅するとくたくたに疲れているわけです。現在はシングルマザーで，お子さんたちとの面会交流権について元夫と争っている。大切なお子さんたちに会えないときはとても寂しくて，日常が味気なく感じる。夜はテレビを見ながらお酒を飲むことが唯一の楽しみということ。こんな感じですか？」

　クライエント中心の立場から見れば，これはシルビアが表出した情動に焦点が当たった良いサマライズである。クライエントの情動に焦点を当てるように訓練されている臨床家は多いだろう。このサマライズはクライエ

ントの感情（大部分がネガティブなもの）を強調しており，そのゴールはおそらく彼女が現在の経験にもっと意識を向けるようになり，受けいれることを促すことだろう。このタイプのサマライズには理解と受容を伝えることでクライエントとつながるという機能もある。したがって，このサマライズはMIの関わるプロセスと一致している。しかし，誘うプロセスに含まれるゴール志向という重要な要素が欠けていて，変化の方向への動きを生む可能性は低いだろう。推測するかぎり，このサマライズの後，シルビアはやる気は出ないと感じたまま変わらないだろう。

■サマライズ2

「伺った話をまとめてさせてください。クラーク先生は健康診断の結果から，あなたには飲酒の問題があると判断し，それで，心理士の私と面談するように紹介されたということですね。健康診断を受けた朝，お酒を一滴も飲んでいなかった。それなのに血中アルコール濃度が酒気帯び運転の基準値よりも高かったなんて全くわけがわからない。朝起きたとき，とても気分が悪いことがある。一方で，お酒を飲めばリラックスしやすいし，飲み過ぎだとは思っていない。朝っぱらから飲んだことはないし，ましてやアル中でもない。ここには来たくなかったし，『お酒との付き合い方』といった類のお説教も聞きたくない。これで正しいですか？」

これもまた別の正当なクライエント中心のサマライズである。今回は，もっぱら感情に焦点を当てることよりも，臨床家はシルビアの両価性の両面を捉えようとしている。意思決定バランスを使って，チェンジトークから始めて維持トークで終わるようにしている。臨床家はシルビアが触れようとしている変化について，そのプラス面とマイナス面の双方を平等に扱いながら要約しようとしている。維持トークが文章の最後にあるため，近接性による強調が効いてクライエントは維持の考えのほうに強く反応する

ようになる。背景にある心理モデルは，人はジレンマの両面を明確に探り，把握する必要があるというものである。クライエントを特定の方向にもっていこうとはしない場合には，このタイプのサマライズが適切だろう。例えば，クライエントが決断に迷っているが，臨床家は"中立の立場"をとろうとしていて，どちら側にも味方しないようにつとめる場合である（第17章参照）。サマライズ1と同様に，MIから見た場合，このサマライズにも引き出すプロセスに必要な方向性が欠けている。このようなサマライズで予想される結果は両価性の継続である。

■サマライズ3

「まぁ，あなたのお酒の飲み方はまずいですね。そんなに飲んでいないとのことですが，朝一番の採血で，酒気帯び運転で捕まるほどの血中アルコール濃度が検出されるなんて，夜にしこたま飲んでいるということですよ。職場に向かう際や子どもさんを学校に送っていく間は酒気帯び運転状態ということです。あなたが訴えている朝の不調は，アルコールの離脱症状だと考えます。あなたは，日常生活のストレスを和らげたり，何かつらいことを忘れたいときにヤクをやるようにお酒を飲んでいる。離婚した旦那さんはあなたにアルコール問題があることをわかっているので，子どもと会わせてくれないのでしょうね。テレビを見ながらお酒を飲んで，寝て，を繰り返しているようですし，抱えている問題を認めようとしない態度が見受けられます。私から見たら，あなたはまさにアル中です！　そうでしょ？」

クライエント中心の臨床家がこのようなサマライズをすることはありえないだろう。一方，これは何十年間にもわたって，アルコール問題を抱えた人に対するカウンセリングの典型であった（White & Miller, 2007）。これは直面化のサマライズであって，MIとは一致しない。背景にある心理モデルは欠陥モデルであり，クライエントは現実を知覚できないので強く説得

してやる必要があると考えている。このサマライズに対して予想されるクライエントの反応は防衛性と維持トーク，不協和である。

■サマライズ4

「これまで聞かせていただいたことをまとめてみましょう。クラーク先生は血液検査の異常をみてお酒の飲み過ぎのサインだろうと気づき，心配した先生が個人的にあなたに連絡したわけです。あなたも少し怖くなった。そして，先生から，もし検問で止められていたら，酒気帯び運転で捕まるくらい血中アルコール濃度が高かったと知らされた。朝から飲むことは決してないのに。もし，仮にそうなったとしたら，職を失ってしまうかもしれないのに。朝起きたとき調子が悪くて――頭痛やだるさ，イライラ感もある。お子さんが一緒にいない日は特に調子が悪くて，夜には飲酒量が増えてしまう。他に飲酒についてお気づきのことは？」

これは典型的なMIのサマライズである。シルビアが出したチェンジトークのほとんどをまとめている。自分が述べたチェンジトークのすべてを，このような戦略的で注意深く変化の方向にまとめられたサマライズとして改めて聞かされることによって強い力が生じる。この集めのサマライズは，さらなるチェンジトークを引き出すことを意図した開かれた質問に引き継がれている。このサマライズに対する通常のクライエントの反応はチェンジトークを探り続けるというものであろう。

これら4つのサマライズはすべてが7文であり，質問で終わっている。しかし，与えるインパクトはどれほど異なることか！　MIの引き出すプロセスの中で，サマライズに何を含めるかについての戦略的な枠組みがある。チェンジトークの小さなかけら一つひとつは一輪の花のようなものである。臨床家はその花を集めてひとつの大きな花束に育て上げていく。2, 3本の花を手にし，臨床家はそれをクライエントに差し出し，もっと花は

ないかと尋ねる。ここで示したような集めのサマライズは引き出すプロセスの全体で，周期的に出現するものである。最後に示される大きな花束には計画するプロセスへ移行するという特別な役割がある（第19章参照）。

キーポイント

- クライエントがチェンジトークを出してきたとき，面接者が次に出すべき反応はチェンジトークを認識し，強化することである。詳しく述べてもらう，是認する，聞き返す，サマライズするなどが必要になる。
- サマライズに含まれたものは強化される。それが挫折感や両価性，防衛性，あるいは変化への動機づけであっても同じである。
- MIに準じたサマライズは通常，クライエント自身のチェンジトークを集めた「花束」のようになる。

第15章

維持トークと不協和に反応する

> いったいどこから,賢人先生方は,人間には正常で高潔な欲求とやらが必要だなどという考えを引き出したものか? 何故人間には,よりによって合理的な有利な欲求がぜひとも必要であるなどと,思いこんだのか? 人間に必要なものは,ただ一つ,自発的な欲求のみである。その自発性がいかに高くつこうと,その結果,どこに行き着くことになろうと,かまやしない。なにしろその欲求だって,そもそもいかなる代物が知れたものではないのだから……。
> ——フョードル・ドストエフスキー(安岡治子訳)*1

> 混乱の中に単純性を見いだしなさい。不協和の中に調和を見つけなさい。困難の中にチャンスがあります。
> ——アルバート・アインシュタイン(山川紘矢ほか訳)*2

　変化についてカウンセリングしている途中で困難にであうのは当然である。問題を矮小化する人がいるだろう。「それほど悪いとは私は思いません」。意見の相違も起こるだろう。臨床家を疑い,信頼できないという人もいる。「なぜ,あなたが私にあれこれしろと命令できるのですか?」 会話は対立する党派間の権力闘争のようなものに変わり始める。「私はやりません,誰にも私に命令する権利はありません!」
　これまで述べてきたMIのスピリットと実践に臨床家が従っていれば,このような緊張関係が生じることは極めて少ない。それでも,変化に関す

＊1(訳注1)『地下室の手記』ドストエフスキー著,安岡治子訳,光文社古典新訳文庫,2007.
＊2(訳注2)『ザ・パワー』ロンダ・バーン著,山川紘矢,山川亜希子,佐野美代子訳,角川書店,2011, p.291.

る難しい問題を話し合っている際には困難が生じるのが自然であり，生じた場合でもMIに一致した対応が役立つ。これがこの章のフォーカスである。

「抵抗」を解体する

　本書の初版を執筆していたころ，変化から遠ざかろうとするクライエントの動きすべてを特徴づけるものとして「抵抗（resistance）」という用語を用いた。第2版を出すころにはこの用語を使うことには気が進まなくなっていたが，どうしてなのかを説明することもできず，また置き換えられそうな他の用語も見つからなかった。

　この10年間，抵抗という概念に対する不快感は大きくなり続けた。この現象が生じる場所と責任はクライエントの内側にあることを前提にしているのが特に大きな理由である。「抵抗がある」というのは，まるで「厄介だ」とクライエントを責めているかのようだ。意図的ではなく，無意識の防衛から生じるのだとしても，抵抗の概念はクライエントの病理に焦点を当て，対人関係上の要因を軽視していることには変わりない。筆者が表そうとしていた現象はカウンセリングのスタイルの違いによる産物とみなせるものだ。そこまでではないとしても，カウンセリングのスタイルの変化によく反応する。臨床家の行動に反応して増えたり減ったりする。

　MIのセッション内での相互作用のプロセスを調べたTheresa Moyersの研究から，有用な区別のアイデアが生まれた。彼女は維持トーク——現状を良しとするクライエント自身の動機と発言——と呼んでいるものを「抵抗」としてひとまとめにしてしまっていることが間違いだとした。維持トークそれ自体には何ら病的なところや対立的なところはない。単に両価性の一側面であるだけである。両価的な人の話を聞けば，チェンジトークと維持トークの両方が混じり合ったものを耳にする可能性が高い。両価的であるとき，人は自分自身や他人の変化賛成論への反応として，自然と

維持トークを声に出す。これを「抵抗」と呼ぶことは，変化のプロセスの全く自然な部分を病気扱いしている。

もし，以前は抵抗と呼んでいたものから維持トークを差し引くと，何が残るだろう？　残りは維持トークとは異なる性質を持っていて，それは意見の不一致にもっと近い。無線通信にたとえれば「周波数が違う」，双方が別々の目的で話している，あるいは関係性の障害である。この現象を筆者は**不協和**と呼ぶことにした。例えば，クライエントが臨床家と口論をしているとき，臨床家の話を遮ったとき，無視しているとき，内容を無意味と切り捨てるとき，臨床家は不協和を経験しているだろう。

ここで繰り返した「臨床家」という主語の存在に注目してほしい。維持トークのテーマはターゲットになる行動あるいは変化である。不協和のテーマは臨床家，あるいはもっと正確には臨床家とクライエントとの関係性——作業同盟内に不協和が起こっていることを示すサイン——である。関係性という音楽において，不協和音が生じるためには少なくとも2人の参加者が必要である。独唱では不協和音は生じない。不協和は治療関係における火事（あるいは少なくとも煙）のようなものである。そこで第3版では，意図的に抵抗という概念に別れを告げ，代わりに2つの重要かつ異なる現象を提案する。維持トークと不協和である。

> 維持トークのテーマはターゲットになる行動あるいは変化である。不協和のテーマは臨床家とクライエントとの関係性である。

維持トーク

維持トークのテーマはターゲットになる行動や変化であり，両価性の片面を反映する。これは，維持トークはチェンジトークと同様，変化のターゲットを知らなければ認識できないということを意味する。したがって，はじめからフォーカスを特定しておかなければ，定義上の維持トークは存在しないことになる。

臨床家の対応がまずければすぐにそうなってしまうが，維持トーク自体は不協和的ではない。また不協和になるかどうかとは関係なく，維持トークには意味がある。維持トークを口にすればするほど，探れば探るほど，変化しない方向に維持トークを言った人は自分の言ったことに説得されてしまう。維持トークの存在は正常な両価性を反映しているのだから，維持トークがないことを期待してはいけない。維持トークを恐れる必要もない。上手なMIのセッション中に生じるべきことは維持トーク（反対論）に対するチェンジトーク（賛成論）の比率が増していくことである。セッションのごく早期では，賛成論と反対論が1対1の割合で拮抗しているときもあるだろう。これは両価性の定義通りである。反対論が賛成論より勝っていることもあるだろう。セッションが進んでいくにつれて，賛成論が力を増し，反対論が減るのが普通であり，セッション後半ではチェンジトークと維持トークの比率が2あるいは3対1の比率になる。これがセッション終了後に続いて起こる行動変化と関連する。

では維持トークにはどのように対応すべきだろうか？　まず最初にこれを釣り上げようとしてはいけない。現状維持にクライエントが執着する理由として考えられるすべてを引き出し，探ることはMIでは不要であり，不適切といってもよいだろう。変化を躊躇する理由が重要なことならば，クライエントがそう言うだろう。変化への賛否両論を徹底的かつ平等に探るとすれば，最も起こりやすい結果は両価性の継続か強化である。ある決まった方向への変化を促進したくないなら，「意思決定バランス」方略は合理的なアプローチである（第17章参照）が，MIでは論理的に禁忌とされている。

> 現状維持にクライエントが執着する理由として考えられるすべてを引き出し，探ることはMIでは不要であり，不適切といってもよい。

第15章 維持トークと不協和に反応する

維持トークに聞き返しで対応する

維持トークへのMIの対応のひとつが聞き返し（第5章）である。ここでは単純かつストレートな聞き返しと2つの複雑な聞き返しを取り上げる。増幅した聞き返しと両面を持った聞き返しである。

■ストレートな聞き返し

維持トークに対してMIが最もよく使う対応は次の3つのどれかで聞き返すことである。1つ目はクライエントが言ったことを単純あるいは複雑な聞き返しで返すことだ。これだけでクライエントの両価性の反対側にあるチェンジトークを引き出せるときもある。次にチェンジトークが出てくることを期待して待つようにしよう。待てば出てくることがよくある。

クライエント：怒りが私の本当の問題だとは思えません。
臨床家：怒りのせいで何か本当の問題が起こったことはない。
クライエント：まあ，ちょっとぐらいはありますよ。私みたいに喧嘩っ早いと，やっぱり何かはやらかしてしまいますね。

■増幅した聞き返し

維持トークに対する2つ目の聞き返しによる対応は増幅した聞き返しである。これはクライエントの発言の音量を少し上げるようなものだ。内容的には正確に，一方，強度や確からしさを増強して聞き返す。このような誇張発言をする意図は両価性の反対側にあるチェンジトークを引き出すことである。

クライエント：私たちふたりの夫婦生活は今のままでも全くかまわないと思っています。
臨床家：改善の余地はどこにもないわけで。

クライエント：それはまあ，完璧ではないですけど，今のままでも十分に幸せだという意味です。
臨床家：おふたりの生活が，今現在よりも良くなる余地は全くないのですね。
クライエント：私はかなり満足していますけれど，ふたりともと言われるとそうじゃないかもですね。

増幅した聞き返しはクライエントの発言を認めるだけでなく，両価性の反対側を探すことを強めることもする。

■両面を持った聞き返し

対応の3つ目は両面を持った聞き返しである。これは維持トークを認めたうえで，それをその前に言い表されたチェンジトークと統合する。

2つほど繊細かつ巧妙な技を提案しよう。1つは両面を持った聞き返しの2つの要素の間での接続詞の使用に関係する。接続詞は逆接の「けれども」「しかし」「でも」などにすべきか，それとも順接・対比の「そして」「一方で」であるべきか？ これらが持つ機能は異なる。「そして」「一方で」は両価性を強調し，両方の要素に等しい重さを与えている。「けれども」「しかし」は消しゴムのように，直前に述べたことの重要性を減らす。読者は，次のような言い方で勤務評定の結果を聞かされたことがあるだろうか？

「今年は全般的にいい仕事をしてくれた。かなり生産的で，仕事の質はとても良かった，しかし……」

あるいは恋人が次のように伝えてきた場面を想像してほしい。

「あなたのことを本当に大切に思っていて，あなたは素晴らしい人だと

思っています，でも……」

　逆接の「しかし」は「今しがた，私があなたに言ったことは取り消しだ，これから重要な情報を与えるぞ」と言っているようなものだ。筆者としては両面を持った聞き返しでは「そして」などの順接・対比の接続詞を通常，使うようにしている。両価性の両面を認めるのである。クライエントはXとYを同時に考えたり，感じたりしている。人は2つを同時に望みもし，望まなくもあり，そしてそれが正常なのである。両面を持った聞き返しの最初の要素を戦略的に軽く見せる意図があるならば，逆接の「しかし」を使ってもよい。
　2つ目に，どちらの場合（しかし／そして）であっても，最初に維持トークを述べてから（このように即時の承認を与えながら），チェンジトークを最後に述べるようにする。近接性の効果でチェンジトークが目立つ結果，次にクライエントがチェンジトーク側に反応することが増えるだろう。

「調理法と食習慣を変えるというのは考えると本当に難しいなと思っておられます。そして，血糖値を一定に保つことの大切さもご存じです」
「ソファーに座ってテレビを見ているのはとても楽で快適です，特にお気に入りの番組だったら。そして同時に，もっと身体も動かすような，活動的になる方法も考え出したいのですよね」

　このような些細な違いについてはあまり悩まないようにしよう。「しかし」と「そして」のどちらを使ってもよいし，維持トークを最初にしようが2番目にしようが良い両面を持った聞き返しは可能である。うまくいったかどうかはクライエントが教えてくれる。次のクライエントの反応が維持トークや不協和のほうにさらに逸れていくようだったら，そのときにまた元へ戻すことができる。注意して避けるべきことは次の例のように維持

トークを引き出し，探ることを続けてしまうことである。

クライエント：今の食べ方を大きく変えるのは本当はしたくないのです。
臨床家：食べたいものは何でも食べるという自由を大事にしているのですね。何を食べるのがお好きですか？
クライエント：アイスクリームにマクドナルドのハンバーガー，ポテトフライです。バターたっぷりの焼き立てパンも。糖尿病だと食べてはいけないことになっているものすべてです。
臨床家：そういう食べ物がご自身にとっては本当に大切なのですね。
クライエント：はい！ とてもおいしいし，そして手軽です。料理するのは得意ではないのです。
臨床家：自炊は大変面倒くさいし，そこまでするだけの意味がないという意味ですね。今の食習慣について，他に好きなところはどんなことですか？
クライエント：何か決まった習慣とかではないですね。先生が言われたように，好きなときに何でも好きなものを食べるという自由気ままという感じでしょう。

この会話で維持トークにフォーカスが当たっている。ここまでのところでは，変化の方向には向かっていないことがはっきりしている。

戦略的対応

3つの聞き返しの他にも，維持トークに対応する有用な方法がある。狙いは聞き返しと同じである。つまり，クライエントが述べることをはっきりと認め，維持トークを強めてしまう可能性があるようなやり方で相手を変えることはしない。聞き返し自体がこの点では良いやり方だが，他にも選択肢がある。

■自律性の強調

クライエント：運動なんて本当にしたくありません。
臨床家：運動するかどうかは確かにご自身が決めることです。他の誰かがあなたを運動させるわけじゃないです。

　何が起こっているのだろうか？　臨床家は単に真実を述べているだけである。変化するかどうかは実際にクライエント次第である。他の誰にも決められない。この対応はクライエント個人の自律性をはっきりと承認し，尊重もしている。

「実際はご自身次第です」
「では何をするか，どう決められるのかを知りたいですね」
「言われるとおりですね。何をすると決めるのはご自身の問題です。ご自身の希望に合わせて，やめることも減らすことも，今までどおりにしたり，もっと増やすことだって可能です」
「たとえ私があなたに代わって決めてあげたいと思ったとしても，それは無理ですね」

　皮肉めいた調子が含まれていてはいけない。少しでも冷笑的なトーンが加わると，クライエントの反応は違ったものになるだろう。家父長的な言い方や突き放したような言い方をすれば，これらの一つひとつが即座に直面化に変わってしまう。試しに，どれか1つを抑揚や表情を変えて，別の意味が伝わるように声に出して言ってみてほしい。文字面では同じ言葉だが，伝えようとすることは違って聞こえるだろう。
　選択権は本人自身にあることを強調されると，人は維持よりも変化のほうを選ぶ可能性が高まるようだ。強制的な言語に関しては第11章で論じたように，クライエントに「〜ねばならない」「〜しなければならない」

「〜は許されない」と命じることは（本当は強制することは不可能なのだが）反動を生むだけである。

■リフレーミング

リフレーミングという発想は認知療法家にはおなじみだろう。クライエントが表現しようとしていることに対して，異なる意味や視点を提案することである。

クライエント：こんなことが私にできるかどうか，わかりません。
臨床家：あなたにとっては，これはいちかばちかの正念場なんですね――できたら人生が変わる！

クライエント：妻はいつも，このことであれこれ小言を言ってきます。
臨床家：奥様はご主人のことを本当に心配しておられるのですね。

クライエント：知り合いはみんな，私と同じぐらい飲んでいます。
臨床家：酒豪のチャンピオン・クラスの人たちと飲むんですね！

クライエント：最近，いろいろあったんです。これにまで取り組む気が自分にあるのか，わかりません。
臨床家：よく，ここまで切り抜けてこられましたね。

これらの発言に共通するテーマは何だろうか？　置かれた状況について他の認識ができるように引き出している。不確実性はやりがいのある課題になり，大胆な挑戦にもなる。小言は愛情になる。正常さを保つことが例外的なことになる。逆境は強靭さを反映する。リフレーミングは正しい認識とは何かについて議論することではない――別の角度からものを見てみるようにクライエントを促すだけだ。

■ひねりを加えた同意

　クライエントが言っていることを認め，本質的には同意である聞き返しが前置きされると，リフレームのインパクトが増えるだろう。自分に同意してくれている人と議論を戦わせるのは難しい。ひねり，つまり臨床家が提案したリフレームは特に強調を加えられることなく，ほとんど独り言のように，そして，やはり皮肉な調子は全くないままに表現される。

クライエント：煙草を吸わない自分など想像できません。煙草は私の人となりや，私がすることなすこと全部の一部で切り離せません。
臨床家：煙草をやめるとあなた以外の人になってしまうのですね！　それだけ喫煙を続けることが重要で，喫煙の結果，自分がどうなろうともかまわない。

クライエント：私は本当に酒に強いんですよね。他人のように酒で判断が影響されることは全然ありません。皆が気を失ったときでも，私はまだ立っていられるんです。
臨床家：他の人と違って，アルコールの影響が出たり，身体で感じたりしないのですね。それはそれで気になることだろうなと思います。他に気になることは？

　ここでは微妙な言葉の綾が必要になる。著者としては本書の翻訳者に同情したい。このような言葉の綾の表現は，言語と文化によって大幅に異なるからだ。大切なのは枝葉末節ではなく，真実を伝えることである。喫煙者や飲酒者は，嗜癖によって生じる結果に公然と反抗を続ける。アルコールに対する高い耐性は依存症のリスク因子である。ひねりを加えた同意には，聞き返しによるメリットと物事を違う視点から考えてみるようにクライエントを誘う効果がある。

■機先を制す（維持トークを先に聞き出す）

　もし仮に，どこを探してもチェンジトークは見つからず，耳にするのは維持トークばかりであったとしたら？　こんなとき使える戦略のひとつは，変化に対する反対意見を先に聞き出すことで賛成意見への転換を目指すものである。これは意思決定バランスのように聞こえるだろうが，そのとおりである。だが，これは戦略的に最初に現状維持を続けようとする動機づけをすべて聞きつくすことによって，チェンジトークへの道を開こうというものだ。これは使うのはチェンジトークがほとんど出てきそうにないと思われる状況だけであろう。深めていくべきチェンジトークがすでに十分に出ているときに，維持トークを引き出そうとすることは無意味だ。

クライエント：本気で就職する必要があります。今がその時です。
臨床家：そうですね。でも，失業中の楽しみとしてはどんなことがありましたか？

　わざわざ面倒を起こすのはナンセンスである。機先を制することの本質は，チェンジトークがなかなか手に入らないときに，躊躇を続ける動機づけの主なところを徹底的に聞き出し，それから現状の欠点と変化の利点について質問するというものだ。

臨床家：あなたは本当のところ，今回の面接には来たくなかったというのが話を聞いてはっきりわかりました。
クライエント：とにかく私は子どもたちを取り戻したいのです。裁判官には子どもを取り上げる権利はありません。
臨床家：なぜ裁判官がそんなことをしたのか，あなたにとっては謎ですね。
クライエント：喧嘩にはなりましたけど，たいしたことではありません。

全部，大げさな誇張です。
臨床家：ご本人の視点から見たら，何ら深刻なことではない。
クライエント：うちはうまくやれていたんですよ。家庭をどう切り盛りするかは私の問題です。
臨床家：他人が家の中のことに関わってくるのは確かに嫌なことです。それで，今はここに来なければならない，私と話さなくてはならない，ということになったわけです。ご自身から見たら，何も悪いことはないというのに。
クライエント：そのとおりです。不公平です。
臨床家：つまり，今のこの状況についてご自身が嫌なのは，あれこれ命令されることと，ご自分の家族のことについて他人に話すこと，話が大げさになっていること，他人にお子さんこととか決められてしまうことですね。他には？
クライエント：そんなところだと思います。
臨床家：そしてその一方で，ここに来たことがご自身にとって役立つとしたら，どのように？
クライエント：私は子どもたちを取り戻すためにここに来たんです。また家族一緒になりたいです。
臨床家：それが本当に重要なのですね。他に何か？
クライエント：裁判官から自由になりたいです。私の生活からあの女を追放したいです。
臨床家：ここにいることが生活を元に戻すことに役立つかもしれないわけですね。たぶん，元々よりも少しは良い状態に？
クライエント：ひょっとすると。

　あらためて誤解を招かないようにするために繰り返すが，先手を打ってこちらから維持トークを話すことをMIのルーティーン手順として勧めるわけではない。相手が変化の理由について話すのをためらうようなときに

有用ではある。また，チェンジトークの欠如が，変化に対する両価性がクライエントの中に本当にないことを意味している場合もあるだろう。第18章では，両価性を創り出すことが課題になる場面を扱う。

■そのままつきあう

何を使ってもチェンジトークを引き出せないときは，そのままつきあうようにしてみるのもよい。これの本質はひねりなしの同意である。クライエントの維持トークに対して逆らわずに同調し，時々多少の増幅を加えることで，チェンジトークを引き出せることがある。

クライエント：この「エクスポージャー（曝露）」とかいうのを私も試してみましたが，何の役にも立ちませんでした。不安になり過ぎてしまうばかりです。私が怖がっているものに直面し始めたら，死んでしまうかのように感じて，どうしても腰が引けてしまうんです。私には合いません。

臨床家：実際，あなたには難し過ぎるのでしょうね。たとえ有効な治療法であっても，誰にでも合うというものではないです。エクスポージャーは恐怖をそのまま経験し，恐怖が過ぎるのを待つというものです。その間の不快感を耐えるだけの意味はあなたにはないのかもしれません。たぶん，今のままでいたほうがあなたにとっては良いのでしょう。

不協和

> 不協和のサインが聞こえるよう耳を澄まし，その大切さを認識しよう。

ここから不協和の現象を取り上げよう。クライエントと臨床家の間の協働関係における不調和のサインである。治療関係に炎上が生じる前の兆候は何だろうか？

煙探知器

煙探知器が鳴り出せば周囲の変化に対して警戒する。不協和のサインが聞こえるよう耳を澄まし，その大切さを認識しよう。

■防衛

不協和のサインの1つ目は，クライエントが自分自身を防衛する必要を感じているように見える。表れ方はさまざまである。例を挙げよう。

- 非難——「それは私のせいではありません」
- 最小化——「それはそんなにたいしたことではないです」
- 正当化——「それをやっている私はまともです」

「それ」は変化すべき方向についてのことかもしれないが——その場合は維持トークとも重なる——，発言全体は明らかにクライエントの一体性や自律，自尊心を防衛するためのものである。攻撃や脅威を察知すれば，人は防衛反応を示すのが当然である。これらのサインが一時的ではなく，続いて生じているならば，クライエントが個人的に脅威を感じていることを意味する。

■身構える

2つ目のサインは好戦的な態度であり，作業同盟が炎上し始めたことをはっきりと示す。臨床家が味方ではなく，敵として認知されていることを意味している。この場合，一人称ではなく二人称の主語がよく使われる。

「先生（あなた）は患者のことを大事にしていませんね」
「あれしろこれしろと命じるなんて，あなた何様？」
「先生（あなた）はご自分が何について話しているのか理解していない

のです」
「それで私がどんな思いをしたのか,先生(あなた)は全然わかってない」
「それは先生(あなた)の誤解です」

ここには議論や説得という権力闘争の火種がある。しかし,この会話の主題はクライエント個人の変化なのだから,クライエントが持つ権限のほうが大きいのだ。

■妨害

また別の不協和のサインとして,臨床家が話している最中にクライエントが割り込むようにして話し始めることがある。サインとなるのは内容よりも妨害という事実である。これが伝える意味は何だろうか? 次のような意味を持ちうるだろう。

「先生(あなた)は私を理解していない」
「先生(あなた)は患者の話を聞いていない」
「先生(あなた)はしゃべり過ぎ。患者の話を聞きなさい」
「私は先生(あなた)の意見に反対です」

クライエント自身の特徴として頻繁に割り込んでくる人もいる。相手の話を少し聞いただけで自分が次に言うことを決めたり,思いついたらすぐに話しだしたりする人だ。しかし,もしこのような現象が,特にそれまでの会話リズムから外れて生じているのならば,これは不協和のサインだと思ったほうがよいだろう。

■関わらないようにする

4つ目の煙探知器はクライエントが会話に関わらなくなることである。

クライエントは集中力が欠けていたり，気が散っていたり，目の前の人を無視していたりするように見える。ともすればクライエントから話題を変えたり，話題を無関係なことに向けたりする。視線は宙をさまよい，時計をちらちら見たりする。

どれがどの不協和のサインかなどを考える必要はない。クライエントの一発言がいま取り上げたサインの2つ，3つ，あるいは4つすべてを意味している場合もある。関係性の中で炎上が起こり始めていることに気づけばよい。

なぜ不協和が問題なのだろうか？　このようなサインを，臨床家が「クライエントを嫌がらせている」ことを示すれっきとした証拠である，と言う人もいる。不協和は作業同盟の崩壊を予告し，セッション後の変化とは反比例の関係にある（Miller et al., 1993; Patterson & Chamberlain, 1994; Safran, Crocker, McMain, & Murray, 1990）。

最後に追加するが，何が不協和のサインになるかは文化に依存する。ある国の文化，あるいは地域・施設文化で協働の崩壊をサインするものが他の文化ではたいしたことではないかもしれない。これは文化の差をまたいでカウンセリングを行うときには問題になるだろう。このような場合でも，聞き返しがクライエントの発言の意味を確認する素晴らしい道具になる。

臨床家自身が感じること

不協和は臨床家の気分やアプローチからも生じる。臨床家自身が疲労やストレスを感じていたり，気が散ったりしているときには生じやすいだろう。さらに人が抱えている差し迫った問題を解決できるように力を貸そうとあれこれ考えているときにも生じやすい。臨床家はクライエントの話を聞くのをやめてしまったり，間違い指摘反射がむくむくと起こりそうになったりする。臨床家は変化賛成論と解決策を提供し始め，クライエントか

らはそれに対する反動が返ってきて，関係性は崩壊の危機に瀕してしまう。

臨床家：このことをあなたに真剣に受け止めていただき，何かすべき時がきたと私は思いますね。
クライエント：今のところ，私にとっては大事なことではないんです。このままでも大丈夫です。
臨床家：何も変えないで，どうして大丈夫なのか，私には理解不能です。今までと同じことをやり続けて，違う結果を期待しているのですよ！
クライエント：いいですか，私は大丈夫と言っているんです。自分で自分のことぐらいできます。わかりましたか？　帰っていいですか？

　この事例での不協和は，維持トークの形式を持っていることと，MIらしい洗練された聞き方による結果ではないことに注目してほしい。臨床家は落ち着きを失い，先に突き進もうとしてクライエントを置き去りにしたのである。
　臨床家としてのあなたは自分自身の内部に不協和のサインを経験することがあるだろう。それは身体的感覚であることもある。腹部が締めつけられるような感覚や顔の紅潮などである。ひょっとすると声に出さないセルフトークかもしれない。「クライエントがここに座っていながら，これは問題ではないと言っているなんて信じられない。彼女の何が変なのだろう？　同じことについて今までいったい何回話してきたのだ？」などのように考えたりするだろう。内的なセルフトークは不安からも生じる。「このまま何も変わらなければクライエントに何が起こるだろうか？　私の責任が問われるだろうか？」　もちろん，この内的な独白に注意が奪われてしまうと，臨床家はクライエントの話を聞くことに集中できなくなっている。

不協和の源

　不協和はさまざまな理由で，MIの4つのプロセスのどこからでも生じる。次に不協和が現れそうな文脈を簡単にまとめる。

■関わるプロセスにおける不協和

　臨床家が一言も発言しないうちから，怒りをみせたり，防衛的になったりしながらドアから入ってくるクライエントもいる。つまり，不協和は最初の関わることに対するバリアとして早い段階に出現することがある。これは強制的な処遇や期待感など以前の経験によるものかもしれない。また，クライエントが以前に他人から受けた扱われ方によるものかもしれない。ありがたいことに，MIにおいてクライエントの変化を予測するものは開始時点でのコミットメントのレベルではなく，セッション全体を通じて動機づけがどう変化するかである（Amrhein et al., 2003）。開始時点でのクライエントの状態に対する責任は臨床家にはない。しかし，それから次に起こることに対して臨床家が持つ影響力はかなり大きい。開始時点で怒りがあり，防衛的にもなっているクライエントを治療できる点で，MIは特に効果的であるという知見がある（Karno & Longabaugh, 2004; Waldron, Miller, & Tonigan, 2001）。

　治療が行われる文脈の中には，クライエントの関わりを減らしてしまう因子が多数存在している。筆者のひとりは疼痛を伴う医学的な検査を受けたことがあった。悪くすれば命に関わる診断がつくかもしれない。担当してくれた医師は挨拶の後，いきなり評価の罠にはまって言った。「おはようございます。いくつかお尋ねする必要があります。『はい』か『いいえ』だけ答えてください」。そして筆者も閉じられた質問の長々とした連鎖にはまり込んでいった。関わらないように距離をとり，受け身になることは保証されたようなものだ。

　これよりも些細なやり方で知らず知らずのうちに不協和に結びついてし

まうことがある。レッテル貼りと非難（第4章参照）は疎外感を促進しがちだ。飲み過ぎの人の初回面接で、「アル中」という用語を使えば、ほぼ即時に不協和を生むだろう。関わるプロセスをやり直せなくなる可能性もある。「問題」という言葉だけでも、すぐに防衛性を引き出しかねない。

■フォーカスのプロセスにおける不協和

不協和はフォーカスのプロセスにおいても、話題と変化の目標に何を選ぶかについて意見が一致しない場合に生じる。専門外来のドアを通っていくクライエントには抱えている悩みがいくつもあるかもしれない。専門医がしようと考えていることはクライエントにとっては最優先事項ではないかもしれない。早すぎるフォーカスの罠とは、クライエントとの共有がまだできていない段階で、変化の目標の方向にクライエントを押してしまうことである。ある女性向けの嗜癖治療プログラムの治療スタッフがあることに気づいた。クライエントはアルコールなどの物質使用の問題を抱えてはいたが、これはクライエントの優先順位の中では4番目か5番目で、就労や住居、子育て、生活上の安全さなどよりも下位に位置していた。1つの問題のみにフォーカスしてしまうと良好な作業同盟を台無しにしてしまう可能性が高い。

■引き出すプロセスでの不協和

維持トークと不協和の間を簡単に線引きできるわけではない。もし、クライエントと関わることに見事に成功し、フォーカスについても同意したとしても、それでもなお維持トークが出現するのは自然なことである。維持トークは自然な両価性の一部なのだから、これを問題や不協和のサインとみなす必要はない。しかし、もし会話を1つの方向に無理押ししたり、クライエントがついてこられないようなペースで進めたりすれば、不協和が生じてくることに気づかされるだろう。不協和は間違い指摘反射の結果としてよく生じる。変化すべきものとして押してしまう臨床家は、押す力

と等しい反動をクライエントから引き出してしまう。これが続いていけば，関わり自体も台無しになるだろう。

　引き出すプロセスの間に計画するプロセスに移行するが，それが時期尚早だと不協和が生じる。クライエントの準備ができる前に変化の計画へと無理押ししてしまうことは，引き出すプロセスで得られたあらゆる進歩を逆転させかねない。

臨床家：このように変わることが良いとする理由をいくつか話してくれましたね。それでは，実際に変わるためには何をしようと思うのですか？

クライエント：わかりません。何かできればいいなとは思っていますが，そんなに簡単ではありません。

臨床家：ふむ，どうやったらできるかについてとにかく話し合いましょう。やれそうなアイデアで何かありますか？

クライエント：まさにそこなんです。私自身この話を今からする心の準備ができているのかどうかわかりません。

臨床家：では準備が整うようにするために私にできそうなことはありませんか？　変わることによるメリットはわかっているのですよね？

クライエント：本当は，それはどうでもいいのです。メリットがあるだろうというのはわかりますが，正直なところ，強引にやらされているような感じがします。

　このクライエントは強制されていると実際には感じている。引き出すプロセスにはまだ残っている作業がある。不協和のサインもはっきりしている。計画へのコミットメントに向かって進むのはまだ早すぎである。もし臨床家がここで歩みをゆるめなければ，関わるプロセスをまたやり直ししなければならないだろう。

■計画するプロセスでの不協和

最後に，不協和は計画するプロセスの間にも生じる。関わるプロセスとフォーカスのプロセス，引き出すプロセスを通じてクライエントの道案内に成功すると，臨床家に「うまくいった，ここからが私の出番。ここで何をすべきかを言わせていただこう」と考えたくなる誘惑が生じる。計画するプロセスも協働的なプロセスにすべきである。案内するのではなく指示するようになれば，ふたりのダンスが台無しになる。クライエントと臨床家が変化の目標と重要性については同意していたとしても，そこに到達するためにどの方法がベストかについては不協和が生じる可能性がある。

どの不協和の源にも共通することはふたりのダンスが中断してしまうことである。ふたりがリズムを合わせて共に動くのではなく，格闘しているかのようになり，相手の足先を踏みつけてしまう。これは実際には臨床家の間違い指摘反射とクライエントの両価性の間のぶつかり合いである。

不協和への対応

さまざまな点で不協和に対する対応法と維持トークへの対応法は似ている。聞き返しが理解のためにも作業同盟の修復のためにも鍵となる役割を果たす。

クライエント：先生は何歳ですか？　いったいどうして私を理解できるというのです？
　聞き返し：私が本当にご自身の力になれるのか，それを知りたいのですね。
　増幅した聞き返し：ご自身にとって役立つことを私ができるチャンスは全くないみたいですね。
　両面を持った聞き返し：ここで何か助けてもらえないかと来られたのですが，この私で助けになるのかどうか，あまり確信を持てないので

すね。

　これまでに取り上げてきた戦略的なアプローチも不協和に対する対応として有用だろう。次の3つの例を考えてほしい。

クライエント：回復者カウンセラー（自分自身にも依存症があり，それを克服してカウンセリングをするようになった人）ではない人の話を聞く気はありません。
臨床家：ご自身のことを本気で理解してほしいとおっしゃっているのですね。では私が話すのではなく，あなたが私に話を聞かせてください。［ひねりを加えて同意する］

クライエント：私はやめませんし［維持トーク］，先生にも私をやめさせることはできません。［不協和］
臨床家：そのとおりです。たとえそうしたいと思っても，私があなたに代わってやめるかどうか決めるなんてできないのです。［自律性の強調］

クライエント：何でも好きなものを食べるのはいけないと言われるのは嫌です。
臨床家：四六時中，食べる物を気をつけて選ばないといけないのは大変ですね。［リフレーミング］

　これら以外にも，不協和に対する対応として有用なものは他にもある。以下に3つの例を挙げよう。

■詫びること

　人の足を踏んでしまったときには「すみません」というのが礼儀である。これをしても責任が生じるわけではないし，ふたりが協働的関係にあ

ることを直ちに確認したことになる。

「ああ，すみません。あなたが言ったことを誤解してしまいました」
「失礼なことを私は言ってしまったようです」
「あなたにお説教をするつもりではありませんでした」

■是認する

是認も作業同盟に生じた緊張状態をほぐすことに役立つ。誠意ある是認は防衛性を減らす傾向があり，互いに敬意を持った関係を反映している。

クライエント：先生からの援助なしでも，これなら自分自身でできます！
臨床家：何かをすると決意すれば，それをひとりでやり遂げられる力を持っていますね。

クライエント：先生は自分でも何について話しているのかわかっていませんね。
臨床家：あなた自身はこのことを徹底的にわかるまで考え抜いていますね。

■フォーカスをずらす

不協和に対するまた別の対応法として，炎上気味の話題や痛みを生じさせる部分からフォーカスを外して，それ以上の悪化を止める方法がある。

クライエント：これは私の落ち度だと言われているのですか？　私は良い夫ではないと？
臨床家：全くそうではありません。非難や罵倒をしたいと思っているわけではありませんよ。私にとって大切なのは，あなたがご自身の夫婦関係についてどう良くしたいと思っておられるのか，そして，そのため

にはご自身がどうすればよいかということです。

クライエント：私には酒の問題があると考えていますか？
臨床家：私にとってはレッテルはどうでもよいのです。本当になんとかしたいと思っているのはあなたご自身のことです。

　一言でまとめれば，維持トークと不協和に対応する一定の公式はない。大切なことは自律性を尊重し，現状を守ろうとする気持ちを引き出さないよう，協働的かつ受容的な方法で対応することである。これをうまくする方法は文字通り何百とある。

変化のドラマ

　維持トークと不協和にうまく対応することが治療を成功させる鍵である。そのためにはこの2つをあるがままに認識しなければならない。すなわち成功へのチャンスである。現状維持を良しとする議論をしてきたり，不協和を表したりするとき，クライエントはおそらく過去に何度もやってきた台本を繰り返している。臨床家が演じるだろうとクライエントが期待している役がある――他の臨床家が今まで演じてきた役だ。クライエントから見れば臨床家の台詞は予測可能である。もし，過去の臨床家と同じ台詞を読者が言えばカウンセリングの結果は今までの台本通りになる。

　しかし，読者であるあなたは自分自身の台詞を書き直せる。芝居の中であなたの台詞がクライエントが予期するとおりの味気ないものである必要はない。ある意味，MIは即興劇に似ている。2回やれば2回とも違うものになる。一人の役者が役を変えれば，新しい方向に筋書きが進んでいく。緊張は芝居の生命である。筋書きにドラマと興奮を与えるひねりである。維持トークや不協和を性格の歪みの結果であるとみなすのは悲しい間違いである。この2つは人の変化のまさに中核にある。2つは役者たちの

動機と葛藤から生まれる。そして芝居の流れがつながっているか，つながっていないのか，どちらであってもエンディングがどうなるかをこの2つが予告する。臨床家が本当にうまいかどうかはこれらの緊張状態を認識し，それに対処できるかどうかで試される。変化のドラマが展開するのはこの舞台においてである。

キーポイント

- 維持トークは正常な両価性の一部であり，「抵抗」と誤って解釈されるべきではない。
- 不協和の現象はあなたの作業同盟における不調和を合図している。
- 維持トークと不協和の両方が面接者の対応次第で大幅に増えもすれば減りもする。
- 不協和はさまざまな理由でMIの4つのプロセスのどこからでも生じる。

第16章

希望と自信を引き出す

偽りの希望などというものはない。
——メアリー・パイパー

「希望」は羽根をつけた生き物　魂の中にとまり　言葉のない調べをうたい　けっして——休むことがない
——エミリー・ディキンソン[*1]（亀井俊介訳）

　動機づけ面接が編み出されたのは，もともとは変化の重要性がカウンセラー側には明確だがクライエント側にははっきりしないような状況で，変化の動機づけを引き出す方法としてである．本書はここまでクライエント側の変化の重要性に対する気づきをどうやって強めるかにフォーカスを当ててきた．しかし，それとは別の臨床的問題がある．どのような臨床家でも遭遇することがあり，そのとき MI が役立つだろう．その問題とはクライエントも変化の重要性をはっきりと認識しているのだが，変化の可能性についての自信はないという状況である．

「大学を出ていれば，いい仕事に就けるでしょうが，学校を離れてもう長いですし，ついていけるとは思えないんです」

「喫煙が自分に悪いことは知っていますが，何回もやめようとしてみても，禁煙できそうにないようです」

＊1（訳注1）『対訳ディキンソン詩集』エミリー・ディキンソン著，亀井俊介訳，岩波書店，1998.

「もっと上手にコミュニケーションをとる必要があることは明らかですが，私の家族が本気でやってみようとしているとは思えないのです」
「もっと健康になりたい気はありますが，運動をするのはつらすぎます」

これらの文それぞれの真ん中にある「が（しかし）」に注目してみよう。それぞれの文章は願望，理由，ニーズの表明で始まり，それから問題が述べられている。「しかし，それはできないと思います」というようになっている。

希望とは変われるという信念である。スキルが高い臨床家ならクライエント自身の希望が足りないとわかれば補うことができる。自信は希望の一段上を行く。つまり，変われるというだけではなく，自分自身の力で変化を起こせるという信念である。自力を超えた変化を希望することも可能である——神仏や環境変化がもたらす幸運（棚からぼた餅）を望むわけである。自力では何もできないと信じても希望なら持てる。MIは自信にフォーカスを当てて，その人自身が変わることを目指している。

人はある程度変われる自信がなければ，変わることに向き合おうとしない。自信のなさは変化の重要性を認めることへの障壁にもなる。「本当に私は変わらなければならない，でも変われない」という経験を望む人がいるだろうか？　急いで変わらなければならないが手は届かないと信じさせてしまうなら，クライエントを助けたことにはならない。結果は不安か絶望になるだろう。正常な人間なら，なんとかして苦しみを減らそうとするだろう（例：それについて考えるのをやめる，問題を矮小化する）。重要性と自信の両者が変化への動機づけの鍵となる構成要素であり（R. W. Rogers, 1975; Rollnick, Miller, & Heather, 1998），うまくいくMIは両方を支える。

> 急いで変わらなければならないが自分には無理だと信じさせてしまうなら，クライエントを助けたことにはならない。

何が問題か？

　何が必要かについて考える簡単な方法は，Box 16.1 に示す4つの欄からなる表である。「このクライエントはこの懸念（あるいはチャンス）に対処することがどのくらい重要だと考えているか？」と「対処できるかどうかについてどのくらい自信を持っているか？」である。これで4つの状況ができる。
　状況1はカウンセラーにとっては夢のような状況である。クライエントは変化は重要だと考え，達成する自信もある。これこそが MI の目指すアウトカムである。一方，これは専門家による援助が必要になる可能性が最も低い状況でもある。状況2ではクライエントは変化が可能だと信じていて（やろうと思えば私にはできるはずだ），重要とは考えていない（でも，やりたいという理由などあるのか？）。MI が最初に始まったのはこの場所からである。状況3は一時的にでも「自分にはとても無理」と弱気になるような状況である。変化の重要性を強く認識しているが，自信はな

い。「試してみようかな」はこの状況が当てはまっていることを示すサインのひとつである。努力だけでも必要だという重要性を感じているが，成功する自信度は低い。もちろん，自信があまりにもないため，試す気にすらならないかもしれない。最後の状況4は臨床家にとって一番好ましくないシナリオである。クライエントが変化を重要とも可能とも思っていない状況である。

　問題を抱えた現状から逃れようとする状況だけではなく，現状に満足しているが想定された変化をすれば満足感をさらに増すことができるような，ポジティブな状況もこの表に含まれていることに注意してほしい。この場合の葛藤は回避と回避の間に生じるものではなく，接近／接近葛藤になるだろう（第12章参照）。

　状況2と状況3では臨床家の課題が違う。状況2では，変化の重要性に対するクライエントの認知度を強めることにフォーカスを当てる。状況3では変化の重要性は十分であり，動機づけにおける問題は自信のなさである。状況4では重要性と自信度の双方が低い。自信のなさだけが理由で重要性が低くなる可能性もある。

自信を強める

　将来の変化を予測するクライエント側の要因の中で，希望は最強のもののひとつである (Bohart & Tallman, 1999; Hubble, Duncan, & Miller, 1999; Snyder, 1994; Yahne & Miller, 1999)。具体的な行動評定としては「自己効力感」と呼ばれるものがあり，これは実行に成功することを予測する因子になっている (Bandura, 1982, 1997)。クライエントが持つ自己効力感に影響を与えることでMIは変化を起こせるのかもしれない (Chariyeva et al., in press)。さらに広く考えると，希望は挫折に対する解毒剤である (Frank & Frank, 1993)。幸い，クライエントの希望を治療関係の中で強化することができる。認知行動療法の技法の中には困難な状況に対する対処スキルを新たに身につけ

させたり，もとから持つスキルを強化することで対処可能にさせるものがある（例：Linehan, 1993; Monti, Kadden, Rohsenow, Cooney, & Abrams, 2002）。また別の技法ではもともとあった行動変化のスキルを活性化させるものがある（DeShazer et al., 2007; Hibbard et al., 2007; Lewis & Osborn, 2004）。この章では，自信のなさが変化の障壁になっているとき，希望を強化するためにMIをどう使用できるかにフォーカスを当てる。他の一般的な動機づけと同じように希望もクライエントの内部から引き出される。希望の種はもともとあり，誰かに発見されて光が当たるのを待っているのだ。

自信トーク

　第12章で示した準備チェンジトークの4種（DARN）のひとつが能力と関係していたことを思い出してほしい。このような言葉——自信トーク——を引き出すことが希望を強化するためのアプローチのひとつになる。クライエントがもともと持つリソースを生かすことである。希望を外から植え込むのではなく，中から呼び覚ますようにする。変化を達成可能にする方法を考えるとき，アイデアを最初に出してくれるのはクライエント自身である。答えが自信トークになるような開かれた質問を考えて，得られた答えを聞き返していくようにしよう。

「そのように変わっていくために，あなたならどうやっていきますか？」
「最初の一歩として良さそうなものは何でしょう？」
「ご自身のことを自分でよくわかっておられますね。そこで，この変化に成功するためにはどうやってみようかと？」
「この先，難しくなるとしたらどんな状況がありそうですか？　そして，そうなったら対処の仕方は？」
「何があったとしたら，これはできるという自信につながるでしょうか？」

以下は喫煙者との面接の一例である。

クライエント：先生は禁煙の仕方って，どうやったらいいと思っているのですか？　私は前に試したのですが，長続きさせられませんでした。
臨床家：他の方で，この方法でうまくやれたというのは確かにありますけど，実際に重要なのはご自身にとってうまくいくかどうかです。本人以上に本人を知っている人はいません。ご自身の癖とか生活習慣とかを考えて，今度は禁煙に成功できそうだとしたら，どんなことがあればと考えておられるのかを教えてほしいですね。どうやれば禁煙できそうですか？
クライエント：わからないですね。前にやったときはイライラしまくってしまっていて，周りの人にも当たり散らしていました。他の人にとっては迷惑な人になっていたわけです。
臨床家：ニコチンが切れるとイライラするのですね。
クライエント：ええ。ニコチンガムとかでイライラを抑えられるとは知っていますけど，それよりも私の場合にはスパッとやめることが必要だろうと思います。一気にケリをつけるってわけです。
臨床家：スパッとが一番合うわけですか。で，どうやればやれそうですか？
クライエント：2週間くらいは私のまわりには人を近づけないほうがいいでしょうね（笑う）。どこかの人気のない山奥とかで一人っきりで過ごすとか。
臨床家：他の人たちをイライラから守るために。
クライエント：私自身を守るためですよ。2週間が過ぎたときに，まだ夫婦を続けたい，友達付き合いも続けたいと私が思っているかな。
臨床家：前に禁煙したときはそこまで困った人になっていたのですね。
クライエント：まあ，2日か3日しか続けられなかったんですけどね。で

も，ええ，相当にひどかったです。

臨床家：とすると，ご自身でもまだわからないことがあって，その1つがきつい禁断症状の出ている時期を乗り越えるのにどのくらい時間がかかるかということと，次にその何日間かをどうやり過ごすかということですね。

クライエント：私はじっとしているのが苦手で忙しくしていないとだめですね。手作業みたいな何かをやっていたらいいかなと思っています。キャビネットとかDIYの家具を作るのが好きなんです。禁煙をやり抜くまでには，家一軒がいっぱいになるくらい作れそうです！

臨床家：ご自身の癖や性格について，よく知っておられるところはそこですね――イライラが一番きつい何日間かは手作業で忙しくしておけばやり過ごせるだろうと。それと離脱を落ち着かせるためのニコチンパッチやガムは使いたくないのですね。

クライエント：使いたくないです。スパッとすませてしまいたいんですよ。うだうだしないで。

臨床家：ひとたび何かをすると決めたら，とにかくやってしまいたい性格で。

クライエント：こういう不愉快なことでは，そうです。いい家具を作っていられるなら，時間がかかってもあまり気にならないんですよ。楽しいから。

臨床家：本当に夢中になって，時間がいつの間にか過ぎていきそうですね。

クライエント：そうですね，実際に仕事の休みをとって家具に没頭できたらいいでしょうね。

臨床家：禁煙方法として，実際にそうやって楽しめているところを想像していますね。

クライエント：ええ。妻を2週間ばかり実家に帰さないといけないでしょうし，電話にも出ないでしょうけど，それでうまくいくだろうと思

います。

臨床家：一番ひどいイライラの数日を乗り越えるまではそうですね。これで，禁煙がうまくやれそうだという自信はどのくらいありますか？

クライエント：うまくいきそうです。1，2週間，とにかくやり続けて，それから，他人に会わない，特に愛煙家の友人とは顔を合わさないようにすればいいだけですから。

臨床家：禁煙をやり遂げるために，何か私からできそうなことがありますか——何かあったときのために，緊急時の電話連絡先をお知らせしましょうか？

クライエント：（笑う）いえ，けっこうです。ただ日程を決めて，スパッとやるだけです。

　臨床家が聞き出そう，強化しようとしているのは能力の言語，つまり自信トーク（できそう，できる，やれそう，やれる）と，それを実現するベストの方法についてのクライエント自身のアイデアである。この言語を用いた開かれた質問を使えば，クライエントのアイデアを探りやすくなる。「今度は禁煙に成功できそうだとしたら，どんなことがあればと考えておられるのかを教えてほしいですね」がよい例である。

■自信尺度

　第13章で紹介した尺度は重要性の場合と同じように自信トークを引き出すためにも使える。「すると決めたとしたら，これができるという自信がどのくらいありますか？　0が『全く自信がない』，10が『極めて自信がある』を示している0から10までの尺度で，ご自分はどこにあると思いますか？」のように問うのだ。それから第13章で論じられた同じような続きの質問が，クライエントの自信の視点を引き出すために使用できる。

「どうして0（あるいは〜より低い数値）ではなく，〜ですか？」
「〜から［より高い数値］に上がるには，何が必要ですか？」
「〜から［より高い数値］に上がるために，私からお手伝いできそうなことは何ですか？」

これらの質問への答えは自信トークになるだろう。前の繰り返しになるが，数値を逆転させたもの「どうして10［より高い数値］ではなくて，〜なのですか？」のようには質問しないように気をつけてほしい。

情報と助言を与える

クライエントによっては先にどう進めばよいかについての考えが全く思い浮かばず，臨床家に情報や助言を求めてくる。先の例が具体的に示すように，クライエント側からの助言要求に対する最初の対応としては，臨床家側から反対にクライエント自身のアイデアを求める開かれた質問になることが多い。一方，クライエントにとって有用な情報や助言をすること自体にも合理性があり，クライエント側から求めているということは臨床家に許可を与えているという意味でもある。第11章で取り上げたように，助言をする場合は1つだけするのではなく，クライエントが自ら選べるようにメニューの形式で助言するのがよい。

強みを見極めて是認する

自信を強めるまた別の方法として，クライエントが持つ広い意味での強みやリソース（本人を取り巻く環境の中にあって使えるもの）を探し，変わっていくために役立つものを見つけることがある。長所を是認することは，それ自体が自尊心と自信を強める。希望を打ちくだかれた人にとっては誰かから自分の長所を認めてもらうことが必要なのである。先に取り上

BOX 16.2. 変化に成功する人たちの特徴

受容的	コミットしている	柔軟	辛抱強い	頑固
活動的	有能	集中力がある	粘り強い	感謝の気持ちがある
適応性がある	興味や関心を持つ	許すことができる	ポジティブ	徹底的，几帳面
冒険好き	自分に自信がある	前向き	パワフル	思慮深い
情け深い	思いやりがある	自由	信心深い	タフ
肯定的	勇敢	ハッピー	迅速	人を信じることができる
用心深い	創造的	健康的	筋が通っている	信頼できる
生き生きとしている	決断力がある	希望に満ちている	理解が早い	正直
野心的	献身的	想像力がある	リラックスしている	理解がある
揺るがない	断固としている	発明の才がある	当てになる	独特
自己主張がある	簡単に諦めない	知的	臨機の才がある	止められない
自信たっぷり	勤勉	博識	責任感がある	精力的
よく気を使う	実行力がある	愛情にあふれる	分別がある	先見の明がある
大胆	やる気満々	成熟している	技能がある	豊かな資質を備えている
勇敢	真剣	オープン	堅固	やる気がある
頭脳明晰	成果を出す	楽観的	スピリチュアル	勝負強い
潜在能力がある	エネルギーを持つ	秩序を守る	物に動じない	賢明
注意深い	経験豊富	きちんとしている	安定している	尊敬に値する
陽気	貞淑	忍耐強い	率直	熱心
利口	恐れを知らない	鋭敏	頑丈	熱意にあふれる

注：Miller（2004）からの引用。このページの複製や編集にあたって著作権者の許可は不要である。

げたように，クライエントに対して本人が自分のプラス面についてどう思うかを尋ねるとよい。答えを聞き返せばさらに探っていける。ポジティブ・シンキングのような自己是認の方法を知っているクライエントも多いので，筆者は「変化に成功する人たちの特徴」と呼ぶチェックリストを使うようにしている。Box 16.2 に示す単語のリストは，一般によく耳にする 100 のポジティブなパーソナリティ特性を集めたものである。誰であっても，このリストの中のどれかが自分にも当てはまると考えるだろう。臨床家はクライエントに対してリストから当てはまるものを選ぶように求めるようにする。「これは人が長所として持ち合わせていそうなもののリス

トです。読んでみてご自身にマッチしていると思われるものに丸をしてください」というようにする。筆者は最低でも5つを選び出すようにさせている。丸がついた理由や考えを開かれた質問と聞き返しで探っていく。

臨床家：さて，ここに長所のリストがあるわけですが，心臓発作を再び起こさないための心肺機能リハビリテーションを受けていただくときに，あなたの長所がどう役立つかについて一緒に考えたいと思います。丸をつけられた項目の1つは「前向き」ですね。これは具体的にはどういう意味になりますか？

クライエント：まあ，私は物事のポジティブな面を見るようにしているんでしょうね。物事を単に今，どうかを考えるだけではなくて，それが持っている可能性みたいなものを見つけるのが前から得意だったみたいです。

臨床家：わかりました。ある意味で楽観的なのですね。

クライエント：ある意味で，と言いますか，「こうだったら」「こうすべきだった」「こうもできたのに」のような過ぎた昔をくよくよ考えるよりも，とにかく前を向くという感じです。過去をどうこうするなんてできませんが，未来はまだ来ていません。私も未来なら何かできます。

臨床家：それがあなたの長所そのものですね。どれだけひどい状況なのかを考えてしまって行き詰まってしまうのではなく，今あるものでどうすればよくできるかを考えるようにもっていける。

クライエント：ええ，そうです。

臨床家：そうすると，丈夫さ健康さを取り戻すためには，何のために生きるのか，この先に何を期待するのかを考える必要があるわけですね。そんな感じですか？

クライエント：そのとおりです。私の人生はまだ終わっていません。やりたいことがたくさんあるんです。

クライエントの言葉の中にチェンジトークが多く含まれていることに加えて，変化に役立つ長所を自分自身で是認していることにも注目してほしい。クライエントが自分の長所に気づいたときは，それがどのようなものか詳しく話してもらうようにしよう。それがクライエントの特徴にどう結びつくのか？　どんな例があるのか質問し，出てきた答えを聞き返そう。変化していくために役立つようなリソース，社会的なサポート体制などがクライエントの周りにあるのかを探ることも役立つだろう。頼めばクライエントをサポートしてくれる人はいるだろうか？　どんなサポートをしてくれるだろうか？　変化を手助けしてくれる人は他にもいないだろうか？

過去の成功を振り返る

希望を見いだせるもうひとつの源は，クライエントが以前にできた変化を探ることである。「今までの人生の中でやり遂げた，でも難しかった変化にはどのようなものがありますか？　最初はできるかどうかあまり自信がなかったけれど，結局，なんとかやり遂げられたことがあるとすれば，どのようなことですか？」のように。これらを一つ二つ聞いて，「どのようにやったのですか？」と探り，再び共感的に聞き，その話の裏側にある本人の能力や長所にフォーカスを当てて聞き返すようにする。過去にあったポジティブな変化をある程度の深さまで詳しく探るようにしよう。クライエントが自分でやった，うまくやれたことには何があるだろうか？　変化するために何か特に準備したことがあっただろうか？　語られた長所を一般化して，今の状況にも適用できるような個人的な能力や長所として言い表すことができるだろうか？　単に「どのようにやったのか教えてください」と求めるよりは，どのような変化が起こったのか，その変化が生じるプロセスはどうだったのか，などをクライエントに詳細に述べてもらうようにすることもよいだろう。クライエントはそのように変わると決心し

たのはどうしてなのだろうか？　変化を開始し，続けるためには何をしただろうか？　どのような壁に直面し，どのように克服しただろうか？　クライエントは自分の成功を何のせいだと考えているだろうか？　それは本人のリソースや能力，長所だとすると，どういう表現になるだろうか？　臨床家の側から「すごいですね」と褒めるのではなく，クライエントの側から本人の自信につながるような話を自らしてもらうのが全体の狙いなのだということを忘れないようにしてほしい。

ブレインストーミング

　問題解決に対する古典的なアプローチはブレインストーミングである。これは変化を達成できそうな方法について，できるだけ多くのアイデアを自由に考え出すことだ。出てきたアイデアには批判は要らない——どれだけバカバカしく荒唐無稽であっても，すべてのアイデアを歓迎するようにする。ブレインストーミングの狙いは変化を達成する方法について，創造的で常識外れの発想ができるように思考を活性化させることだ。臨床家からアイデアを出してもかまわないが，全体としてはクライエントの創造性を引き出し，そこから話がスタートするようにすべきである。出てきたことを書き留めていくようにしよう。

　ある程度リストができあがったら，クライエントにリストの中でどのアイデアが一番有望かあるいは実行可能に見えるか，また，どうしてそう思うのかを質問しよう。ここまでに取り上げた希望を引き出す方法のすべてがクライエントの自信トークを引き出して強化するという共通する狙いを持っていることを念頭に置いておくようにしよう。MIの中ではブレインストーミングは変化のアイデアを編み出す方法であるだけでなく，クライエントから自信トークを引き出すための方法でもある。

リフレーミング

　せっかく成功例を考えついても結局は失敗に終わった，それは自分のせいだと考えて話が止まってしまうことがある。このような場合にはリフレーミングや原因の帰属を考え直すことが有用だろう。よく聞く失敗例は「自分でも数回，試してみたのですが，そのつど失敗しました」である。「失敗」をリフレームして，その記憶がこれからやろうとすることをブロックするのではなく，むしろ促すようにもっていく。

　ここでは試行錯誤のような「試す」や「実験」という概念が役立つ。「失敗」をちょっと言い換えれば「実験」になる。クライエントが過去に自ら行った行為を失敗も含めてゴールを目指して行われた連続的な試行錯誤行動として捉えるようにする。昔からある決まり文句，「七転び八起きだ」「失敗から学べ」のような説教はしない。このようなとき，同じような行動変化に関する研究のデータを情報提供することも役立つだろう。例えば，ニコチン依存になっている喫煙者は1回目の禁煙に失敗するのが通例である。喫煙者が永遠にニコチン依存の支配から逃れるまでには平均して3～4回，真剣に禁煙実験をすることが必要である。これはあくまで平均なので，6～7回の禁煙の試行が必要になってもおかしくない。1回の試行ごとに喫煙者は一歩ずつ成功に近づく。「失敗」は恥ずかしいことに聞こえるが，「試行」や「実験」なら賞賛すべきである。クライエントが数回試してみて，まだ成功していないのであれば，まだ正しいやり方を見つけられていないだけなのかもしれない。あるいは同じやり方であっても，状況が変わっている今，また試せば今度はうまくいくかもしれない。試行錯誤は変化を成功に結びつけるための定石である。

　他にも自信を強めるリフレームがある。「失敗」を「私がやったから，できなかった」のように本人の気質や能力欠如などの本人内部の固定的な要因のせいとする考え方を，試行不足や不運のように外的で不安定な要因のせいにする考え方に切り替えることができる。「時期が悪かった」「1回

だけの失敗では足りない」「準備不足だった」「そのときは運に恵まれなかった」「あまり一生懸命にせず，途中で早めに諦めてしまったからだった」などに言い換えることができる。負けを繰り返しても勝負を続ける諦めの悪いギャンブラーが言いそうな言葉を使ってもよいだろう。「たぶん，今度こそ私が勝つ番だ」

仮想を考える

クライエントが現実と悪戦苦闘しているならば「仮想空間」に飛び込み，別世界にいる気になって考えると役立つだろう。仮定法の表現を使うとよい。

「もう成功してしまったのだと考えてみてください。今は成功した理由を振り返っているわけです。何が役立って成功した可能性が一番高いですか？　何が起こったから成功したのかしら？」
「ではこの大きな邪魔物が最初からなかったのだと仮定しましょう。邪魔が取り払われたら，そのときはどんなふうにして変わっていくことができますか？」
「この件でやる気を失い，もう二度と立ち上がれないぐらいの気持ちなのでしょう。……どうでしょうか，一度，想像力を働かせてみてください。もう一度チャンスがあるとしたら，またやり直すことができるのだとしたら，試してみてもよさそうな方法には何があるでしょうか？」

仮想を考えることによって現実と距離をとることができ，創造性が高まることがある。内省的な文章を書くのが得意なクライエントに対して，筆者が使ってみたことのひとつに「未来からの手紙」がある。ホームワーク課題として持ち帰らせて，次のセッションまでに十分に時間をかけて考え

てもらうようにする。

「実は今は，本来の時から5年後の世界にいるのだとしましょう。そのとき，あなたが望んでおられる変化に成功していると想像してください。理想が実現しているわけです。その未来にいるあなたが，5年前のあなたに手紙を書くとしたらどうなりますか？ 想像できますか？ 5年後の未来，困難を乗り越えて望みを達成し，一歩賢明になった自分が5年前の迷っていた自分に励ましの言葉をおくるわけです。変化をどのようにして達成したのか書いてみてください」

このような仮想空間で生まれる創造的な思考は，治療セッションの中でも役立つ。筆者はカウンセリングセッションが行き詰まったときに，クライエントに対してクライエントではなく「コンサルタント」役をするように求めたことがある。

「ピーターさん，ちょっとお願いがあります。あなたの気持ち次第ですが，ちょっと変わったことを試したくて。まず座る椅子の場所を替えます。ピーターさんには私の隣の後ろのこの椅子に移ってもらうわけです。ここはコンサルタントの席で，あなたがコンサルタントとしてカウンセラーである私に助言するわけです。カウンセラーが何をすべきかをあなたに考えていただくわけです。私のほうはピーターさんが話しておられた困った状況について説明します。これは一種の演技なので，いいでしょうか，ピーターさんご自身のことについては『私は』とは言わずに，三人称の『彼』とか『ピーター氏は』などのように話してください。いいでしょうか？」

クライエントに椅子を替わらせた後，筆者は次のように話した。

「私はピーター氏のカウンセリングで，今のところ，ちょっと行き詰まりを感じています。助言が欲しいのです。なんとかしてピーター氏の助けになりたいと思っているのですが，次にどんな話題を取り上げたらよいのか，どうにもわからないのです。彼の心の中では何が起こっていると考えたらいいでしょうか？　そして私は何を試せばいいでしょう？」

この話の後，筆者は「コンサルタント」に礼を伝え，クライエントをクライエント用の椅子に戻し，先ほど「コンサルタント」が勧めたことを試すわけである。どのクライエントでも，このようにして自分の問題から距離をとれるわけではない。しかし，時にはクライエントは驚くべき洞察とアイデアを考えついてくれる。MIが常に前提としている作業仮説に従えば，使えそうな知恵や洞察，創造性はクライエントの内側に潜んでおり，引き出されるのを待っている。

> MIが常に前提としている作業仮説に従えば，使えそうな知恵や洞察，創造性はクライエントの内側に潜んでおり，引き出されるのを待っている。

自信トークに対応する

　ここまでに概説してきた方法のすべてに共通する目的は，変化を可能にする方法とそうする自信についてクライエント自ら語るようにもっていくことである。なぜ，どうやれば変わることができるのか？　MI全体を通じて一貫していることだが，このような話をクライエントの口から出てくるようにすることが大切である。自信トークが顔をのぞかせたら，臨床家は見つけてすぐに強化することが大切である。第14章で解説した4つの対応の組み合わせ（OARS）がここでも重要である。自信トークに対する対応はチェンジトークに対するものの中の1パターンにすぎない。

- Open question　詳述や例を求める開かれた質問
- Affirmation　クライエントの強さと能力を是認する
- Reflection　クライエントの自信トークを聞き返す
- Summary　変化をクライエントが楽観視する理由をサマライズする

　聞き返しはここでも依然として中核的な技能である。目指す方向に変わっていくことに対するクライエントの自信や能力につながるような話のテーマや経験，アイデア，認識を聞き出すようにしよう。聞こえるたび即座に聞き返し，さらに後でもサマライズの中で聞き返すようにしよう。クライエントが自分に自信があると表現した場合は節度をもって是認しよう。
　自信トークが出てくるようになれば，この先に生じる可能性がある問題や難関を臨床家側から取り上げて，クライエントならどう解決するかを問うこともしてよいだろう。

「もし○○が起こったら，どうしますか？」
「もし○○になってしまったら，どう対処しますか？」
「もし○○が起こったら，どんなことを考えますか？」

　これによってさらにチェンジトークを引き出せる。このやり方は臨床家が解決策を提案し，クライエント側がそれは自分には無理と自分の限界を言いだすのとは正反対の構造になっている。臨床家の役割はクライエントのチェンジトークに対して「この場合は無理でしょう」と反論することではなく，クライエントからさらなるアイデアと具体化を引き出すことだ。

問題が多数あるとき抜本的に変化する

　どのような変化が必要なのかが曖昧なまま，簡単には解決できそうには

ない多数の問題が錯綜した状態になっているときがある。例えば，売春が非合法とされている街で，多種類の薬物に依存しているセックス・ワーカーの女性を考えてみよう。同じ境遇の女性と同じく，彼女も現状から脱出することがとても重要だとは言うが，どうやってそうするのか自分にできる方法がわからないと言うだろう。一見，複雑に見えるが，これは自信の問題である。変わるためには，威圧的で資金力もある売春組織から逃げること，当面の食糧と避難場所の確保，地理的に離れること，薬物依存症の治療と回復，法的問題の解決，合法的な就労に必要な技能の獲得，実際の就労と子どもの養育，家探しなどが必要だろう。問題のどの１つ（薬物依存など）をとっても，他の問題を無視したままで対処法を考えることは明らかに非現実的である。自信がないことも理解できるだろう。問題が錯綜しているため，一度に１つだけ段階的に変えていこうとしても結果につながる可能性は低い。

　このような状況でクライエントが自信を持つためには，多数の問題に対して一度に対処できるような根本的な変化が唯一の方法になるだろう。複雑さを過小評価せずに解決に導ける抜本的変化として，どのようなものが可能かを話し合うとよい。特定の行動だけを変えようとするのと違って，クライエントと家族，社会全体，未来をも含む全体像について考えることが必要になる。

臨床例

　次に，先ほど扱った抜本的な変化を目指すシナリオを使い，自信を向上させることを狙ったMIの例を示す。これは変化の重要性について論じた後からのものである。変化の重要性についてはクライエントが上手にサマライズしており，臨床家は何もする必要がない。変化についての具体的な計画に移る前の難題は自信のなさである。

クライエント：どうしたって今の仕事は長くはできません。危険すぎるし，いずれ死ぬはめになります。娘のことも考えなくていけません。娘には私がしてきたような人生を送らせたくない。私はダメ母です——娘から見えないところ，洗面所で注射したり，週の半分の夜は帰ってこなかったり。今のソーシャルワーカーは娘を取り上げると，また脅しています。でも彼のせいじゃないのですよね。今のままじゃ私はダメです。

臨床家：今の状況はどん底なのですね。そして，そこから脱出したいという気持ちも本物だし。

クライエント：この前の晩に脱出しかけました。でも願っていたような出方ではなかったわ。豚箱に押し込められちゃった。

臨床家：殺されかけたと言われましたよね。

クライエント：前にもそれに近い目に遭いましたけど，今度のは本当に怖かった——前にお話しした例の男。

臨床家：では，次にすることは何ですか？　どうやったら脱出できそう？

クライエント：まさにそこです。何ができるのかしら？

臨床家：行き詰まった感じで，出口なし。

クライエント：どん底もいいとこですよ！　お金はない，保護観察中で。シーシー（クライエントのヒモの男）は鷹みたいに見張っている

この発言の前に行った重要性尺度ではクライエントは9点と評価している。

相手から解決法を引き出そうと誘ってくる……

……それに対して臨床家は単純な聞き返しで反応。

し，私が何か内緒事をしているんじゃないかと妄想しただけでも殴りにくるし，薬もくれない。ふたりで安宿にいます。私，どうしたらいいのかしら？

臨床家：それが今，直面している問題ですね。そこから逃げ出したいけれども，一体全体どうやったら山ほどある壁を乗り越えられるでしょうね。

クライエント：私にはわかりません。答えがわかっていたら，ここにはいません。

臨床家：私にも答えはわかりません。でも，あなた自身の中に答えがあると確信しています。ふたりで考えれば，出口も見つかるでしょう。

クライエント：どういう意味ですか？

臨床家：ひとつにはあなたの逞しさには驚かされます。生き延びる強さというのか，今まで経験してこられたことを考えると，元気に五体満足で生きておられるだけでもすごいと思います。精神的にもここに座って，将来の自分の人生がどうなったらいいかについて，穏やかに私と話し合いができるのですから。私だったら，とうにおかしくなっているか自暴自棄になるかしているでしょうね。

クライエント：やるべきことをしているだけですよ。

臨床家：これだけ悲惨な目に遭ってもなお，愛情と思いやりを持っておられますね。お嬢さん

ここで「では，○○するのはどうですか？」のように提案したり，解決策を指示したりしても，その結果はだいたい想像できるだろう。
先ほどと同じように，臨床家は解決に飛びつくことなく，聞き返す。

自信尺度＝1か2。

希望の貸し出し。

完璧に誠実な是認とリフレーム。

に対してはもちろん，夜の仕事をしている仲間の女性にもでしたね。お客さんたちにも。どうやったらそうできるのかしら？   是認と開かれた質問。

クライエント：よく言うように一度に1つだけ取り組め，ということかしら。そんな感じ。自分の殻にこもっているだけです。客を相手にしているときもそう。自分を傷つけないようにしています。自分で自分をいたわる感じで。

臨床家：お嬢さんのことも大切にするように。 言葉をつなぐ聞き返し。

クライエント：自分のことよりも娘の世話をちゃんとできていたらいいんですけど。まあ，でも，自分の体調管理とか食事とかはちゃんとしています。他の誰もしてくれませんからね。

臨床家：つまり，外からはわからないような粘り強さが内側にあるわけですね。周りがどんなふうでも傷つくことがないような内側の硬い核のようなもの。

クライエント：というか，私自身が傷つけられることは許さないんです。

臨床家：ああ，そうですね！　何も感じないというのではなくて，痛みも感じるのですから。そうやって内側にある感性豊かな自分を守るようにしているのですね。つまり，あなたには自分を守れる強さがある。他にはどんな長所がありますか？　他に何があってここまで生き延びてこられたのですか？   是認。
引き出す質問。
個人の強みを問う。

クライエント：私は頭はまあ悪くないほうです。まあ，高校中退だし，成績は良くはなかったけれど，周りで起こっていることはわかります。裁判などで大事なことを見落とすようなことはありません。　　　　　自信トークが始まる。

臨床家：自分を守る強さがあり，お子さんへの愛情があり，頭もかなりいい。他には？　　　　　集めのサマライズ。

クライエント：わかりません。

臨床家：他の人に聞いたら，あなたのことをどう言ってくれそうですか？　よく知っている人なら？　何か性格とか長所とか，才能とか言ってくれそうですか？　それがあったら，良い方向に生活が変わるのを助けてくれそうな性格や才能。

クライエント：粘り強さですね。私は何かをしたいと思ったら，本当に強情なんです。

臨床家：心を決めると，誰にもあなたを止められない。猪突猛進という感じ。

クライエント：何かをしたいときには本当にまっしぐらですね。

臨床家：強くて，愛情豊かで，頭が良くて，粘り強い。大変なことがあっても，そこを切り抜けるために必要なものがたくさんあるようです。これはどうでしょうか？　昔，何かをしたいと真剣に考えて，そうしたときのことを教えてください。　　　　　過去の成功を振り返る。

クライエント：聞いたら先生が嫌がりそうだわ。

臨床家：言ってみるまではわかりませんよ。

クライエント：先週，ヘロインが切れてしまって，とにかく欲しくて欲しくてたまらなくなりました。シーシーは私がだましていると思っていて，お金は全部自分のものにしてしまって，何も渡してくれなかったんです。周りの知り合いに頼んだけれど，誰も何もくれなくて。昼下がりだったので，街を歩いても客もいないし。そこで娘を連れて高速道路のインターチェンジのところまで行きました。シーシーが夕食に出かけるまで待っていました。私は「腹ペコです。食べ物のためなら何でもします」と書いた看板を作ったんです。1時間以内には欲しかったものを買うのに十分なだけのお金を手に入れました。2人分の食べ物もね。シーシーは全く気がつきませんでした。

臨床家：今までおっしゃったあなたの長所のすべてが生きていますね。タイミングをばっちり合わせないといけなかったのだけれど，周囲で起こっていることもきちんと意識して，見事にやり遂げた。決めるのも早かったし，解決策も自分で考えついた。そのとおりやり通してシーシーにもばれなかった。どうやって看板を作ったのですか？

　強みを集めたサマライズ。

クライエント：ゴミ捨て場で見つけた段ボール紙と，宿のフロントでマーカーペンを借りて。

臨床家：小さなことのように見えますが，これをいかにすばやく解決したかということに感心

します。もちろん，これだけの能力が麻薬を手に入れるために費やされたことには何とも言えませんが，そうであってもあなたがその気になればやり遂げるのだということには変わりありません。

クライエント：そう，薬ももうひとつの問題です。中毒になっていることはどうすればいいのですか？ 禁断症状がひどいです。

臨床家：では，前に経験したことがあるのですね。

クライエント：もちろんです。刑務所でも，シャバでも，一度，薬物依存リハビリ施設で治療を受けたことがあります。また禁断症状を経験するのは嫌です。

臨床家：治療について教えてください。いつのことですか？

クライエント：去年です。とても具合が悪くなって，緊急治療室に連れていかれて，そこからリハビリ施設に送られたんです。5日くらいいましたが，退院した直後に薬をやってしまいました。

臨床家：リハビリ施設での治療はどうでした？

クライエント：悪くなかったです。よくしてくれました。禁断症状が和らぐように薬を出してくれました。でも，シャバに出るなり，また注射が欲しくなってしまいました。

臨床家：では，少なくとも離脱症状を乗り越えるまでは楽にできたわけですね。問題はシャバ

に戻ったときだった。ちょっとここで，変わった質問をさせてください。もしですね，魔法にかけられたように——売春をやめられたと想像してください。禁断症状も越えられて，住所不定の生活もやめて，シーシーの手も届かないところに移って，全く別の場所で生活しているとします。今はどうやってそうできたかについては心配しないでください——後で考えますから——でも，あなたは自由になり，お嬢さんと二人暮らし。何をするでしょう？ どのような生活を送っていますか，送りたいですか？　　仮想を考える。

先を考える。

クライエント：昼間の仕事に就いていると思います。学校に行くかして高卒の資格をとり，もう少しいい仕事に就いているかな。この街から出たいです。どこか田舎のひなびた場所に住みたいです。　　チェンジトーク。

臨床家：完全に世界が違いますね。

クライエント：そうならないといけないです。

臨床家：そしてそんな世界を想像できるのですね。お嬢さんとのどこかでの新生活が。

クライエント：想像できます，ええ。でも，どうやったら，そこにたどり着けるのでしょう？　　臨床家に解決策を出してほしいという誘い。

臨床家：それだけ大きな変化だし，壁も多いし，自分にできるとは思えないのですね。　　解決策を出すのは控えそのまま話を続ける。

クライエント：わかりません。できるかもしれません。でも，長い間，想像すらしていなかったわ。　　自信尺度は3か4？

臨床家：たぶん，たぶんですけれども，あなたの強さと賢さと創造性と頑固な粘り強さがあれば，やり遂げる方法を発見できるでしょう。それがあなたの願いですよね？

クライエント：ええ，そうできれば素晴らしいです。通りに立って体を売る生活から足を洗えれば。

臨床家：単なる夢物語？　それとも，実際にできそうに思えますか？

クライエント：ちょっと非現実的に思えます，少なくとも私には。

臨床家：あなたにとっては。けれども，可能かもしれない……他の誰かにとっては……

クライエント：娘のことを考えていたかな。他の知り合いの女性のことも考えていたかな。でも，考えているうちに，私でもできそうな気がしてきました。

臨床家：他の女性にならできるかなと考えているうちに，ご自身が将来，そうなっているのを想像できるようになったわけですね。いいでしょうか，もっと具体的なことに移る前に，もうひとつ考えてほしいことがあります。通りで客を引く商売から足を洗って，今，想像された場所に行くためには何が必要か考えましょう。できるだけ創造的に。突拍子がなくても大丈夫。考えるだけなら自由です。実現不可能でもなんでも，できるだけたくさん考えてみましょう。白馬の王子とか非現実的な

ものでも何でもあり。必要なのはアイデアの数です。よろしいですか？

クライエント：いいですよ，やってみましょう。

臨床家：では，最初はどんなふうに始まりますかね？

> ブレインストーミングに導入する。

クライエント：いいパトロンに出会えるかもしれない。映画の『プリティー・ウーマン』の主人公みたいに。

臨床家：なるほど，いいですね。それもありです。他には？

クライエント：奇跡が起こるとか。（笑う）

臨床家：良いです，良いです。奇跡が起きたと。他に？

クライエント：母にもう一度頼めば保釈金を出してもらえるかも。今回は私が真剣だと思ってくれたら，やってくれるかもしれません。

臨床家：では，お母さんが金を出して，ここから出してくれるかもしれないわけですね。

クライエント：母は孫のことを心配してくれています。しばらくは母が身元引受人になってくれて，同居させてくれるかもしれません。でも，母にもう一回，私のことを信じてもらえるかな。

　この10分間に自信トークが次第に出現し，できる可能性がある変化の計画も顔をのぞかせるようになった。このような高い重要性と低い自信度の女性に対して臨床家は「どうやるか」という話し合いにすぐに飛び込むのではなく，クライエントの広範囲での適応能力への自信を引き出すこと

に長い時間を使っている．また，クライエントからの解決法を提供してほしいという促しにも抵抗している．これが後で述べる変化の計画（第20章）の作成とそれへのコミットメントへの道を開いている．

希望を見つける

　人が持つ能力には驚かされる．MIの基本となる心構えは，クライエント自身が考える解決策を信じ，尊重するということだ．援助をする側には，解決策を教えてやり，希望と自信を外から植えつけてやろうという強い誘惑がある．第10章で扱い，これから第Ⅴ部で述べるように，臨床家が持つ専門知識を提供することの必要性は確かにあるが，筆者としてはまず，最初にクライエントの中から強さと解決策を探すことが賢明であると思っている．臨床家1人で解決策を考え出さなくてもよいし，課題がクライエント本人の変化である場合は臨床家が考えた解決策でうまくいく可能性は低い．希望を見つけ出すことは無から創造するということではなく，もとからどこかにあったものを浮かび上がらせることである．希望を持つことは協働的対人関係のプロセスそのものであり，それに参加できることが臨床家にとっての喜びとなる．

> 希望を見つけ出すことはもとからどこかにあったものを浮かび上がらせることである．

キーポイント

- 変化が可能という自信がある程度なければ，クライエントは変化にコミットすることをためらう．
- 高い重要性と低い自信度のクライエントに対して必要な援助は，低い重要性と高い自信度のクライエントに対するものとは種類が違う．

- MIのスタイルは希望と自信を強化するために使える。

第17章

中立性を保ったカウンセリング

> 私が夢見ているのはバランスの技である。
> ——アンリ・マティス

> 分かれ道に来たらとにかく進め。
> ——ヨギ・ベラ[*1]

　もともとMIはある1つの目的をもって開発された。それはある決められた行動変化に対するクライエントの動機づけとコミットメントを強化するということである。その意味で，MIとはクライエントの選択に対して影響を与えることである。ただし，実際に行動変化を選ぶかどうかを決める自由は最終的にはクライエントにある。

　しかし，クライエントの選択が一定方向に向いていくように影響を与えることが望ましくない状況もある。クライエントにとって何がベストなのかについて臨床家自身の判断が決まっていない場合がある。また臨床家の判断があったとしても，クライエントの選択には影響を与えるべきではない場合もあるだろう。こうした場合，臨床家はクライエントの両価性の片側に意識的にも無意識であっても肩入れしないよう，バランスを保つ必要がある。

---

*1（訳注1）ヨギ・ベラ（Yogi Berra，本名Lawrence Peter Berra，1925-2015年）は米国メジャーリーグの野球選手である。引退後は監督を務めた。奇妙な発言をすることで有名で，その言葉と彼独特の思想はYogiismと呼ばれている。その代表のひとつがこれである。ジョー・ガラジオーラ・シニア（Joe Garagiola Sr.）にニュージャージー州の自宅への道順を教えるときに到達可能な経路が2つあったが，「分かれ道に来たらとにかく進め」と教えた。

次にさまざまな臨床場面を例示する。いずれもどう変わるべきか，さまざまな選択肢を考慮中のクライエントである。このようなクライエントを担当する臨床家はどうすべきかを考えてほしい。

養子縁組をするかどうかの判断に迷い，助言を求めている夫婦。
腎移植が必要な親族に自分の腎臓の1つを提供するかどうかを考慮中の成人。
妊娠中絶するかどうかを迷っている女性。
性行為の際にコンドームを使うかどうかを考えている10代の若者
「スピードボール」（ヘロインとメタンフェタミン）の注射をしている男性。
身体的な虐待をする夫と別れるかどうかを決めようとしている女性。
路上生活に満足しているホームレス男性。
読者（臨床家）が実施している研究に参加するかどうかを考慮中の女性。
性的快感を高めるために絞首による自己窒息を用いる男性。
飲酒運転で3回目の有罪判決を受けた後，治療を命令された女性。
退屈と絶望から周期的に「ロシアンルーレット」で遊ぶ兵士。
ビルからの飛び降り自殺をするかどうか考えていて「いのちの電話」に電話をかけてきた人。
新しい犠牲者を物色中の性犯罪者。

もし，読者が大半の臨床家と同様であれば，クライエントの選択の方向に影響を与える緊急性の感覚は，これらのシナリオごとに異なっている。クライエントがある特定の方向を選択し，その方向で変化するように促すため，あなたにできることは何でもするという専門家としての義務と倫理的義務を感じるものがいくつかあろう。他のシナリオでは，特定の道を選ぶようにクライエントに影響を与えることが倫理的に間違っていると信じ

るだろうし，あなたにとってのグレーゾーンに入るシナリオも入っているはずだ。

　この章では，MIに準じたカウンセリングでありながら，クライエントの選択の方向に影響を与えることを避けようとする例を示す。ある意味で，これは1つの方向に進むことよりも難しい課題である。中立性を保ったカウンセリングでは，変化に関する心理言語学についてわかっていることを使いながら，変化の言語が選択肢を探る間に与える影響を意識することになる。

平　衡

　選択を全面的にクライエントに任せるという考え方は昔からある。医療倫理の領域ではこれを臨床的平衡（Clinical equipoise）と呼んでいる。例えば，進行癌を治療する場合，複数の治療法があり，そのどれにも一長一短があり，そして結果がどうなるかも曖昧である。どの選択がベストなのかは専門医にも決めようがない。このようなとき，どれを選ぶかについては患者に任せることが倫理的に正しいと考える。患者が十分に情報を理解し，よく考えたうえで納得ずくで選択できるよう，入手可能な限りの医学情報を医師は提供しつつも，特定の治療法を選ぶように患者を仕向けることは意図的に避ける（Charles & Whelan, 1997; Elwyn, Edwards, Kinnersley, & Grol, 2000）。

　では平衡とは正確には何だろうか？　1つ目には個人の性格や専門家の特性ではない。ここに冷静沈着な臨床家がいるとしよう。その人は忍耐強く，情動が安定し慌てず，公平かつ穏健，バランスのとれた判断をするなどの性質がある。そしてそのような性質が相手や時と場所を問わずいつもみられる。これに対して，平衡は特定のクライエントと状況に限って生じるものである。チェンジトークと同様に平衡を定義することができるのは，決断や変化のゴールを特定したときだけであり，そのゴールとの関係

性によって定められる。人との間に平衡を保つことは不可能である。その人が考えている特定の選択や変化に対してなら平衡を保つことができる。

　2つ目には平衡は臨床家自身の意見や願望とは異なる。クライエントがどの選択肢を選ぶべきかについて個人的な，または専門家としての主張や意見がありながらも，クライエントの決断に影響を与えるべきではないと判断して平衡を実践することが可能である。例えば，10年間続いた結婚をこのまま続けるか，離婚するかについて迷っているクライエントを想定してみよう。臨床家である読者としては，どちらが良いかについて専門家としての予測や倫理観に基づく個人的な信念があるだろう。しかし，決断はクライエントに完全に任せるのが適切だと思うだろう。この場合，クライエントの選択に対して個人的な思いがあったとしても，平衡を実践することになる。

　言い換えれば，平衡とは臨床実践を左右する臨床家の意図や選択のことであり，それが特定のクライエントが特定の場面と状況にあるときに生じる。平衡とは臨床家が選択する行為であり，臨床家の感情やパーソナリティ特性ではない。平衡とはクライエントを1つの方向に向かわせるために専門家としての立場やスキルを使うことはしないという意識的かつ意図的な決断である。

> 平衡とはクライエントを1つの方向に向かわせるために専門家としての立場やスキルを使うことはしないという意識的かつ意図的な決断である。

臨床家は人の選択に影響を与えられるか？

　このように平衡をとらえることは，選択に迷っている人に対して臨床家が影響を与えることができることを前提にしている。実際にはクライエントがすべき選択を臨床家が代わりに行ったり，選択権を奪ったりすることは不可能である。たとえ，クライエントが臨床家に対して自分の代わりに選んでほしいと依頼したとしても，それ自体がクライエントが行った選

である。一方，対人関係は人の選択行動に影響する。そして，その影響を過小評価し，自身の行動が外的な要因からの影響を受けている度合には鈍感な人が大半である (Bargh & Chartrand, 1999; Bargh & Ferguson, 2000)。態度や選択，価値に影響を与える可能性があるさまざまな要因が特定されている。そしてその要因は広告やマーケティング，政治などに利用されている (Cialdini, 2007)。それと知りつつ，あるいは知らず知らずのうちに臨床家がクライエントの選択に影響を与えてしまい，クライエントの価値観を臨床家のそれに合致するようにさせてしまうことを多くの研究が報告している。そして価値観の点で中立的だと主張する心理療法に対して疑問を投げかけている (Bergin, 1980; Truax, 1966)。

これは専門家はもちろん一般人にとっても不安になる情報だろう。西洋の文化は自己決定に重きを置き，それが医療倫理上の基盤にもなっている（第10章参照）。自由意志という前提，すなわち人は自律的（あるいは少なくともそうあるべき）であり，個人的な価値観に基づいて自由かつ意図的に自身の行為と人生の進路を決定すべきだという前提がたいていの法律や行政の基盤にある (Baer, Kaufman, & Baumeister, 2008)。しかし，Rokeach (1973) は，価値観自体であっても比較的単純な介入実験によって変えることができることを実証した。介入の影響は何カ月，何年と広範囲の行動と選択傾向に残った。臨床家の影響があるからこそ，クライエントの選択に影響を与えるかどうかについての臨床家の意図的な判断が重要になる。

中立を選択すること

したがって，ある変化のゴールがあり，クライエントがそのゴールに関して両価的であるとき，臨床家にとって最初に必要な決断がある。中立性を維持するのか，特定の解決に向かう動きを促進するのか。この2つに必要な臨床的アプローチは異なる。これまではかなりの部分を割いて，クライエントの両価性の一方の側を強化することによって特定の変化のゴール

に向かう動きを促進し，選択に影響を与える方法について解説していた。この影響を与える方法の原理が，専門家として中立性を維持するという選択をした場合に平衡を実践する方法も同時に教えてくれる。これが本章の主なフォーカスである。

　臨床家の意図をクライエントに伝えることが望ましいし，理にも叶うだろう。理由のひとつは，複雑な情動を引き起こす両価性を他人によって探られ，しかもその他人は中立で，方向性が決まっていないというのは不快な経験をもたらすからである。熟慮が必要な選択があり，選択の過ちが長期的には重大な結果の違いにつながるとき，両価性は鋭い痛みを伴う嫌な状態である。誰も長居はしたくない。内的な葛藤の両面を同時に意識することが強まっていくことはとてもつらいことである。迷うよりもどちらかにさっと進めたほうが楽だと考えるクライエントは多い。クライエントへの情報提供に求められる要素は筆者の考えでは次のようになる。

1. 臨床家としてはクライエントが陥っているジレンマを探る手伝いをしたい。
2. 臨床家としてはクライエント自身がどうすべきかを決めるまでは中立の立場を保つつもりである。
3. このようにジレンマを探ることは不快であったり，心を乱したりする。それが両価性の中で行き詰まってしまう理由のひとつである。
4. 臨床家としてはクライエントがジレンマと不快感を本当の意味で乗り越え，自分で決めて納得し，選んだ道を進めるように支援したい。

次のような感じになるだろう。

「にっちもさっちもいかない今のジレンマと四つに組み合っていて，身動きがとれなくなっておられるようです。今のような状況では誰にで

もよくあることですね。右に行っても左に行っても嫌だし，結局考えないようにするのが一番楽だというのが自然な気持ちです。でもそれもまた困りますよね。だって，何も解決していないし，みんなそのままですから。ここでの私からの提案はふたりでこのジレンマの両側をとことん探ってしまおうということです。最終的に決めるのはあなたご自身なので，私としてはどうすべきか，右か左かは最後まで言わないつもりです。でも，右に行けばどうなるか，左はどうか，それぞれがよくわかるように説明したり，わかるようにしたりなど私にできることをしようと思います。これをやっていてつらいと思われるかもしれません——そう思う人が多いのです——しかし，私からするとそういう気持ちを一度感じてみることが必要なのだと思います。決められない悩みを乗り越えて，あなたが本当にしたいことを見つけられるまでお付き合いします。一度決まれば，その方向で先に進めるようにお手伝いしましょう。今の説明で何かわからなかったところはありませんか？　先に進めてもいいでしょうか？」

うっかりガイドしてしまうことを避ける

　そのつもりはなくても，無意識のうちに一方の側の肩を持ってしまう罠に陥ってしまうことがある。両価性——子どもをもうけるかどうかの決断——の中での選択にフォーカスを当てた，次の2つの例から考えてみよう。

クライエント：私にとって一番差し迫った問題は子どものことだと思います。30歳を過ぎていますし，子どもを産むとしたら，あまり時間がないですね。
臨床家：生物学的な時計が刻々と進んでいる。
クライエント：はい。本当，子どものことで心を決めなくては。
臨床家：それで，今までどんなことを考えて？

クライエント：ずっと，いつかは私，子どもを産むんだろうなと考えていました。ただ，彼も大学を卒業しなくちゃいけなかったし，仕事もやり始めたし，そして気づいたらもう34歳になっていました。

臨床家：年をとってからでも出産する女性は今ごろはよくあるし。

クライエント：でも，リスクが高いのではないですか？

臨床家：ええ，リスクは上がりますが，まあまだ低いほうだとはいえるでしょう。そして，出産前検査もずいぶん良くなりました。

クライエント：妊娠してから，何か異常が見つかったときに，私はどうなるんでしょう。自分でもわかりません。

臨床家：いろんな選択肢があります。

クライエント：それはわかっていますが，でも，言いたいのは——私が本当に子どもが欲しいと思っているのかどうか，はっきりしないからだと思います。

臨床家：というと？

クライエント：ひとつには，子育てはすごく時間がかかりますよね。20年間は自分の時間が犠牲になるんですから——もっとかかりますよね，だって，親の役割には終わりはないのだから。

臨床家：もちろん，親としての喜びもあるのだけれど。親子には他の人とは決して持てないような特別な人間関係がある。

クライエント：でも，本当にそんな親子関係を1人か2人の子どもと持ちたいのかどうか，自分に自信がないんです。私，教師をしています。自分の子どもの子育てに20年も縛られないほうが，ある意味，未来の子どもたちのためにずっと良いことができます。それに，最近の子育てに飛んでいくお金はすごいです！

臨床家：そして，何かを摑み損ねているというか，自分が損している感じもある。

クライエント：実際，産んでも産まなくても，何かを損するわけですね。自分の子どもが産まれれば，子育てに使った時間のあいだに，できた

かもしれない いろんなチャンスを逃してしまう。

臨床家：子どもが1人だけだったらというのはどうですか。それならどう思います？

クライエント：ひとりっ子にするのはその子にとっては可哀想だと思います。弟か妹が必要でしょう。兄弟って特別な関係ですから。

臨床家：親子関係と同じように。

クライエント：まあ，イエスでもありノーでもありますね。弟や妹を育てるために自分の時間を使うなんてことは普通はしないですから。

臨床家：ここで私がお伝えしようとしていることは——私が心配していることになりますが，生物学的な時計が進むままにしておけば，いずれ，後々にそのことをすごく後悔なさるかもしれないということです。

クライエント：でも，私はそのほうが逆よりはいいと思います。子どもを持ったことを後悔している親を知っているんです。普通は口には出しませんが，心の奥底では子どもを持たなかったとしたら，自分の人生はどんなふうであったろうかと考えているんです。子どもも親のそんな態度を感じとらずにはいられないと思います。

臨床家：きっと時にはそういうこともあるのだと思いますが，ほとんどの人は子を持ったことで喜びを感じています。母親になることは大変な負担になるのは本当ですが，それはあなたに他では得られない特別なものを与えてくれるのですよ……

次に同じクライエントとシナリオを考えてみるが，今回はカウンセラーが，理由はさておき開始時から別の方向に向いている。

クライエント：私にとって一番差し迫った問題は子どものことだと思います。30歳を過ぎていますし，子どもを持つとしたら，潮時です。

臨床家：体内時計が時間を告げている，と。

クライエント：はい。本当にこの件で決断しないといけません。

臨床家：それで今，ご自分が家族が欲しいのかどうか，迷っているのですね。

クライエント：ずっと，いつかは私，子どもを産むんだろうなと考えていました。ただ，彼も大学を卒業しなくちゃいけなかったし，仕事もやり始めたし，そして気づいたらもう34歳になっていました。

臨床家：それで，子どもを持つには少々遅くなってしまった！って。

クライエント：ああ，そうなのかどうか。今時，私よりも年上でも赤ちゃんを産んでいる人が結構大勢います。実際，かなり普通のことですよね。

臨床家：珍しいという意味で言ったわけではありません。話を聞いていて，ご自身が何かためらっておられるように感じられたんです。

クライエント：ええ，もちろん，躊躇はありますね。人生の一大事ですから。でも，ずっと，いつかは私，子どもを産むんだろうなと考えていたし，今がその時かな。

臨床家：それはなぜ？　子どもを持つことの何が魅力なのですか？

クライエント：正直なところ，答えが難しいです――ほとんど私の気持ちの問題だし。年がいってから，子どもがいるのはいいですよね。誰か面倒をみてくれる人がいるというのは。

臨床家：もちろん，必ずそうなってくれるわけではありませんけど。

クライエント：それはわかっています。それから親になることは一度はしておきたい経験ですね。仕事だけの人生ではつまらないです。なんだか母親になることって素敵だなと感じるんです。

臨床家：他にどのようなメリットがありますか？

クライエント：実際のところ，メリットはないですね。

臨床家：つまり，子どもから得られるもののために子どもを産むわけではない。

クライエント：そのとおりです！　新しい生命の一部，未来の一部になる

こと自体に何か意味があります。
臨床家：ロマンチックな話ですね。
クライエント：ええ，そう思います！　すべてがバラ色というわけではなく，大金がかかることも知ってはいます。つらいことも受け入れなくてはいけないでしょうね。子育てにはすごく時間がかかります。子どもに与えるものはすごく多い。
臨床家：犠牲にするものがたくさん――お金だけではなく，時間も。
クライエント：それでもやっぱり，それだけの価値があるように感じます……

　これらのセッションのうちの1つ目では，クライエントが子どもを持たないほうへのコミットメントをより強く感じながら帰っていくのだろう。2つ目では，カウンセラーが無意識に一方の側に味方したことで引き出されたチェンジトークにより，同じ人なのに子どもを持つことを選ぶ，正反対の方向に進むことになるだろう。

両価性を探る

　中立性を保ったカウンセリングをするときの基本的なプロセスは選びうる選択肢の賛否両論を徹底的かつバランスのとれた方法で探ることである（Janis & Mann, 1977）。よく使われるものとして，取り上げられた各選択肢の利点と欠点を体系的に引き出す技法がある。ある対人関係を続けるか，別れるかのような二者択一の選択状況では，2×2の4分割の意思決定バランス表がBox 17.1に示されたもののようになるだろう。対角線に位置する欄（例：続けることの利点と別れることの欠点）は相補的であり，似たような項目が出てくるだろう。一部のクライ

> 中立性を保ったカウンセリングをするときの基本的なプロセスは選びうる選択肢の賛否両論を徹底的かつバランスのとれた方法で探ることである。

```
┌─────────────────────────────────────────────────┐
│           BOX 17.1. 意思決定バランスの例              │
├───────────────────────┬─────────────────────────┤
│   続けることの利点       │    別れることの利点       │
│                       │                         │
│                       │                         │
│                       │                         │
│                       │                         │
├───────────────────────┼─────────────────────────┤
│   続けることの欠点       │    別れることの欠点       │
│                       │                         │
│                       │                         │
│                       │                         │
│                       │                         │
└───────────────────────┴─────────────────────────┘
```

エントはこうした区別で混乱することがあるので，その場合は賛成と反対だけの単純な2分表のほうがよいだろう。大切なことは，それぞれの欄を記入するときに，クライエントから考えを徹底的に引き出すことであり，出てきた項目について詳しく述べてもらい，探り，聞き返し，最終的にそれぞれの欄に対して注目が平等に当たるようにすることである（第14章参照）。

情動的支援の提供

　クライエントに不快感が生じたときは，そのことを認めて聞き返すことが基本である。そして，どうしたいかが決まるまでは悩むのが普通だと説

明する。

クライエント：ああ，どうしたらいいのか全然わかりません。こんなのはもう嫌！
臨床家：こうやって決めるのは本当につらいことですね。決めるのは諦めて，このことはもう考えないようにしたいという気持ちも出てくるでしょう。
クライエント：でも，そうしても意味がないというのはわかっています。
臨床家：ええ，そうですね。今の悩みは本当に誰にでもあることです。こんなに悩んでおられるのを見ると私も申し訳なく思います。このことでかなりの間，苦しんでおられたのですよね。
クライエント：そうです！ 1年間は考えていたかしら。どうしたらいいのかよくわからないのです。
臨床家：このことで悩み，考えがごちゃごちゃになっておられるのは私にもわかります。乗り越えるお手伝いをしたいと思っています。簡単ではありませんが，ここまで真剣に考えてこられました。時間がかかっても答えを出そうと思っておられます。
クライエント：ああ，もうあまり長くはかけたくないですね。もう終わりにしたいわ。
臨床家：ここで腹を据えて心を決め，人生を前に進めたいのですね。
クライエント：ええ，そうだと思います。今までのようにしてはいられないです。先生，私はどうすべきでしょうか？

ところで，両価性のままでいるほうがむしろ楽で，決断し前に進み始めてしまうと後で悩みが深くなる人がいる。この現象は「決断後の後悔」として知られている。これも正常なパーソナリティの偏りの範疇にある。クライエントが両価性を解消することで楽になるタイプなのか，その逆なのかはこの決断のプロセスを進めていくうちに明らかになるだろう（Quenk,

2009)。

私はどうしたらいいのか，どうして教えてくれないの？

　両価性に苦しめられている真っ最中にいるクライエントは臨床家ならどうするか，助言を求めてくることがあるだろう。「先生が私の立場なら，どうするでしょうか？」と。これは悩みたくないから，どうにかしてくれというお願いである。第11章で述べたように，クライエントから助言を求められれば臨床家が持つ意見や情報を提供する。しかし，この平衡状況では明確な理由があって意図的にどちらにも偏らないように中立を選んでいる。心の内ではクライエントの苦悩を和らげたい。しかし，臨床家としての選択は平衡へのコミットメントである。ここでもまた望ましい対応とはクライエントの感情を認めて聞き返し，臨床家は中立を維持していることを思い出してもらうことである。

>「ご自身に代わって誰かにこのことを決めてもらいたいのですね。私も自分があなたに代わって決めてあげられたら，と思います。だけれど，私はあなたの代わりにはなりません。私が決めても良い結果にはならないし，こちらが良いかもねとほのめかすことも同じでしょう。ご自身で自分で決めるというのが良いのです。今のジレンマから逃れるためには自分で道を選び，決めた方向に前に進むことです。今は，どう思われますか？　2つのうちのどちらが良さそうに思えますか？」

　後者の質問は第19章で触れる「要となる質問」ともとれる。この後に，クライエントが言い表した賛成論と反対論をまとめたサマライズに続けることができる。

執拗な両価性

　中立的なカウンセリングをする際，何を良い結果と呼べるのだろうか？ 意識的にではなく意図せず偶然に片方の方向に向かうようにクライエントが決心することなのかもしれない。臓器提供の決断を考えてみよう。クライエントは移植を必要とする親戚のために腎臓を提供するだろうか？　心が決まるまでは潜在的なドナーもレシピエントもどっちつかずのつらい状態に置かれる。緊急にドナーを必要とする医学上の理由があるかもしれない。そうであっても，特定の方向に決断するようにクライエントを促すことは望ましくないと医療専門家は信じている。選択はドナー候補者自身に委ねられるべきである。このような状況では，決断に達するように促しはするが，どちらかの選択に肩入れすることは慎むべきである。

　しかし，決断に達したからといって必ずしも内的な葛藤が解決するわけではない。決断に対する両価性や後悔が残ることがある。臓器提供の場合，このように両価性が残存することが，外科的な治療成績や健康問題と関連する (Simmons, Marine, & Simmons, 1987; Switzer, Simmons, & Dew, 1996)。したがって，決断に従って行動を起こす前に，その決断と折り合えるようにクライエントを援助することには十分な理由がある。選択を考え直すことも含まれるだろう＊2。

　中立的なカウンセリングの結果，クライエントは何も決められないまま終わることも十分にありうる。4分割表による意思決定バランスを昔ながらのやり方で行った場合にそうなるのは予測の範囲内といえるだろう。なぜなら，賛成論と反対論に対して同等の注目を与え等しく扱うことは，両価性の操作的定義そのものだからだ。決断困難は望ましくない結果とは限らない。クライエントはまだ決断し，それに基づいて行動を起こすところまでに至っていないのかもしれない。情報集めと議論し，考える時間がも

＊2（原注1）この洞察に対して Allan Zuckoff に感謝する。

っと必要なのかもしれない。

　こうした状況ではある種の是認——どのような決断に至ろうともその人の価値は傷つかないままである——が役に立つときがあるだろう。宗教系のカウンセラーの場合「どちらの道を選ばれても，神はあなたを，なお愛し，共にいてくださいます」とクライエントに保証することがある。普通のカウンセラーでも相手の長所を信じることを似たような形で言い表すことができるだろう。「どちらの道を行こうとも，あなたは乗り越えられるでしょうし，健康と愛に恵まれた生活を送れることには変わりありません」。このような是認はクライエントを葛藤から解き放ち，目の前の状況を一歩引いたところから，より大きな視点で見るように促してくれる。別の言い方としては「どちらの道を選ばれたとしても，私としてはあなたを支え，一緒に進むことに変わりはありません」と言うだろう。もちろん，この言葉は真実であるべきだ。カウンセラーや治療プログラムによっては特定の価値観を重んじ，その方向への選択を推進することにコミットしているところがある。例えば，伝統的な嗜癖治療プログラムは生涯の断酒・断薬をゴールとして選ぶクライエントだけを治療対象にしてきた。米国の十代妊娠相談センターの中には人工妊娠中絶をやめさせ，出産させることにコミットしているところがある。こうしたところで働くカウンセラーが中立性を保ったカウンセリングをすることは定義上不可能である。

これは動機づけ面接か？

　もし，臨床家が専門家としての自分のスタンスとして中立性を意図的に選び，クライエントを特定の方向に導くことは注意して避ける場合，それでもMIと呼べるだろうか？　それが行うべき正しい行為であるならば，それがMIかどうかは大した問題ではない。カウンセリングを中立的に行う方法について筆者が推奨していることは，誘導する方法についてのMIの研究と変化の会話の心理言語学からの知見に基づいているのは確かであ

る。初めて記述されたときから（Miller, 1983），MIはクライエント自身の変化への賛成論を戦略的に誘うことがテーマであり，ある特定のアウトカムに向かうように舵取りを

> 中立性を保ったカウンセリングをするとき，その方向性は決断すること自体にある。

するというゴールを意識していることが通常である。一方，中立性を保ったカウンセリングをするときに意識されているゴールは，選択の方向には影響を与えずにクライエントが困難な決断をするように援助することだ。その方向性は決断をすること自体に向かっている。

　意思決定バランスを行うことによって，賛成論と反対論の差が思っていたよりもはるかに大きいことをクライエントが認識できることがある。こうなれば決断プロセスが早く進むだろう。逆にもし，賛成論と反対論が実際に等しくて差をつけられないとしたら，意思決定バランスによって何が問題かを明らかにすることができ，両価性を乗り越えて選ぶことをクライエントに決心させることができるかもしれない。いずれにしても筆者としては，中立性を保ちながらカウンセリングをしようとするならば，こうした対人関係上の影響力のダイナミクスを念頭に置いておくことが役立つと考える。古典的な「非指示的」クライエント中心カウンセリングでは，相手から提供された題材の中から何を聞き返し，質問し，サマライズするかについての指針がほとんどない。意思決定バランスのアプローチは中立性を維持しようとする場合に，臨床家のバランスを保つために役立つ体系的な枠組みになる。

キーポイント

- 中立性あるいは「平衡」とは臨床家の特性ではなく，両価性が解消される方向について影響を与えることを避けるという意識的な決断である。
- 変化の言語的力動を理解することは，中立性を持ってカウンセリン

グを行う方法を知る点で有用である。
- 意思決定バランスはある特定の方向への変化を促すためではなく，中立的なカウンセリングを選択したときに使うのが適切である。

第18章

矛盾を拡げる

> 鏡の働きは，おべっかやごまかしを加えずに，あるがままの姿を映し出すことにある。わたしたちが鏡に求めるのは，説教ではなく，自分の姿だ。わたしたちはその姿を好きになれないかもしれないが，それをどう飾るかは自分で決めるだろう……姿見にしろ，感情的な鏡にしろ，それらを通して自分の姿がはっきりわかれば，それをどう整えればいいかは自分で考えられるようになる。
> ——ハイム・ギノット（菅靖彦訳）*1

> ゆっくりと急がねばならないとわかった。
> ——ビル・W

　矛盾を拡げることはMIに初めからあったアイデアのひとつである。最初は認知的不協和（Festinger, 1957; Miller, 1983）としてとらえていた。しかし，この重要な動機づけ因子は現状と理想の間の矛盾，すなわち本人のゴールと現状の間の距離として概念化すれば，もっと簡単に把握できる。ゴールと現状の違いは変化への動機づけの基本的動因のひとつである（Ford, 1992）。

　矛盾はプラス側かもしれないしマイナス側かもしれない。矛盾は現状に対する不満として（Baumeister, 1994），あるいは改善のチャンスとしても（両方としても）経験される。メリットをちらつかせて誘惑したり，誰も望まない結果の示唆によって脅したりして矛盾を自覚させることは，マーケティングや広告業界がよく使う戦略である。

---

*1（訳注1）『子どもの話にどんな返事をしてますか？：親がこう答えれば，子どもは自分で考えはじめる』ハイム・G・ギノットほか著，菅靖彦訳，草思社，2005, p. 46-47.

自ら来院するクライエントの中には，大きな矛盾の存在を最初から意識しており，悩み，恥じている人もいる。喫煙者のほとんどは喫煙の危険と欠点をよく意識している。肥満者のほとんどは一日に何度も矛盾を思い知る。鏡を見るときや椅子に身体が収まらないとき，わずかな体動で息が切れるときなどいつでもである。では，なぜこのような矛盾の自覚は変化を起こさないのだろうか？　筆者は互いに絡み合った理由を3つに分けてみた。

　第一に，矛盾はあまりにも大きくて，気力を挫（くじ）くように思えるかもしれない。ゴルディロックスの原理がここで適用される。矛盾は大きすぎても小さすぎてもだめで「ちょうどぴったり」であるべきなのだ。矛盾が小さすぎると重要とは思えず，行動のきっかけとしては足りないだろう。大きすぎれば，必要な変化が手には届かないものに思えてしまう。北欧の言語にはこれを言い表すちょうどよい言葉がある。スウェーデン語のラゴム（lagom）である。英語には同義語はない。この言葉はちょうどよい，バランスが適切，ちょうど十分，といったことを意味する。矛盾が動機づけになるためにはラゴムであるべきだ。

　これとも関連するが，クライエントが矛盾をはっきりと自覚しながら，それに対して何もできないと感じる場合がある。このような自己効力感の欠如は矛盾があまりに大きく見えるせいかもしれない。あるいは「どうすればいいのか全くわからない」のように必要なスキルをクライエントが持ち合わせていないからかもしれない。矛盾が動機づけになるためには，なくすか減らすために何かできそうだという自信を適度に持つことが必要である。

　さらに，矛盾は不愉快な体験になりうるし，クライエントは自己防衛のために矛盾について考えることを避けてしまうことがある。鏡に映ったありのままを見ることがつらすぎるのだ。矛盾が大きすぎ，クライエントの解決能力を超えているように認識されれば事態がさらに悪化する。「相手を十分に苦しませれば，なんとかなる」式の考え方は異様である。もし，

悲惨な生活環境によって犯罪行為がなおるのなら，犯罪がこんなに起こるはずがない。

自己規制：変化のサーモスタット

　サーモスタットは設置された空間の温度をチェックし，変化に応じて対応する。もし室温が設定範囲内にあれば何もする必要がない。しかし，温度が設定範囲を外れて上昇か下降すれば，変化が起こる。サーモスタットによっては，設定温度からのわずかなズレでも許さず，すぐに再運転するように設定されているものがある。もっと広い範囲のズレを許容し，それから温度を変えようとするものもある。

　人間にも似ているところがある。ヒトの深部体温はかなり狭い範囲に設定されており，それからわずかでもはみ出すと発汗や震えによって体温調整を始める。自己制御理論は，行動変化が必要な時期を人がどうやって判断するかについて，このサーモスタットのアナロジーを使って説明する (Brown, 1998; Kanfer, 1970b)。ここまでなら正常だと感じられる行動や環境には幅があり，それが許容範囲である。人は自分の周囲の世界と，それよりは大ざっぱにだが自身の内界も常にモニターしており，入ってくる情報を自身の許容範囲基準と照らし合わせている。例えば，車を運転しているとき，道なりに進んでいる間は言わば「自動操縦」モードにあり，ハンドル操作についてはあまり考えていない。しかし，視界の周縁に物体が現れ，このまま進めば衝突すると思えば注意が転換し，手足の筋肉には力が入る。回避のためにブレーキをかけるか，ハンドルを回すだろう。許容範囲を超える何かを感知し，注意の転換と行動の変化が必要になったのだ。

　自己制御理論は意志的行動，意識的選択にも適用できるのだろうか？さまざまな意味でそのとおりである (Baumeister et al., 1994; Miller & Brown, 1991)。人は現状をモニターし，それと本人の思うあるべき姿とを比較する。許容範囲を超えた矛盾の存在を察知すると，それは変化の動因にな

り，現状維持以外の選択肢を探し始める。受け入れ可能な選択肢を発見すると，それを試してみて結果をチェックし，矛盾が減ったかどうかを確認するだろう。このまま行けば衝突するような進路を突き進んでいる運転者の場合，このプロセスが発生して終わるまで数秒以内である。生活スタイルを大きく変えるというような話になると，何カ月あるいは何年もかかるだろう。このプロセスは無意識的であり，合理的な決断とは関わりないことが多いが，このような調整が人生の中で常に起こっている。

限界の中での矛盾

　第10章において，限界はあるものの，特定の方向にクライエントを向かわせることがMIにはできるがゆえに生じてくる倫理的問題を考察した。クライエントの意思決定にどこまで影響を与えてもよいのだろうか？　その許容範囲は？　例えば，MIによってクライエントが本来持っている中核的な価値観と全く相矛盾するように振る舞うことは生じるのか？　筆者はこの問いへの答えは「いいえ」であると信じている。その理由の一部はどのようしてMIが機能するのかを考えれば出てくるだろう。内的な矛盾を拡げるという発想からは必然的に「何に対する矛盾なのか？」という疑問が湧く。答えはクライエント自身が持つゴールや価値に対する矛盾である。現在の「問題」行動とクライエントがもっと大切にしている何かの間に対立がなければMIが効くはずがない。変化に向かう内在的動機づけにフォーカスが当たっているのである。クライエントの行動が他の誰かの価値観と矛盾しているかどうかは無関係なのだ。ただし，(1) 他の誰かをクライエントが敬い，大切したいと思っている場合はその他人の価値観から考えることになる。これもまた内在的な価値観との矛盾の延長線にある，または (2) 次の項で論じるが，その他人がクライエントに対する強制力を有している場合も別である。クライエントの内在的な価値観に一致し，一番良い選択なのだと本人が感じられるような変化でなければ，MI

を使っても変化は起こせない。

　このような内在的な価値観と一致するから倫理的問題は生じないという保証は，強制的介入がある場合には成立しない。強制力によって大切に守っている価値や信念に背くことを人は余儀なくされることがある。これが拷問や洗脳を行う者が狙うことであり，また研究参加者を保護するために研究倫理委員会（institutional review boards: IRB，治験審査委員会などともいう）が存在する理由でもある。IRBでは何かを強制するような条件（研究に伴うリスクに晒されることを高額な謝礼を出すことで受け入れさせるなど）から参加者を守ることを務めとする。カウンセリング領域では「建設的強制」として知られる方法がある。自発的に治療を受けようとしない被雇用者に対して雇用主の権限を使って治療を受けるように動機づけるものである（Smart, 1974; Trice & Beyer, 1984）。元来 Johnson Institute（Johnson, 1986）によって考案された「介入法」では，問題があるとされたクライエントに対して家族何人か（時には友人や雇用主のような他者）が一緒になって計画的に演出も加えた直面化を行う。クライエントに対して家族全体で心配や不安をぶつけるだけでなく，クライエントが家族の願いのとおりに（多くの場合，クライエントが治療プログラムに入ること）しなかった場合に生じる不幸な結果も強調するようにする。この介入法はクライエントの承諾なしに実行されることが普通であり，倫理的には一時的ではあってもクライエントの自律性よりも善行の原則が重んじられることになる。

　筆者が主張したいのは，MIはクライエントの内在的価値観との矛盾に依存するゆえに，人の自律性を冒すことはできないということである。MIによってクライエントが何か別のことをしたいと思うようになるだろうが，将来起こると思われる変化がクライエントの個人的なゴールや価値観と究極的には合致することがそうなる理由である。この点で，MIはクライエントの望みを踏みにじることをあからさまに意図している強制的介入と異なる。

矛盾を促す

　矛盾がなさそうに見えるクライエントに対して矛盾をもたらす方法を考える前に，同じぐらい大切なことを検討してみよう。矛盾を抱え込むことがどうすれば可能になるのか，防衛的になって向き合うことを拒んでしまうことなく矛盾を考え続けるとはどういうことなのかである。これは，臨床家が安心できる雰囲気を用意することで，クライエントが鏡の中を覗くようになり，不快なことも多い真実に目を向けるようになることである。そして見ることによってクライエントが自ら変わっていくように援助することである。

　皮肉なことだが，変化が可能になるのは人がありのままの自分を受容する経験をしたときである。嫌な気分や耐えがたい気持ちにさせれば，普通は現状維持で凝り固まってしまう。自己受容をもたらすことができれば（第2章で述べたように），クライエントはもっと大きな矛盾にも目を向けるようになり，尻込みせずに抱え込むことができるようになるだろう。受容は認可や同意と同じではないことを覚えておいてほしい。第2章で述べた受容の4要素は正確な共感（クライエントの経験を正確に理解する）と自律性（クライエントの選択と自己決定を尊重する），人間の絶対的価値，是認である。

> 変化が可能になるのは人がありのままの自分を受容する経験をしたときである。

　是認それ自体に矛盾と変化に対してクライエントをオープンにする強力な力がある (Linehan, 1997; Linehan et al., 2002)。臨床家からの是認以上に強力なのは，クライエントから引き出した自己是認（第16章参照）である。目の前の課題とは無関係であっても，クライエントの強みと何か良い点を是認すれば防衛性が減り，潜在的には脅威になりうる情報にも注意を向けられるようになる (Critcher et al., 2010; Klein & Harris, 2010; Sherman et al., 2000; Steele, 1988)。場合によっては，矛盾を恥辱からチャンスへ，悲観主義から

可能性へとリフレームすることも可能である。

　確かに，変えよう変えようと努力するよりも現実をそのまま受け入れることが良いときもある。ある感情を感じないように試みることには，その感情をかえって強めてしまうという皮肉な効果がある (Hayes, Strosahl, & Wilson, 1999)。第二次大戦中，Reinhold Niebuhr が記した祈りがある「自分に変えられないものを受けいれる落ち着きを，変えられるものは変えていく勇気を，そして2つのものを見分ける賢さを」。受容と是認が醸し出す雰囲気が祈りを実現してくれる。MI には受容と矛盾の間の弁証法的対立関係が含まれている。

矛盾をもたらす

　これまでの本書の議論の大半は，変化することに関して両価的なクライエントをどう扱うかを扱っていた。クライエントの「内部委員会」の一部は変化を良しとし，一部は良しとしないのである。このようなクライエントに対する MI は，計画するプロセスと実施へと進んでいく前に，クライエント自身がもともと持っていた変化賛成論，すなわち両価性の変化賛成側を誘い出し強化することになる。

　しかし，両価的には見えないクライエントにはどうしたらよいのだろうか？　安全で共感的な雰囲気の中でも，クライエントは誘い出せるようなチェンジトークを全く持っていないように見える。変化のトランスセオレティカルモデルではこのような人たちを前熟考期にあると呼ぶ。どう変化するかなど考慮しておらず，変わること自体が頭にないかもしれない。少なくとも今のところはまだ両価的になっていない。

　そんなクライエントが臨床家ととりあえず何かを変えることについての話をしている事実は，クライエント以外の誰かが変化の必要性を認識しているという意味になるだろう。雇用主や裁判所，心配している家族がクライエントに治療を受けるように指示したのかもしれない。いま応対してい

る臨床家自身か他の臨床家が，別の理由で治療を受けにきたクライエントを面接しているうちに他にも変化させるべき行動があると気づいたからかもしれない。次の例を考えてみよう。

- 子どもへの虐待で治療を命じられたが，治療命令につながった躾け行為について何も悪くないと考えている親。
- 飲酒に関連した交通事故による怪我のために外傷センターで治療を受けているが，相手方の運転手を責めるだけで，自分の飲酒については何も気にしていない患者。
- 子ども部屋を調べているうちにマリファナと麻薬吸引用の器具一式を発見し，心配になった親によって連れてこられた10代。この若者は親が部屋を調べたことに対して激怒していて，大麻は無害だという。
- 「長年，自分の血糖値は200以下になったことがないね」と朗らかな様子で認め，健康に関わる行動を変えようとする様子を見せない肥満したⅡ型糖尿病患者。
- 入門過程の授業での最初の中間試験が落第点だったのに何も心配していない様子で勉強方法を変える気すらない大学生。
- 喫煙や飲酒をやめる気はないと明言する妊婦。

このような一見「動機づけのない」人がMIによってチェンジトークを表し始めることがよくある。まさしく前熟考期にあるようなクライエントに対しても，矛盾はどこかに潜んでいると想定して探し始めるとよい。しかし，変化に向かうような欲求や願望をはっきりと気づくような形ではとても見つけられないときや，どれだけ巧みにMIを実践したとしても，どこからもチェンジトークが出てこないように思われるときはどうしたらよいのか？　次に何をすべきだろうか？

このプロセスを矛盾をもたらすと呼ぶことにしよう。筆者は「もたら

す」（instill）という動詞を選んだ。なぜなら，ゆっくり，徐々に，一滴一滴と垂らしていくことを意味するからだ。そうではなく一気にクライエントを矛盾で圧倒させることを提唱する人もいる（Johnson, 1986）。他のすべてが無効な場合に使う奥の手としての価値はあるだろうが，筆者としてはより穏やかで，励ますようなアプローチのほうが効果的であり，後で裏目に出る可能性も低いと考えている（Meyers, Miller, Smith, & Tonigan, 2002; Miller et al., 1999）。MIでは真正面に向き合って対決することはない。その正反対である。矛盾をもたらすとは隣に座って，クライエントが変化について考え始めるとしたらどんな理由があるか，じっくり探すことである。

情報をやりとりする

　前熟考期にいるクライエントに出会うと説教や教育，説得をしたいという誘惑が生じる。動機づけがみごとに欠けたクライエントを前にするとつい間違い指摘反射を出したくなる。議論を仕掛けることは熟考期ではもちろん，前熟考期ならなおさら無駄に終わる可能性が高い。許可を得てから情報提供することは有用かもしれないが，おそらく最初にすべきことではないだろう。

　こうしたとき有用だと思われるアプローチのひとつは動機づけが必要だと思われる事柄についてクライエントがよく知っていそうなことを質問してみることである。この戦略を思いついたのは筆者が飲酒を続けている妊婦の治療を担当していたときである（Handmaker, Miller, & Manicke, 1999）。アルコールが及ぼす母体と胎児へのリスクについて説教するのではなく，「あなたはアルコールと妊娠についてどんなことをご存じですか？」と質問することから始めてみた。こうするなかでいくつか重要な発見があった。第一に，クライエントは筆者が伝えようと考えていたことのおおよそ90％をすでに知っていた。筆者にできることはところどころ情報を少し足したり，誤解を正したりするぐらいで，たいていの知識はもとからあった

のだ。同じことが喫煙者や大量飲酒者にも当てはまることに気づいた。何をご存じですか？と質問すれば，クライエント自身の口から不都合な効果が立て板に水の如くにとうとうと出てくるのだった。通常，嗜癖は知識の不足ではない。慢性疾患のクライエントも自己管理を怠ればどういう結果が待っているのか，少なくとも一般常識程度のことは知っている。

　そのうえ，自分が知っていることを質問されたことに対してクライエントはたいてい感謝を示すことに気づいた。問いに答えることはお互いを敬い合う協働作業であり，人は命じられたときよりも問われたときのほうがはるかに良い反応を示すことが多い。このとき，臨床家の態度と言葉の背後にある文脈が重要な役割を果たす。もし，クライエントにとって不利益となるような情報を引き出す目的で臨床家が質問しているのだと，たとえ僅かにでもほのめかしてしまうと，クライエントはすぐに口を閉ざしてしまう。注意しなくてはならないのは間違い指摘反射に従ってしまうことであり，「それでは，どうしてあなたは○○してこなかったのですか？」のような質問を声に出すのはもちろん，心の中でもしてはいけない。この質問を聞かされると，クライエントはワニのように口を閉じてしまう。その後に何か応答が得られるとしても，その大半は維持トークになる可能性が高い。

　この質問によるアプローチを通じて気づいた最も大切なことは，クライエントの答えの中に大量のチェンジトークが含まれていることだった。仮想的な話をする――自分自身のことについて語るのではなく，知識や気づきについて語る――ことには何か保護的な作用がある。

　情報のやりとり（第11章）での引き出し－与え－引き出す連鎖における次のステップは，許可を得てからの情報提供である。「このことについて研究が進み，新しい発見があるのですが，それを少しお話ししてもいいでしょうか？」「おっしゃったなかでいくつか足りなかったかなと思うことがあるのですが，それを1つか2つですが，補足してもいいですか？かまいませんかね？」　許可の3つ目の形（1つ目がクライエント側から

情報を求められること，2つ目が臨床家から許可を求めること）は臨床家からの情報提供を無視する自由を認めることであることを思い出してほしい。「これはご自身に関係することかもしれないし，無関係かもしれません……」「これがあなたに該当するかどうかはわかりませんが……」「これがあなたにとって意味を持つことなのかどうかはわかりませんが……」などである。

目の前の相手にとって関わりが深いと思われる情報に限って提供することもできる（例：Miller, Toscova, Miller, & Sanchez, 2000）。これは誰に対してもお仕着せの決まりきった情報を提供することよりもずっと良い。例えば，相手の年齢や性別，交友関係，生活状況に合わせて一番気にすると思われるリスクは何だろうか？のように考えるようにする。

常にそうだが，MIにおける情報提供の土台にあるものは協働と受容，共感の態度である。声を張り上げて熱弁をふるっても仕方がない。それよりもクライエント本人の選択を強調することが役立つ。「最終的に決めるのはご本人，あなた次第です」「人生を決められる人はあなただけです」は役に立つし，実際にそれは真実なのだから，この言葉には皮肉や嫌味のかけらも入らないだろう。

本人の選択を強調することは真実の強調だから，皮肉や嫌味のかけらも入らない。

The One Minute Manager[*2]（『一分間マネージャー――何を示し，どう褒め，どう叱るか！』）（Blanchard & Johnson, 1982）にあるヒントもここで役立つ。もし，相手の誤りを正すために情報を提供しようというなら短く抑えなさい。複数の情報を伝える必要があるときは，それぞれを小分けしてすぐに飲み込めるような一口サイズにしなさい（第11章参照）。これが引き出し－与え－引き出すサイクルの第三の部分につながる。つまり，今度は臨床家が述べたことに対するクライエントの反応を探りながら，また引き出すのである。「あなたはどう考えますか？」「今の話はご本人にとっ

[*2]（訳注2）『一分間マネージャー――何を示し，どう褒め，どう叱るか！』K・ブランチャード，S・ジョンソン著，小林薫訳，ダイヤモンド社，1983．

て意味がありますか？」「もっと良い，丁寧な説明があったほうがいいですか？」

フィードバックを提供する

　動機づけ強化療法（MET）は，MIと評価のフィードバックを組み合わせたものであり，変化の準備性が低いクライエントには特に有用だろう。METにおける健康診断の形式は，クライエントが話すチェンジトークが少ないときに，臨床家側から何か話すテーマを用意しようとして作られたものである。原型となった愛飲家健康診断（第27章参照）には大量飲酒傾向を早期発見できる尺度も含まれていた（Miller et al., 1988; Miller, Zweben, et al., 1992）。これによって臨床家は飲酒者自身にはすぐにははっきりしない飲酒のリスクについての正常範囲とそれからみた個人的なフィードバックを与えることができた。これを直面化抜きに行うMIのスタイルはクライエントのチェンジトークを文字通り倍にして，抵抗を半分にした（Miller et al., 1993）。ここでの情報のやりとりの進め方は一度に1つの評価だけをフィードバックし，すぐにクライエントにどう思うかを尋ねるようにするものである。その結果，自分がアルコール問題を抱えているのかどうかを全く知らなかったクライエントからチェンジトークが出てくるようになった。

　一部のクライエント——最初から両価的になっている人——は尋ねられればチェンジトークを容易に出してくる。チェンジトークが自発的に出てこないときはクライエントの生活について「典型的な一日はどのようなのか教えてください」のように尋ねるとよいだろう。これによって行動のパターンや気分の変化についてより細かく尋ねるチャンスが生じる。こうして生活の細かな部分が見えてくると，本人自身も気にしている問題が自然に姿を現してくるだろう。そして評価とフィードバックを注意しながら提供すれば，さらに話し合いを深めるための客観的な情報の基礎になるだろ

う。ここでもフィードバックをクライエントが「何かをしなければならない」ことの証拠として使うことはしない。クライエントにとって不都合なことが起こるというような脅しには使わないのである。情報をどう受け取るか，その結論はクライエントに任せるほうがほとんどの場合により強力である。フィードバックは直接話し合うのではなく，文章にして手渡しするほうが効果を高める (Agostinelli et al., 1995; Juarez et al., 2006; van Keulen et al., 2011)。

評価尺度のなかには特に重症のケースを見つけるように作られたものがあるが，健康診断のときには早期発見に役立つような軽症のケースにも敏感に感知するような尺度を用いるほうがよい。正常範囲についての情報（すなわちクライエントの点数を一般人口のそれと比較するとどのあたりに位置するか）を含めるようにすれば，矛盾への気づきを引き出すためにも変化の誘因としても役立つだろう (Brown, 1998; Reid, Cialdini, & Aiken, 2010)。

この状況で狙っている結果は，両価性を引き出すことであることを覚えておくようにしよう。両価性が出てくることは変化に一歩近づいたことを意味しており，出てきさえすればこれまでの章で述べたような戦略を使って働きかけていくことができる。

他者の懸念を探る

クライエントがカウンセリングの中で，自身の行動や生活について他人が心配していることを理由として取り上げたときには，別のやり方がある。その他人の懸念とは何なのか，なぜクライエントも気にしているのか，クライエントがそもそもどのように理解しているのかを探るようにする。これを行うときは好奇心を持つようにするのがよいだろう。あるいは臨床家としては何がなんだかわからない，混乱している，のようにしてもよいだろう。「なぜあなたの奥様が心配しているのか，考えることはありますか？　奥様の目にはいったい何が映っているのでしょうね？」のよう

にする。理想的にはここではクライエントがその他人の視点に立って，何を懸念しているのか，その原因について臨床家と一緒に頭を悩ませるようにする。そうしているうちに何かチェンジトークが出てくるだろう。

臨床家：どうして奥様はあなたの薬物使用について心配しているのだと思いますか？　何が奥様を心配させているのでしょうね？
クライエント：妻はどんなことでも無難なほうを選ぶ人なんです。でもですね，私が薬を使うのは私自身の選択なのだから，妻が口出しすべきことではないです。
臨床家：奥様はご主人ほどにはリスクを冒さないのですね。
クライエント：それは間違いなく真実です。ほんの少しでもリスクがあるものは嫌がりますし，私の薬物使用にはリスクがあると考えているのだと思います。
臨床家：どうして奥様がそう考えていると思うんですか？
クライエント：ええと，まずひとつには，非合法ですからね。妻は私が捕まったら困ったことになるとか，失業するとかなんとかかんとか心配しているんです。
臨床家：でも，それは奥様の口出しすべきことではない，と。
クライエント：そうです，まあ，その点，彼女が心配する根拠があるのはわかりますよ，私が失業するとかそういうことは。それは妻にも影響しますから。
臨床家：では，奥様にネガティブな影響がありうるとしたら，彼女が心配するのはもっともだ，と。
クライエント：ええ，そうだと思います。
臨床家：けれども，あなたにマイナスの影響があるだけなら，それは奥様の懸念ではないのですね。
クライエント：いや，彼女はそれでも心配します。
臨床家：なぜなら……

クライエント：私を大切に思っているからです。妻はいわば家族の中の火災報知器なんです。

臨床家：あなた方おふたりのうちで，奥様が結婚生活をダメにしかねないものを見張っている人なのですね。深刻な事態になる前に気づく。奥様は用心深い方ですね。

クライエント：そして，私は用心深くないんです。自分は「とにかくやっちまえ」的な男です。

臨床家：その点では反対なのですね。

クライエント：ええ，それに反対のタイプは惹かれ合うと思いますよ，よく言うように。

臨床家：それは，あなたが奥様を高く評価することのひとつなんですね。

クライエント：でも，妻のほうが私のリスク好きを評価するとは思えないですね。

臨床家：非合法の薬物を使うとか。

クライエント：ええ。

臨床家：他に何が奥様を心配させていると思いますか？　奥様はあなたに何かおっしゃいましたか？

クライエント：私がお金を使い過ぎると不満を言います。

臨床家：奥様はご主人が大金を薬物につぎ込むことが気に入らないけれども，あなたの視点から見れば，それは筋が通っている，と。

クライエント：まあ，時々使い過ぎてしまうことは認めますし，公共料金の支払いがちょっと厳しくなったりします。

臨床家：時々ですね。そんなにしょっちゅうじゃないから，と。

クライエント：その，自分でもこれぐらいならと思うよりは多いんですが。でも妻が受け入れてくれる程度よりはずっと多いのは確かですね。

臨床家：どんな例があるかしら。一番最近起こったのはいつでしょうかね？

臨床家は聞き返しを主に用いている。クライエントの維持トークを聞き返すことで逆の視点を引き出せることがある。特にクライエントの配偶者など身近な家族の心配を扱っているときにはそうしやすい。

ゴールと価値を探る

これまでの章で，クライエントのゴールと価値を探ることがラポールにつながること（第7章）とチェンジトークを引き出すこと（第13章）を論じた。チェンジトークが出てこないときにうまく関わるためには，クライエントが何を**本当に**望んでいるのかを理解することを開始点に選ぶとよい。本人のゴールと将来の希望を探ることには時間をかけるようにしよう。このプロセスそれ自体が関わりである。価値に基づく行動がすぐには起こらないとしても，現在の行動が本人にとって重要なゴールや価値と対立する点は何なのか，どんな変化をすることでそのゴールに到達することが可能になるのか，そうしたことを臨床家側は探して聞くようにしよう。

たとえ結果を自分の行動とは無関係かつ恣意的，不公平なものだ，あるいは単なる悪運でしかないとクライエントがみなしている場合でも，本来は望んでいなかった副作用を自分の選択の結果，経験している。例えば，裁判所から送られてきた薬物使用者にとっての最優先事項は「保護観察官から解放されたい」かもしれない。個人の自由を侵されることは反動を引き出す。だから自由を回復するための道筋として示せば，行動の変化を話し合いのテーマにするチャンスが生じる。第7章で示した方法は，関わるプロセスとクライエントの価値観に対して現状がもたらす意味を考えるプロセスの両方で有用になるだろう。ひとたびクライエントが最も大切にしている事柄がはっきりしてくれば，探るプロセスは先に進み始めるだろう。

「なぜ，ご本人にとって最も大切にしているものとしてこれを選んだのですか？」

「これがあなたにとって中心的な価値になるのは，どのような点からですか？」

「なぜ，これがあなたにとって重要なのですか？」

「ご本人としては日常生活の中で今おっしゃったこれをどのように扱っていますか？」

「ご自身の人生のなかで，どうすれば今おっしゃったこの価値観に対して忠実になれそうですか？」

　このような価値観を探るプロセスは関わりやフォーカスを定めるための技術としてこれだけで完結することがあるし，変化の動機づけを誘う文脈を用意してくれることもある。禁煙のように変化のターゲットが最初から特定されているときは，価値観の探索が終わった後で次のように質問するのもよいだろう。

「喫煙はあなたが最も大切にしておられること一つひとつとどのように一致するのですか？　喫煙することで，大切にしておられること，目標を達成することに役立つことはありますか？　それとも矛盾しているとか，もしかしたら無関係かなと思われますか？　ここまでご本人がおっしゃった価値のリストを見てみてください，それでお気づきになることを教えてください」

　禁煙に関する研究では，価値観に基づくMIによる介入はもともと喫煙と自分の価値の間の矛盾に全く気づいていなかったクライエントに対してとても有効であった（Sanders, 2011）。言い換えれば，クライエントの中に潜在していたが意識はされていなかった矛盾をもたらし，拡げることに役立ったのである。

クライエントの行動と価値の間の矛盾を臨床家側から指摘する必要は通常はない。いずれクライエントの目にも明白になるからだ。「ご自身の行動があなたの大切な人生のゴールを台無しにしていることがわからないのですか？」のような間違い指摘反射に引っ張られないようにしよう。問題に気づき，点と点をつなぐのはすべてクライエント自身である。

自律性を尊重する

臨床家が最大限の努力をしても，現状維持を選ぶクライエントがなお存在するだろう。いくらそうしたいとこちらが望んでも，クライエントから自律的に選択する権利を奪うことはできない。受容の態度の中に，何かを変えるとしても，何を変えるかは究極のところクライエント本人の選択だと認めることが含まれている。この点で，親が自分が扶養している子どもを心配している場合のように，臨床家が相手の選択について個人的な利害関係を持っている場合はMIを使うことが難しくなる。

> 受容の態度の中に，何かを変えるとしても，何を変えるかは究極のところクライエント本人の選択だと認めることが含まれている。

カウンセリングが終わった後，なお変化への動機づけがない場合でもクライエントに対して入り口を開けたままにしておくようにしよう。「あなたは今のところ禁煙に全く関心がないのだとわかりましたし，それはそれでご自身が決めることだと思います。もし，将来，いつか，そのことについてまた考えられるようでしたら，クリニックの入り口は開いています。また来ていただけて，お話しできたら嬉しいです」と言うようにする。少なくとも両価性の種を蒔くことはできたかもしれない。

キーポイント

- 変化は，重要なゴールや価値と現状の間に大きな矛盾があることに

クライエントが気づいたときに生じる傾向がある。
- 動機づけに役立つためには矛盾は変化を促すのに十分な大きさが必要であるが，意欲をそぐほど大きくてもいけない。
- 多種多様な MI の戦略があり，クライエント自身の価値観の範囲内で矛盾をもたらすために使える。

付録A

動機づけ面接用語集 (五十音順)

CATs——クライエントの実行チェンジトークの3つのタイプをまとめた頭字語。CはコミットメントCommitment），Aは活性化（Activation），Tは段階を踏む（Taking steps）。

DARN——クライエントの準備チェンジトークの4つのタイプをまとめた頭字語。Dは願望（Desire），Aは能力（Ability），Rは理由（Reason），Nはニーズ（Need）。

FRAMES——アルコール問題に対する効果的なブリーフ・インターベンションでよくみられる6つの構成要素をまとめた頭字語。フィードバック（Feedback），責任（Responsibility），助言（Advice），選択肢のメニュー（Menu of options），共感（Empathy），自己効力感（Self-efficacy）。

MET——動機づけ強化療法（Motivational Enhancement Therapy）の頭字語。

MIA STEP——アメリカ薬物乱用治療センターが作成したMIスーパーバイザー向けの訓練資料。

MINT——動機づけ面接トレーナーネットワーク（The Motivational Interviewing Network of Trainers）。1997年に創設され，2008年に法人化した。（www.motivationalinterviewing.org）。

MISC——動機づけ面接スキルコード（The Motivational Interviewing Skill Code）。動機づけ面接内でクライエントと臨床家の発話をコード化するための初のシステムとして，MillerとMountが開発した。

MITI——動機づけ面接治療整合性尺度コード化システム（The Motivational Interviewing Treatment Integrity coding system）。MISCを単純化し，臨床家の反応のみを対象にするようにして，MIが行えているかどうかの整合性の報告を可能にしたもの。

OARS——4つの基本的なクライエント中心のコミュニケーション技能に対する頭字語。Oは開かれた質問（Open question），Aは是認（Affirmation），Rは聞き返し（Reflection），Sはサマライズ（Summary）。

Q分類（Q Sorting）——Carl Rogersの同僚William Stephensonにより開発された技法で，相手が「私らしくない」から「非常に私らしい」までの幅がある束に属性を描写したカードを分類する。

TNT——1993年にスタートした，動機づけ面接における新人トレーナーのためのトレーニング（Training of New Trainers）の頭字語。

集めのサマライズ（Collecting Summary）――相手が提供した一連の相互に関係した項目をまとめる，特別な形態の聞き返し。サマライズも参照。

意思決定バランス（Decisional Balance）――中立性をもってカウンセリングをするときに使う，判断選択にフォーカスを当てた技法。変化あるいは特定の計画に対する賛成論と反対論の双方に同等の重みを置いて探っていく。

維持トーク（Sustain Talk）――変化のゴールへの動きよりも現状を良しとする，あらゆるクライエントの言葉。

一貫性（Importance Ruler）――自分の中核的価値に一致し，それを満たすように振る舞うこと。

大げさに言う（Overshooting）――クライエントにより表現された内容あるいは感情に強度を加える聞き返し。増幅した聞き返しも参照。

お喋りの罠（Chat Trap）――臨床上の誤りのひとつ。関わる，フォーカスする，引き出す，計画するプロセスを前に進ませないような，世間話や気楽なお喋りを過度にしてしまう。

思いやり（慈愛）（Compassion）――MIの根底にあるスピリットの4つの中心的な構成要素のひとつ。これがあるゆえに臨床家は善意からクライエントの幸福を促進しよう，クライエントのニーズを優先しようとする。

段階を踏む（Taking Steps）――クライエントの実行チェンジトークのひとつで，変化に向かってすでに踏まれたステップや行われた行為を描写する。

ガイド（案内）（Guiding）――指示と追従の両方の要素を組み合わせた，他人が自分の道を発見することを援助するための自然なコミュニケーションスタイル。

関わり（Engaging）――MIの4つの基本的なプロセスの1つ目で，相互に信頼し合い敬意を払う援助関係を確立するプロセス。

価値（Values）――人の中核的なゴールや水準で，人生に意味と方向を提供するもの。

価値観並べ替え（Values Sorting）――Milton Rokeachと他の人たちに使用された技法で，例えば，「全く重要ではない」から「最重要」までの幅がある束にカードを振り分けて，多様な物事に優先順位の評価を与える。

活性化言語（Activation Language）――実行する方向に向かっていることを表す実行チェンジトークだが，コミットメント言語と呼べるまでには届かないもの。典型的な言葉としては，準備ができた，その気がある，考えているところ，などがある。

要となる質問（Key Question）――引き出すから計画することへの移行時に再提示の後に提供される特定の形の質問で，実行チェンジトークを引き出そうとするもの。

願望（Desire）――変化を好ましく思う気持ちを反映するクライエントの準備チェンジトークのひとつ。典型的な動詞としては欲しい，望む，好むなどを含む。

聞き返しの深さ（Depth of Reflection）――聞き返しにクライエントがすでに言ったこ

との文字通りの内容以上のものが含まれる度合．複雑な聞き返しも参照．

聞き返し（Reflection）——先行したクライエントの言葉の（明白なあるいは暗黙の）意味を反映することを意図した臨床家の言明．単純な聞き返し，複雑な聞き返しも参照．

聞き返すこと（Reflective Listening）——それによってカウンセラーがクライエントの主観的経験を理解しようとする「動的」に聞く技能で，その人の意味することの推測として聞き返しを与える．正確な共感も参照．

機先を制する（Running Head Start）——クライエントのチェンジトークを引き出すための戦略．後に「あまりよくないこと」について質問できるように，臨床家が現状について知覚されている「いいこと」を最初に探るもの．

共感（Empathy）——臨床家がクライエントの視点と経験の正確な理解を伝える程度．聞き返しの中で表れることが最も多い．

協働（Collaboration）——パートナーシップを参照．

許可を得る（Permission）——助言あるいは情報を与える前に臨床家がクライエントの同意を得ること．

極限を探る（Querying Extremes）——クライエントに変化の最高の結末あるいは現状の最悪の結末を想像するように求めることでチェンジトークを誘う戦略．

クライエント（来談者）中心カウンセリング（Client-centered Counseling）——パーソン・センタード・カウンセリング参照．

計画する（Planning）——MIの基本的なプロセスの4つ目で，クライエントが実行する気持ちになっている具体的な変化の計画を作成するプロセス．

経路マッピング（Path Mapping）——経路設定．ゴールに向かう可能なルートがいくつかあるときに，変化のプランを選ぶプロセス．

煙探知機（Smoke Alarms）——作業同盟における不協和の対人的な合図．

現状（Status Quo）——変化なしでの現在の状況．

コーチング（Coaching）——誰かが技能を習得することを援助するプロセス．

ゴール到達度評価（Goal Attainment Scaling）——元々Thomas Kiresukによって開発された，広範囲の問題領域を横断して治療アウトカムを評価するための方法．

ゴールと価値を探る（Exploring Goals and Values）——人に最重要の人生のゴールや価値を描写させて，チェンジトークを誘う戦略．

コミットメント言語（Commitment Language）——クライエントの実行チェンジトークのひとつで，変化を実行する意図あるいは傾向を反映する．よくある動詞は〜するつもりだ，〜する／やる，〜するところなど．

ゴルディロックの原則（Goldilocks Principle）——動機づけが生じるためには矛盾は大きすぎても小さすぎてもいけない．

再提示（Recapitulation）——引き出すから計画するプロセスへ移っていくときに行うサマライズの花束で，クライエントのチェンジトークをまとめたもの．

作業同盟（Working Alliance）——クライエントとカウンセラーの間の協働的な関係の質で，クライエントの治療継続とアウトカムを予測する傾向がある。

先を見通す（Looking Forward）——クライエントのチェンジトークを誘うための戦略で，クライエントが希望するか想像している，可能でより良い未来を探るか，変わらない場合の未来の結末を予期するもの。

先を見る（Envisioning）——自分が変化したところを想像していることを反映するクライエントの言葉。

サマライズ（Summary）——先行した2つ以上のクライエントの言明の内容をまとめる聞き返し。集めのサマライズ，繋ぎのサマライズ，転換のサマライズも参照。

自己統制（Self-Regulation）——自分自身でプランを作成し，それを実行するための行動をする能力。

自己効力感（Self-Efficacy）——クライエントが感知している，特定のゴールの達成や特定の課題のパフォーマンスに成功する能力。Albert Banduraによって導入された用語。

自己実現（Self-Actualization）——自分の中核的な価値の追求と実現——意図されている姿になること。テロスも参照。

自己開示（Self-Disclosure）——クライエントにとって役に立つであろうと期待する十分な理由があるときに，自分自身について何かの真実を分かち合うこと。

自己動機づけ発言（Self-Motivational Statement）——チェンジトーク参照。

指示する（Directing）——伝えたり，リードしたり，助言や情報を与えたり，指示したりするときの自然なコミュニケーションスタイル。

自信トーク（Confidence Talk）——変化する能力を特に意味するチェンジトーク。

自信の尺度（Confidence Ruler）——特定の変化をする能力に対する自信のレベルをクライエント自身で評価する（0～10が一般的）尺度。

自尊心（Self-Esteem）——クライエントが自覚している自分自身の全体的な価値。

実行意図（Implementation Intention）——特定の行為を実行するという，述べられた意図あるいはコミットメント。

実行チェンジトーク（Mobilizing Change Talk）——クライエントのチェンジトークの一種で，変わろうとする実行行動を表すか意味するもの。例：コミットメント，活性化言語，段階を踏む。

質問と回答の罠（Question–Answer Trap）——臨床上の誤りのひとつ。質問をしすぎて，クライエントをそれに答えるだけの受け身的な役割に置いてしまう。評価の罠も参照。

重要性尺度（Importance Ruler）——特定の変化をすることの重要性をクライエント自身で評価する尺度（0～10が一般的）。

受容（Acceptance）——MIの根底にあるスピリットの4つの中心的な構成要素のひと

つで，臨床家はこれにより絶対的価値，正確な共感，是認，自律性のサポートを伝える。

準備性尺度（Readiness Ruler）──変化の尺度参照。

準備チェンジトーク（Preparatory Change Talk）──クライエントのチェンジトークの亜型で，実行するという具体的な意図やコミットメントを述べたり，暗示したりせずに，変化の動機を表現するもの。願望（desire），能力（ability），理由（reason），ニーズ（need）。

詳述すること（Elaboration）──クライエントのチェンジトークに対する臨床家の反応のひとつで，詳しいことを付け加えたり，明確化したり，例を求めるもの。

自律性のサポート（Autonomy Support）──MIのスピリットの構成要素である受容の4側面のひとつ。臨床家はクライエントの自己決定と選択の権利を誰からも奪われないものとして受容し，確認する。

スピリット（態度）（Spirit）──その中でMIが実践される，基盤にある精神と心の構えで，パートナーシップ（partnership），受容（acceptance），共感（compassion），引き出す（evocation）を含む。

正確な共感（Accurate Empathy）──相手が意味するところを感じ取り，聞き返す技能。MIのスピリットの構成要素としての受容の4側面のひとつ。

絶対的価値（Absolute Worth）──MIのスピリットの一構成要素としての受容の4側面のひとつで，すべての人間の内在的価値と潜在的可能性を高く評価する。

是認（Affirmation）──MIのスピリットの一構成要素としての受容の4側面のひとつで，これによりカウンセラーはポジティブなことを強調し，クライエントの強みと努力を探し求め，承認する。

是認すること（Affirming）──臨床家がクライエントのポジティブな特性や行動を価値づけする言明。

専門家の罠（Expert Trap）──臨床上の誤りのひとつ。クライエントの問題に対する最良の答えを持っているのはカウンセラー側だと考えたり，そうだというメッセージを相手に伝えたりしてしまう。

増幅した聞き返し（Amplified Reflection）──クライエントの発言内容に対して，クライエント自身が表現したよりも強度を増して聞き返す反応。クライエントの維持トークあるいは不協和への対応のひとつ。

そのまま寄り添う（Coming Alongside）──維持トークや不協和が持続する場合に対する対応として，臨床家がクライエントの考えを受け入れて聞き返すこと。

単純な聞き返し（Simple Reflection）──クライエントが述べたことを超えた付加的内容がほとんどあるいは全くない聞き返し。

チェンジトーク（Change Talk）──特定の変化のゴールに向かう動きを良しとする，クライエントのすべての言語。

直面化（Confront）──（1）変化のゴールとしては，クライエントが自身の現在の

状況と経験に正面から向き合うこと。(2) 臨床実践としては，警告や反論，説得のような MI に一致しない臨床家の反応。

追従する（Following）――自分自身の話を挿入せずに相手の経験を聞き，それに沿うように従う自然なコミュニケーションスタイル。

繋ぎのサマライズ（Linking Summary）――相手が今述べたことをあなたが以前の会話から記憶している何かと連結する，特別な形の聞き返し。サマライズも参照。

抵抗（Resistance）――かつて MI で使用された用語で，今では構成要素（維持トークと不協和）に分解されている。

テロス（Telos）――（ギリシア語）最適な条件を与えられると，それに向かって生命体が成長していく自然で成熟した最終状態。

転換のサマライズ（Transitional Summary）――聞き返しの特別な形で，重要と思われるものをまとめて課題やセッションを締めくくり，何か新しいものへのシフトを合図する。

ドゥーケレ（Ducere）――（ラテン語の動詞不定詞）引き出すまたは誘い出す。ソクラテス流のアプローチ。教育（education）の語源的ルーツ（e ducere）である。ドケレ（Docere）と比較してほしい。

動機づけ強化療法（Motivational Enhancement Therapy）（**MET**）――動機づけ面接と評価のフィードバックを組み合わせたもので，元々 Project MATCH で開発され，テストされたもの。

動機づけ面接（Motivational Interviewing）――
- 一般的定義：協働的なスタイルの会話によってその人自身が変わるための動機づけとコミットメントを強める方法。
- 臨床的定義：パーソン・センタード・カウンセリング・スタイルであり，変化に関する両価性から生じる一般的な問題を扱うものである。
- 技法としての定義：協働的かつ目的志向的なコミュニケーションのスタイルであり，変化に関する言語に対して特に注目するものである。受容と深い共感をもたらす環境の中で，人自身が持つ変わる理由を引き出し，探ることによって，その人の動機づけと特定された目標に向かうコミットメントを強める。

ドケレ（Docere）――（ラテン語の動詞不定詞）知識，知恵，洞察を吹き込むという意味で情報を与える。「教義（doctrine）」，「教え込む（indoctrinate）」，「講師（docent）」，「医師（doctor）」などの語源。

閉じられた質問（Closed Question）――イエス／ノー，短い答え，特定の情報を求める質問。

トランスセオレティカルモデル（行動変容段階モデル）（Transtheoretical Model）――James Prochaska と Carlo DiClemente によって開発された複雑な変化のモデルであり，その中で変化の段階について触れている。

内発的動機づけ（Intrinsic Motivation）──本人のゴールと価値に合致する理由による行動の傾向と実行。

ニーズ（Need）──特定の理由を明確化せずに変化への責務を表現するクライエントの準備チェンジトークのひとつ。よくある動詞は，〜する必要がある，〜ねばならない，〜しないといけない，〜すべきであるなど。

能力（Ability）──クライエントの準備チェンジトークのひとつで，本人が自覚している変われる能力を反映する。典型的な言葉としてはできる，できそうである，能力があるなどが含まれる。

パーソン・センタード・カウンセリング（Person-centered Counseling）──心理学者 Carl Rogers によって導入された治療アプローチで，そこでは人々が支援的で共感的で受容的な関係の中で自分自身の経験を探る。クライエント中心カウンセリングとも呼ばれる。

パートナーシップ（Partnership）──MI の根底にあるスピリットの4つの中心的な構成要素のひとつで，臨床家はこれによりクライエント自身の専門知識を取り込み，パートナーあるいは同伴者として機能する。

花束（Bouquet）──クライエントのチェンジトークを集めて強調する特別な種類のサマライズ。

早すぎるフォーカスの罠（Premature Focus Trap）──臨床上の誤りのひとつ。作業協働関係を確立し，共通のゴールを話し合う前に，方向を決めようとして関わる前にフォーカスを絞ってしまう。

パラグラフを続ける（Continuing the Paragraph）──聞き返しの一手法で，クライエントがまだ口にしていないが，次には話すだろうと思われる文を臨床家が先に話すこと。

反動（Reactance）──他者によって自分の自由が脅かされそうなときに自分を守ろうとする人間の自然な傾向。

控えめに言う（Undershooting）──クライエントによって表現された内容あるいは感情の強度を減らすか控えめに述べる聞き返し。

引き出し-与え-引き出す（Elicit–provide–elicit）──情報をやりとりするプロセスであり，最初と最後にクライエント自身の経験を探るようにする。どのような情報であってもクライエントから見た位置づけがわかるようにする。

引き出す（Evocation）──MI の根底にあるスピリットの4つの中心的な構成要素のひとつで，臨床家はこれによりクライエント自身の視点と動機を引き出す。ドゥーケレ（Ducere）も参照。

引き出すこと（Evoking）──MI の4つの基本的なプロセスの3つ目で，特定の変化に対する相手自身の動機を引き出すことを含むプロセス。

引き出す質問（Evocative Questions）──戦略的な開かれた質問で，それに対する自然な答えがチェンジトークであるもの。

ひねりを加えて同意（Agreement with a Twist）——後にリフレームを伴う聞き返しや是認，同意。

評価のフィードバック（Assessment Feedback）——検査結果などの評価の結果をクライエントに個人的にフィードバックすること。正常範囲を参照させながら伝えることが多い。動機づけ強化療法を参照。

評価の罠（Assessment Trap）——臨床上の誤りのひとつ。臨床家側が専門家の視点による情報収集から面接をスタートしてしまい，クライエントの視点をないがしろにしてしまう。質問と回答の罠も参照。

開かれた質問（Open Question）——クライエント側の反応として広い範囲から自由に選んで答えることを許す質問。閉じられた質問と比較してほしい。

フェーズ1（Phase 1）——動機づけ面接の初版と第2版で，早い段階での関わりと案内，引き出すプロセスである「山登り」期を述べるために使われた用語。ここでの全般的ゴールはクライエントの変化への動機を引き出して強化することである。

フェーズ2（Phase 2）——動機づけ面接の初版と第2版で，後半の計画するプロセスである「山下り」期を述べるために使われた用語。ここでの全般的ゴールは変化のゴールへのコミットメントを引き出して強化し，具体的な変化のプランを作り上げることである。

フォーカスする（Focusing）——MIの4つの基本的なプロセスの2つ目で，特定のゴールあるいは変化の方向を明確化することを含むプロセス。

フォーカスをずらす（Shifting Focus）——注目や議論をあまり論争にならない話題や視点へと方向づけ直すことによる，不協和へのひとつの対応法。

不協和（Discord）——作業関係における食い違いを反映する対人的行動。維持トークそれ自体は不協和に結びつかない。例：議論する，相手の話の腰を折る，相手の主張を疑ったり，軽視したりする，無視する。

複雑な聞き返し（Complex Reflection）——クライエントが直前に言ったことを超えて，付加的な意味や異なる意味を加える臨床家の聞き返し。クライエントが意図したかもしれないことに関する推測。

ブレインストーミング（Brainstorming）——評価することはとりあえず控えて選択肢をとにかく増やしていくこと。

平衡（Equipoise）——クライエントをひとつの特定の選択あるいは変化に向けて導くことを意識的に避け，代わりに使える選択肢を平等に探るように，中立性をもってカウンセリングをするという臨床家の決断。

変化の段階（Stages of Change）——トランスセオレティカルモデル内で，変化のプロセスにおいて人々が通過するステップの連鎖。前熟考期と熟考期，準備期，実行期，維持期。

変化のゴール（Change Goal）——動機づけ面接における変化に向けた具体的なターゲ

ット。典型的には特定の行動変化であるが，もっと幅の広いゴール（例：血糖値の管理）であることもあり，その場合はそこに向かうためのアプローチがいくつもあるだろう。

変化の尺度（Change Ruler）——通常は0〜10の評価尺度で，クライエントの特定の変化に対する動機づけの評価に使用する。自信の尺度と重要性尺度も参照。

変化のプラン（Change Plan）——変化のゴールを実施するための具体的な企画案。

方向（Direction）——変化のゴールに向かっていくセッション内の勢いを臨床家が維持している度合。

方向づけ（Orienting）——カウンセリングのフォーカスが不明瞭なときに変化の方向を発見するプロセス。フォーカスするも参照。

本人のコントロールを強調する（Emphasizing Personal Control）——クライエントの選択と自己決定の能力を承認して，自律性のサポートを直接的に表現する臨床家の発言。

前置き（Prefacing）——クライエントからの許可を得る方法の特別な形。クライエントに対して情報や助言を与える許可を臨床家が直接，求めることはしないが，代わりに自律性のサポートをする発言を前置きにする。

間違い指摘反射（Righting Reflex）——物事を正し，害を予防し，クライエントの福利を促進したいという援助者の自然な願望。

昔を振り返る（Looking Back）——クライエントのチェンジトークを誘うための戦略で，過去のより良き時期を探るもの。

矛盾（Discrepancy）——現状とクライエントの変化のゴールとの間にある距離。

明確化（Formulation）——クライエントの状況とそれに対処する方法に関する共通の全体像や仮説を発展させること。

メンシェンビルド（Menschenbild）——（ドイツ語）人の在り方に関する根本的な視点。

ラゴム（Lagom）——（スウェーデン語）ちょうど適切な。大きすぎず，小さすぎない。ゴルディロックの原則も参照。

リフレーム（Reframe）——述べられたことに対する違う解釈を考察するようにクライエントを招く，臨床家の発言。

理由（Reason）——変化の動機づけになる「もし〇〇すれば〇〇になる」のような発言。クライエントの準備チェンジトークのひとつ。

両価性（Ambivalence）——変化に向かおうとする動機と逆らおうとする動機が競い合いながら同時に存在すること。

両面を持った聞き返し（Double-Sided Reflection）——クライエントの維持トークとチェンジトークの両方を含む臨床家の聞き返しで，通常は並列の言葉（「そして／〜と〜」）を伴う。

レッテル貼りの罠（Labeling Trap）——臨床上の誤りのひとつ。クライエントにレッ

テルや診断を受け入れるように説得する非生産的な争いに従事してしまう。

話題地図作り（Agenda Mapping）――話題マッピング。フォーカスするための短いメタ会話。話を一度止めて，クライエントと全体を見直すようにし，選択肢の中から会話の方向性を1つ選ぶ。

詫びること（Apologizing）――責任を部分的にとることによって**不協和に対応する方法**。

悪者探しの罠（Blaming Trap）――臨床上の誤りのひとつ。変化ではなく，責められるべき点や落ち度を探すことにフォーカスを当ててしまう。

索 引

数字，A～Z

4つのプロセス　37
ABAB研究計画　249
CATs　240
DARN　237
EPE　204, 215
MET　53
OARS　93, 272, 333
Q技法　116
VAS（ビジュアル・アナログ・スケール）　259

あ 行

愛飲家健康診断　376
アイコンタクト　75
アガペー　97
アジェンダ　136
アセスメント　167, 223
アセスメントの罠　59
集めのサマライズ　101, 290
行き詰まり　164
意思決定バランス　52, 287, 294, 357
維持トーク　8, 293
維持トークを先に聞き出す　302
一貫性　124
一般人向けの定義　17, 42
インテーク　223
エクスポージャー　304
大きな花束　289
大げさに言うこと　88
お喋りの罠　67
思いやり　28, 184

か 行

ガイドスタイル　5, 142
外発的動機　183
回復者カウンセラー　313
関わらないようにする　306
関わる　38
過去の成功を振り返る　328
仮想を考える　331
課題設定　153
価値　380
価値観　111
活性化　239
葛藤　232
要となる質問　360
願望　235, 252
聞き返し　71, 76
聞き返す　49
技術的な定義　42
機先を制す（維持トークを先に聞き出す）　302
機能分析　249
強制力　187
協働　57
極端を尋ねる　260
具体例を聞く　272
クライエント中心アプローチ　26

詳しく聞く　272
計画する　43
ケース・フォーミュレーション　169
欠陥モデル　29
決断後の後悔　359
煙探知器　305
現実療法　176
建設的強制　369
構造化（枠決め）　155
行動療法　249
ゴール　111, 380
ゴールと価値観を探る　262
コミットメント　234, 238
ゴルディロックスの原理　366

さ　行

最終価値　118
作業同盟　38
先を見る　261
雑談　67
サマライズ　50, 100, 280
支援的好奇心　265
自己開示　98, 221
自己効力感　258
自己実現　25, 111
自己制御理論　367
自己是認　370
自己直面化　128
自己動機づけ発言　8
指示スタイル　4, 141
自信尺度　324
自信トーク　321
実行期　188
実行チェンジトーク　237
執拗な両価性　361

私的なスピーチ　126
重要性尺度　257
熟考期　246
手段価値　118
受容　23, 370
準備性の尺度　258
準備チェンジトーク　235
情報提供　51, 192
情報と助言を与える　325
情報をやりとりする　373
助言　51, 217
自律性　26, 382
自律性の強調　299
自律尊重の原則　180, 181
ズームイン　157
優れた臨床実践の原則　201
スピリット　19
正確な共感　25, 71
正義の原則　180, 182
積極的傾聴　71, 72
接近／接近葛藤　320
接続詞　296
絶対的価値　23
是認　27, 96, 273
是認する　48, 314, 325
善行の原則　180, 181
前熟考期　179, 231, 372
選択権　211
選択肢を考える　156
専門家の罠　21, 61
操作的　184
増幅した聞き返し　312
そのままつきあう　304

た 行

段階を踏む 239
単純な聞き返し 85
チェンジトーク 8, 232, 251, 271
チェンジトークの貸し出し 276, 277
チェンジトークを摑み取る 277
地平線 143, 147
中核的技能 48
追従スタイル 5, 141
通報義務 212
繋ぎのサマライズ 102
抵抗 xiii, 10, 292
テロス 25, 111
転換のサマライズ 102
動機づけ会話法 17
動機づけ強化療法 → MET
動機づけ面接 16
動機づけ面接のスピリット 19
投資 185
ドーパミン作動性報酬経路 243
トーマス・ゴードンによる12の障害物 72
閉じられた質問 94
トランスセオレティカルモデル 52

な 行

内在的動機 368
内的照合枠 48, 53
ニーズ 236, 254
認知的不協和 365
能力 235, 253

は 行

パーソン・センター 28, 32
パートナーシップ 20
抜本的に変化する 334
花束 289
早すぎるフォーカスの罠 62
控えめに言うこと 88
引き出し－与え－引き出す 51, 193, 204
引き出す 29, 40
非指示的 51, 90, 176
ビジュアル・アナログ・スケール → VAS
非難 310
ひねりなしの同意 304
ひねりを加えた同意 301
開かれた質問 48, 94, 272
フィードバック 376
フェーズ1 36
フェーズ2 36
フォーカス 135
フォーカスする 39
フォーカスをずらす 314
不確実性 148
不協和 63, 64, 293, 304, 309
複雑な聞き返し 86, 87
不適切な質問 255
振り返る 260
ブレインストーミング 329
プロジェクトMATCH 53
平衡 349
変化のトランスセオレティカルモデル 52
防衛 305
妨害 306
方向づけ 145, 169
方向変換 163
ポーカーフェイス 76

ま 行

間違い指摘反射　6, 199, 374
身構える　305
未来からの手紙　331
無害の原則　180, 181
矛盾を促す　370
矛盾をもたらす　371
無条件の肯定的関心　23
メタ会話　153
メンシェンビルド　25

や 行

許し　4
欲求階層説　111

ら 行

ラゴム　366
利益相反　185
力動的精神療法　88
リフレーミング　65, 300, 330
リフレーム　66
理由　236, 253
両価性　7, 243, 357
両価性のドア　277
両面を持った聞き返し　279, 296, 312
臨床家のための定義　31
臨床家向けの定義　42
倫理規範　180
レッテル貼り　310
レッテル貼りの罠　64
論理情動療法　176

わ 行

話題（アジェンダ）　136
話題地図作り　144, 152
詫びること　313
悪者探しの罠　66

■著者

ウイリアム・R・ミラー（William R. Miller, Ph.D.）
ニューメキシコ大学の心理学および精神医学の名誉教授である。1983年学会誌 *Behavioral Psychotherapy* に掲載された論文と1991年にステファン・ロルニック博士と共著した *Motivational Interviewing* 初版で動機づけ面接を紹介した。嗜癖の予防と治療を研究のターゲットとして成果を積み重ねてきた。なぜ人が変わるのかを明らかにし，その知見は幅広く応用されるようになった。国際ジェリネック記念基金賞やアメリカ心理学会からキャリア達成賞（2回），ロバート・ウッド・ジョンソン財団から「薬物乱用との戦いにおけるイノベーター者」賞など多くの栄誉を受けている。ISI（Institute for Scientific Information，科学情報研究所）は世界で引用回数が最も多い研究者のひとりにミラー博士を挙げている。

ステファン・ロルニック（Stephen Rollnick, Ph.D.）
英国ウェールズのカーディフ大学医学部のヘルスケアコミュニケーション学科の教授である。精神保健とプライマリーヘルスケアの分野で臨床心理士として長年にわたり働いていた。そうするなかで，ヘルスケアとソーシャルケアの分野における困難事例に対するコンサルテーションを改善する手段としての動機づけ面接に目をつけた。研究と臨床実践改善のためのガイドラインを公刊し，広い範囲で使われている。アフリカのHIV／AIDSの子どもと恵まれないコミュニティー内の10代の妊婦をターゲットにした仕事を続けている。ロルニック博士とミラー博士はAmerican Academy on Communication in Healthcare（ヘルスケアにおけるコミュニケーションのアメリカンアカデミー）からエンゲル賞を共同受賞している。

■訳者

原井宏明（監訳者参照）

岡嶋美代（おかじま　みよ）
東京ビーティーシー代表，BTCセンター東京 心理療法士。専門行動療法士（日本認知・行動療法学会認定），日本動機づけ面接協会理事。2004年熊本大学大学院医学研究科修士課程卒業，修士号（医科学）取得。2005年国立病院機構菊池病院臨床研究部心理療法士。2008年医療法人和楽会なごやメンタルクリニック心理療法士。2018年より現職。訳書：『CRAFT依存症患者への治療動機づけ―家族と治療者のためのプログラムとマニュアル』（共訳，金剛出版），『ACT（アクセプタンス＆コミットメント・セラピー）をはじめる』（共訳，星和書店），『動機づけ面接を身につける』（共訳，星和書店）など多数。

山田英治（やまだ　えいじ）
青森家庭裁判所次席家庭裁判所調査官。MINT（動機づけ面接トレーナーネットワーク）メンバー。2000年英国ポーツマス大学大学院で刑事学及び司法心理学を学ぶ。2004年東京家庭裁判所調査官，裁判所職員総合研修所教官。2006年福島家庭裁判所会津若松支部，2009年さいたま家庭裁判所，2012年千葉家庭裁判所，2015年横浜家庭裁判所において主任家庭裁判所調査官として勤務。府中刑務所において処遇スーパーバイザーを務めた。動機づけ面接研修・研究団体チェンジトーク・ジャパンを運営。2018年より現職。訳書：『動機づけ面接を身につける』（共訳，星和書店）など。

黒澤麻美（くろさわ　あさみ）
北里大学一般教育部専任講師。慶應義塾大学文学部卒業。1990～1993年英国オックスフォード大学留学。1991年慶應義塾大学大学院文学研究科修士課程修了。帰国後，複数の大学で英語講師として勤務。2005年より現職。訳書：『ACT（アクセプタンス＆コミットメント・セラピー）を実践する』（共訳，星和書店），『うつのためのマインドフルネス実践』（共訳，星和書店）など多数。

■監訳者

原井宏明（はらい　ひろあき）

原井クリニック院長。精神科専門医，精神保健指定医，日本認知・行動療法学会理事，専門行動療法士（日本認知・行動療法学会認定），日本動機づけ面接協会代表理事。1984年岐阜大学医学部卒業，ミシガン大学文学部に留学。1986年国立肥前療養所精神科医師。1998年国立菊池病院精神科医長，臨床研究部長，診療部長。2008〜2017年医療法人和楽会なごやメンタルクリニック院長。2019年より現職。著書・訳書：『方法としての動機づけ面接』（岩崎学術出版），『動機づけ面接を身につける』（監訳，星和書店），『ACT（アクセプタンス&コミットメント・セラピー）をはじめる』（共訳，星和書店），『死すべき定め』（訳，みすず書房）など多数。

動機づけ面接〈第3版〉上

2019年 1月23日　初版第1刷発行
2024年 3月19日　初版第2刷発行

著　　者　ウイリアム・R・ミラー，ステファン・ロルニック
監訳者　原　井　宏　明
訳　　者　原井宏明，岡嶋美代，山田英治，黒澤麻美
発行者　石　澤　雄　司
発行所　㈱星　和　書　店
　　　　〒168-0074　東京都杉並区上高井戸1-2-5
　　　　電話　03（3329）0031（営業部）／03（3329）0033（編集部）
　　　　FAX　03（5374）7186（営業部）／03（5374）7185（編集部）
　　　　http://www.seiwa-pb.co.jp

印刷・製本　中央精版印刷株式会社

Printed in Japan　　　　　　　　　　　ISBN978-4-7911-1002-5

・本書に掲載する著作物の複製権・翻訳権・上映権・譲渡権・公衆送信権（送信可能化権を含む）は㈱星和書店が保有します。
・ JCOPY〈（社）出版者著作権管理機構　委託出版物〉
本書の無断複製は著作権法上での例外を除き禁じられています。複製される場合は，そのつど事前に（社）出版者著作権管理機構（電話03-5244-5088，FAX 03-5244-5089，e-mail：info@jcopy.or.jp）の許諾を得てください。

動機づけ面接
〈第3版〉下

〈 著 〉ウイリアム・R・ミラー，
　　　ステファン・ロルニック
〈監訳〉原井宏明
〈 訳 〉原井宏明，岡嶋美代，
　　　山田英治，黒澤麻美

A5判　312p
定価：本体3,600円＋税

いまや世界標準となっているカウンセリング技法のひとつである動機づけ面接（Motivational Interviewing：MI）。本書は，動機づけ面接の開発者が著したガイドブックである。本書は改訂版ではあるが，90％以上書き下ろされており，前版とは重複する部分はほとんどない。MIは当初想定されていたよりも幅広い領域に応用されるようになり，研究の結果，重要な新知識が追加されつづけている。MIをすでに学んでいる方でも，本書を読めば新しい学びを発見できることだろう。

発行：星和書店　http://www.seiwa-pb.co.jp

動機づけ面接を身につける〈改訂第2版〉上

一人でもできるエクササイズ集

〈著〉デイビッド・B・ローゼングレン
〈訳〉原井宏明

B5判　並製　332p　定価：本体4,400円＋税

動機づけ面接を身につける〈改訂第2版〉下

一人でもできるエクササイズ集

〈著〉デイビッド・B・ローゼングレン
〈訳〉原井宏明

B5判　並製　320p　定価：本体4,300円＋税

動機づけ面接のバイブル『動機づけ面接』の大改訂（第3版）に伴って大幅に増補改訂した，臨床家が技術を磨くためのワークブック。

発行：星和書店　http://www.seiwa-pb.co.jp

ACT（アクセプタンス＆コミットメント・セラピー）をはじめる

セルフヘルプのためのワークブック

〈著〉スティーブン・C・ヘイズ，
　　　スペンサー・スミス
〈訳〉武藤崇，原井宏明，
　　　吉岡昌子，岡嶋美代

B5判　344p
定価：本体2,400円＋税

アクセプタンス＆コミットメント・セラピー（ACT）は、最新の科学的な心理療法です。新次元の認知行動療法とも言われ、急速に世界中で広まっています。ACT においては、私たちはなぜ悩むのか、精神的に健康であるということは何なのか、ということに新たな見方を提供します。苦悩は、避けられないもので誰にでもあるものです。苦悩を避けようとかコントロールしようとすることが、さらなる苦悩の原因となり、問題を長びかせ、生活の質を破壊します。ACT は、苦悩のように個人のコントロール出来ないものをアクセプト（受け容れ）し、自分の求める生き方を自覚し、生活を豊かにする方法を提供します。

発行：星和書店　http://www.seiwa-pb.co.jp